中國文化史通釋

本書出版蒙利希慎基金支持，謹此致謝

余英時

中國文化史通釋

OXFORD
UNIVERSITY PRESS

OXFORD
UNIVERSITY PRESS

Oxford University Press is a department of the University of Oxford.
It furthers the University's objective of excellence in research, scholarship,
and education by publishing worldwide. Oxford is a registered trade mark of
Oxford University Press in the UK and in certain other countries

Published in Hong Kong by
Oxford University Press (China) Limited
39 Floor One Kowloon, 1 Wang Yuen Street, Kowloon Bay,
Hong Kong

© Oxford University Press (China) Limited
The moral rights of the author have been asserted
First Edition published in 2000

中國文化史通釋

余英時

ISBN: 978-019-801690-8 HB
ISBN: 978-988-877706-8 PB

Impression: 5

封面書名：金耀基

封面作品：趙孟頫《秋郊飲馬圖》局部

目　錄

序

董橋

　　傅青主的《霜紅龕集》七十年代我在英國學院圖書館裏粗粗翻讀過。編校余英時先生的〈陳寅恪晚年詩文釋證〉是八十年代了，想再看看找遍書肆找不到。今年中秋家鄉來的親戚說泉州家裏還存着一函舊線裝本，回去找出來郵寄給我。親戚這趟帶了傅青主一幅字給我欣賞，說是香港一個朋友隔海成交託他拿過來。條幅不大，寫一首詩，有點破損，字迹墨色倒很煥發，補一補裝個鏡框一定漂亮。傅青主是傅山，明清思想家，明亡後衣朱衣，居土穴，侍母至孝，康熙年間授中書舍人，托病托老辭歸。他博通經史諸子和佛道之學，兼工詩文書畫金石，也精醫學，自命異端，倡經子不分，打破儒家正統之見，開闢清代子學新路，罵宋人明人注經「只在注腳中討分曉」，譏笑他們是鑽故紙的蠹魚。

　　我迷余先生寫的陳寅恪迷了二十多年，屢讀不厭，霜紅龕那首五絕至今不忘：「一燈續日月，不寐照煩惱；不生不死間，如何為懷抱」。陳寅恪「感題其後」的七絕也記得：「不生不死最堪傷，猶説扶餘海外王；同入興亡煩惱夢，霜紅一枕已滄桑」！兩詩遙遙呼應，吞聲泣血，發人悲思，苦了余先生還忍痛索隱，點出傅山此詩〈望海〉之題望的是鄭延平在台灣延續的朱明政權，陳寅恪反復沉吟，心緒縹緲，竟和傅青主「同入興亡煩惱夢」。文章付排期間，余先生來信告訴我説

「一燈續日月」的「日月」固然是「明」朝的代號，字面上說，日與月與燈卻又是佛家故典。宋代永亨《搜采異聞錄》中有一則故事說：「王荊公在經義局，因言佛書有日月燈光明佛，燈光豈足以配日月。呂惠卿曰：『日煜乎晝，月煜乎夜，燈煜乎日月所不及，其用無差別也。』公大首肯。」余先生判定傅青主的詩句必是驅使此一故實，萬一清廷找他麻煩，「他是有辭可遁的」。中國隱語詩字面字裏各寫一義，各有根據，陳寅恪晚年詩文都含這樣的顯隱兩義，經余先生探賾索解，處處撥雲見月，害我神魂顛倒，誤了霜紅龕的紅葉不忍再冷落寒柳堂的語燕，一邊細讀一邊從余先生的書中討分曉。

我和余先生交往幾十年，高興他的學問人品給了我無窮的啟迪，遺憾此生無緣當上他的弟子。十來歲的差距果然是十來年的雲泥，我這一代人舊籍涉獵太淺，西學也難博通，遠離校門以來儘管不敢一日不讀書，成績畢竟卑微得可笑，追求余先生那樣又博又約的大學問已然是奢望，每次得余先生和余太太的獎飭之語，真的很想鑽進地洞裏躲一躲。余先生常說他的學問既難望昔賢項背於萬一，就算「近世大儒如業師錢賓四以及王國維、陳寅恪諸公亦望塵莫及」，「此非謙語，乃實話也」。然則我鑽地洞之想也非謙語，更非實話，乃痛辭也！高下這樣分明，我和余先生有緣做朋友，靠的也許竟是彼此都抱着「舊文化人」的襟懷：他是身懷新學的舊文化人，我是心懷舊情的假舊派人。

余先生為白謙慎新編的《張充和詩書畫選》寫了一篇長序〈從「遊于藝」到「心道合一」〉，他說承命寫序，他既興奮又惶悚：「興奮，因為這無疑是中國現代藝術史上一件大事；惶悚，因為我實在不配寫序」。余英時說「不配」，那是很重

的兩個字，望之不禁惶悚。偏巧牛津大學出版社最近託我去信
懇請余先生讓他們出書，余先生選了十二篇文章編成一本新文
集應命，還傳真囑我寫序，惶悚之餘，我連一絲興奮之情都沒
有：我真的不配。余先生説他對中國詩書畫三種藝術的愛重雖
然不在人後，卻從來沒有下過切實的功夫：「偶然寫詩，但屬
於胡釘鉸派；偶然弄墨，則只能稱之為塗鴉。從專業觀點説，
我絕對沒有為本書寫序的資格」。借用余先生這番話以自量，
我對文史哲的愛重雖然不在人後，卻也從來沒有下過切實的功
夫：天天讀書只為滿足貪慕虛榮之心，工餘寫作只為排遣亂世
無聊之情；余先生一生講究專業精神，名山事業不但無一字無
來歷，而且無一字無着落，我絕對沒有為他的書寫序的資格。
叨在至交，余先生一定願意免我臉紅。

　　吳雨僧吳宓和陳寅恪也是至交，陳先生信任他，他也處處
關心陳先生，很為老友寫的一些隱語詩擔憂，生怕讓人看穿詩
中隱語惹禍，《吳宓日記》一九五九年七月二十九日於是留下
這樣一筆：「錢詩如不引注原句，則讀者將謂此句為妄談政
治」。「錢詩」指陳寅恪「天上素娥原有黨」一句所附的原
註：「錢受之中秋夕翫月詩云：天上素娥亦有黨」。讀了余英
時論陳寅恪提到了吳宓，我才發憤零星讀了吳雨僧的著作和日
記，越讀越喜愛，掩卷一想，不禁暗自讚嘆余先生看書看得真
細心，這道功夫今後我要多練。吳雨僧一定是個很有趣的學問
家，沈從文一九四四年在昆明西南聯大寫給陳小瀅的信説，
教師中最出色的應數吳宓，説他生平最崇拜賈寶玉，到處演
講《紅樓夢》，聽眾滿座；還説學校隔壁有個飯館叫「瀟湘
館」，吳宓看了生氣，以為侮辱了林黛玉，當真提出抗議，館
子中人尊重這位教授，飯館棄掉「館」字改名「瀟湘」。陳小

澄是陳西瀅凌叔華的獨生女兒，我旅英時期認識，很豪邁，也很會説話。沈從文這封信又長又妙。

余先生當然比吳雨僧博大得多，早年用功讀章炳麟、梁啟超、胡適之、馮友蘭的著作，興趣都在先秦諸子；一九五〇年入錢穆先生門牆問學，啟發更見深遠，寫過好幾篇亮堂的論文，八十年代我在中文大學圖書館找出一些拜讀了。客居美國著名學府數十年，余英時的研究視野決然籠罩上層傳統經典和下層民間思想，致力剖析中國思想史的連貫觀景和斷裂痕迹，抱守華夏舊學根基不説，他始終不忘借鑑西方歷代各家的治學歷程與方向，乾坤從此浩蕩，筆底從此澎湃，指顧之間，中國思想史上春秋、漢晉、唐宋、明清四大轉型的長卷煥然掀開，不僅驚醒海峽兩岸學術殿堂的寂寂長廊，連美國國會圖書館都授給他最高貴的學人桂冠。

八十年代中英兩國頻頻談判香港前途之際，余先生來信比較頻密，商議文稿事情之餘，常常要我告訴他香港的狀況，説他寄居香港多年，心情如佛經中鸚鵡以羽濡水救陀山大火，明知不濟，但「嘗僑居是山，不忍見耳」！那時候香港報刊論政文字熱鬧，有些很有名望的學人忘了自重，喜歡擺出向中共上條陳之姿態寫文章，許多朋友勸我邀請余先生寫些暮鼓晨鐘之作，余先生似乎只肯應酬一兩篇，有一封來信乾脆引用清初黃宗羲詩句提醒讀書人不必帶着舊時代上太平策之心情為文字：「不放河汾身價倒，太平有策莫輕題」！世態如彼，風骨如此，受了這一記當頭棒喝，我真的情願一輩子靜靜觀賞余英時那樣一彎清流而不聞不問那些齷齪之事。新編《中國文化史通釋》出版在望，謹以小品誌喜：為余先生喜，為讀書人喜。

1

綜述中國思想史上的四次突破

前　言

　　一個多世紀以來，中國思想史的研究，無論在中國、日本或西方，都取得了豐富的成績。研究的方法和取向也千門萬戶，人人不同。今天我祇能簡要地談一談我自己的研究經驗，供大家參考。

　　中國思想史的研究，和一般的歷史研究一樣，必須從某些預設或假定 (assumptions or presuppositions) 開始；如果沒有預設或假定，則思想史的大量文獻僅僅是一堆雜亂無章的原始資料，根本無法整理出條理來，更不可能從其中找到思想變遷的歷史線索。我研究中國思想史自然也有一些必要的預設。

　　首先，我預設思想史的「自主性」(autonomy)：思想和學術 (scholarship，包括人文 humanities 和 sciences)，一旦出現即形成了一個自主的精神領域 (包括宗教在內)，從此一代一代的接着發展下去。我們常說的思想傳統 (intellectual tradition) 便是這樣建立起來的。但是另一方面，思想史的自主性是相對的 (relative)，而不是絕對的 (absolute)，因為思想是和人的整體生活息息相關的。人的整體生活中任何一部門發生重要的變化都

會在思想領域中引起相應的波動。所以研究思想史的人並不能把眼光完全局限在純思想的領域之內；他必須密切觀察其他領域——政治、經濟、社會等——的種種動向。和思想史一樣，政治史、經濟史、社會史等也都各有其自主性。但由於每一領域的自主性又同時是相對的，這些眾多領域之間必然互相交涉、互相影響。每一時代的思想都必須通過它的整體的歷史背景才能獲得充分的理解，這是今天大多數思想史家的共識。

在上述的預設之下，我對於中國思想史的研究基本上採取了內外並進的方式：根據專題研究 (monographic study) 的特殊需要，我有時強調「內在理路」("inner logic")，如《論戴震與章學誠》，有時則重視歷史的脈絡 (historical context)，如《朱熹的歷史世界》。

與上述的預設相關，我的研究重點也有一些特殊的地方，比較重要的是下面幾點：

一、不但研究上層的經典 (如儒家和道家)，而且也注重下層的民間思想，尤其關懷上、下層之間的互動。

二、不但探索中國思想史的連續性 (continuities)，而且也分析它的斷裂狀態 (discontinuities)。

三、以我過去的研究工作而言，我的重點主要放在中國思想史的幾個重大的變動時代，如春秋戰國之際、漢晉之際、唐宋之際、明清之際，這是四個最有突破性的轉型期。

四、今天研究中國思想史不能不具備一種比較的眼光 (comparative perspective)，但不能流入一種牽強的比附 (forced analogy)。以下我集中討論關於中國思想史上四大突破的研究過程和結果。

一、從「禮壞樂崩」到「道為天下裂」

春秋戰國時期諸子百家的興起是中國思想史 (或哲學史) 的開端，這是學術界的共識，無論在中國、日本或西方都無異議。自二十世紀初葉以來，先秦諸子的研究蔚成風氣，取得了豐富的成績。一九七〇年代至今，由於地下簡帛的大批出現，如馬王堆帛書、郭店楚簡之類，這一領域更是活躍異常。

這一領域雖然日新月異，論文與專書層出不窮，但從文化史的整體 (holistic) 觀點說，其中還有開拓的餘地。這是因為大多數專家將注意力集中在比較具體的問題方面，如個別學說的整理、文獻的考證與斷代，以及新發現的文本的詮釋之類。至於諸子百家的興起作為一個劃時代的歷史現象究竟應該怎樣理解？它和中國古代文化史上的大變動又是怎樣聯成一體的？這些帶有根本性質的重大問題還沒有展開充分的討論。我研究這一段思想史主要是希望對這些大問題試作探求。站在史學的立場上，我自然不能憑空立說，而必須以堅實的證據為基礎。因此除了傳世已久的古文獻之外，我也盡量參考新發現的簡帛和現代專家的重要論著。但在掌握了中國基本資料的條件下，我更進一步把中國思想史的起源和其他幾個同時代的古文明作一簡略的比較，因為同一歷史現象恰好也發生在它們的轉變過程之中。通過這一比較，中國文化的特色便更清楚地顯現出來了。

我早年 (1947–1949) 讀章炳麟、梁啟超、胡適、馮友蘭等人的著作，對先秦諸子發生很大的興趣，一九五〇年後從錢穆先生問學，在他指導下讀諸子的書，才漸漸入門。錢先生的《先秦諸子繫年》是一部現代經典，對我的啟發尤其深遠。所以一九五四年曾寫過一篇長文〈《先秦諸子繫年》與《十批判

書》互校記〉，是關於校勘和考證的作品。一九五五年到美國以後我的研究領域轉到漢代，便沒有再繼續下去。

　　一九七七年我接受了台北中央研究院《中國上古史》計劃的邀約，寫〈古代知識階層的興起與發展〉一章，於是重新開始研究春秋、戰國時期文化與社會的大變動。由於題目的範圍很廣闊，我必須從整體的觀點，進行比較全面的探討。我的主題是「士」的起源及其在春秋、戰國幾百年間的流變，但順理成章地延伸到思想的領域。為甚麼說是「順理成章」呢？在清理了「士」在春秋與戰國之際的新發展和他們的文化淵源之後，諸子百家的歷史背景已朗然在目：他們是「士」階層中的「創造少數」(creative minority)，所以才能應運而起，開闢了一個全新的思想世界。

　　我在這篇專論中特別設立「哲學的突破」(philosophic breakthrough) 一節，初步討論了諸子百家出現的問題。「哲學的突破」的概念是社會學家帕森斯 (Talcott Parsons) 提出的，他根據韋伯 (Max Weber) 對於古代四大文明——希臘、希伯萊、印度和中國——的比較研究，指出在公元前一千年之內，這四大文明恰好都經歷了一場精神覺醒的運動，思想家 (或哲學家) 開始以個人的身份登上了歷史舞臺。「哲學的突破」是一個具有普遍性的概念，同樣適用於中國的情形，所以我借用了它。更重要的是，它也很準確地點出了諸子百家興起的性質和歷史意義。但是必須說明：我之所以接受「突破」的說法同時也是因為當時中國思想家中已出現了相似的意識。《莊子‧天下》篇是公認的關於綜論諸子興起的一篇文獻，其中有一段說：

　　　天下大亂，聖賢不明，道德不一，天下多得一察焉以自

好。譬如耳目鼻口，皆有所明，不能相通。……悲夫，百
家往而不反，必不合矣。後世學者，不幸不見天地之純，
古人之大體，道術將為天下裂。

這是描述古代統一的「道術」整體因「天下大亂，聖賢不
明，道德不一」而分裂成「百家」。這個深刻的觀察是從莊子
本人的一則寓言中得到靈感的。〈應帝王〉說到「渾沌」鑿
「七竅」，結果是「日鑿一竅，七日而渾沌死。」「七竅」便
是〈天下〉篇的「耳目鼻口」，「道術裂」和「渾沌死」之間
的關係顯然可見。

「道術為天下裂」的論斷在漢代已被普遍接受。《淮南
子·俶真訓》說：「周室衰而王道廢，儒、墨乃始列道而議，
分徒而訟」。這裏的「列道」即是「裂道」；而「儒、墨」則
是泛指諸子百家，因儒、墨兩家最早出現，所以用為代表，
《鹽鐵論》中「儒墨」一詞也是同一用法。另一更重要的例證
是劉向《七略》(收入《漢書·藝文志》)。《七略》以〈六藝
略〉為首，繼之以〈諸子略〉。前者是「道術」未裂以前的
局面，「政」與「教」是合二為一的，所以也稱為「王官之
學」，後者則是天下大亂之後，政府已守不住六經之「教」，
道術散入「士」階層之手，因而有諸子之學的出現。所以他有
「諸子出於王官」的論斷，又明說：「王道既微……九家之術
蠭出並作，各引一端，崇其所善」。這和〈天下〉篇所謂「天
下多得一察焉以自好」的說法是一致的。清代章學誠熟讀〈天
下〉篇和《七略》，他研究「六經」如何演變成「諸子」，更
進一步指出：「蓋自官師治教分，而文字始有私門之著述。」
(《文史通義·史釋》)所謂「官師治教分」是說東周以下，王

官不再能壟斷學術，「以吏為師」的老傳統已斷裂了。從此學術思想便落在「私門」之手，因而出現了「私門之著述」。諸子時代便是這樣開始的。章學誠的論述在二十世紀中國思想史研究的領域中發生了重大影響，許多思想史家或哲學史家都以它為起點。

總之，無論從比較文明史的角度或中國思想史的內在脈絡上作觀察，「突破」都最能刻畫出諸子興起的基本性質，並揭示出其歷史意義。

但「哲學的突破」在中國而言又有它的文化特色，和希臘、希伯萊、印度大不相同。西方學者比較四大文明的「突破」，有人說中國「最不激烈」(least radical)，也有人說「最為保守」(most conservative)。這些「旁觀者清」的觀察很有道理，但必須對「突破」的歷史過程和實際內涵進行深入的考察，才能理解其何以如此。我在上述論文〈哲學的突破〉一節中，由於篇幅的限制，僅僅提到「突破」的背景是三代的禮樂傳統，無法詳論。春秋、戰國之際是所謂「禮壞樂崩」的時代，兩周的禮樂秩序進入逐步解體的階段。維繫着這一秩序的精神資源則來自詩、書、禮、樂，即後來所說的「王官之學」。「突破」後的思想家不但各自「裂道而議」，鑿開「王官之學」的「渾沌」，而且對禮樂秩序本身也進行深層的反思，如孔子以「仁」來重新界定「禮」的意義，便是一個很明顯的例證。（《論語·八佾》：「人而不仁，如禮何？」）

一九九〇年代晚期，我又更全面地研究了「突破」的歷史，用英文寫成一篇長文，題目是〈天人之際——試論中國思想的起源〉。正文雖早已寫成，但註釋部分因阻於朱熹的研究而未及整理。我後來只發表了一篇概要，即 "Between the

Heavenly and the Human"[1]。經過這第二次的深入探索,我才感覺真正把「突破」和禮樂秩序之間的關聯弄清楚了。同時我也更確定地理解到中國思想的基礎是在「突破」時期奠定的。這篇〈天人之際〉中牽涉到許多複雜的問題,這裏不能深談。讓我簡單説一個中心論點。

三代以來的禮樂秩序具有豐富的內涵,其中有不少合理的成份,經過「突破」的洗禮之後仍然顯出其經久的價值。但其中又包含了一支很古老、很有勢力的精神傳統,卻成為「突破」的關鍵。我指的是「巫」的傳統。古代王權的統治常藉助於「天」的力量,所以流行「天道」、「天命」等觀念。誰才知道「大道」、「大命」呢?自然是那些能在天與人之間作溝通的專家,古書上有「史」、「卜」、「祝」、「瞽」等等稱號,都是天、人或神、人之間的媒介。如果仔細分析,他們的功能也許各有不同,但為了方便起見,我一概稱之為「巫」[2]。我們稍稍研究一下古代的「禮」(包括「樂」在內),便可發現「巫」在其中扮演着中心的角色;他們有一種特殊的能力,可以與天上的神交通,甚至可以使神「降」在他們的身上。《左傳》上常見「禮以順天,天之道也」,「夫禮,天之經也,地之義也,民之行也」之類的話。這些説法都是在「巫」的精神傳統下逐漸發展出來的,研究薩滿教的專家(如 Mircea Eliade)便稱之為「禮的神聖範式」(divine models of rituals)。可見在三代禮樂秩序中,巫的影響之大,因為他們是「天道」的壟斷者,也

---

1 Tu Wei-ming and Mary Tucker, eds., *Confucian Spirituality* (New York: The Crossroad Co., 2003).

2 我在英文裏用 Wu-shamanism 以分別於薩滿教 Shamanism;巫起源於中國或由西伯利亞傳到中國,已不可考。

只有他們才能知道「天」的意思。現代發現的大批商、周卜辭便是最確鑿的證據。

但巫在中國的起源極早，遠在三代之前。考古學上的良渚文化開始於公元前第三千紀中期，相當於傳說中五帝時代的中期。良渚文化發現帶有墓葬的祭壇，和以玉琮為中心的禮器。玉琮是專為祭天用的，設計的樣子是天人交流，都是在祭壇左右的墓葬中發掘出來的。這些墓與一般的集體墓葬隔開，表示墓主具有特殊的身份。考古學家斷定墓主是「巫師」，擁有神權，甚至軍權 (因為除「琮」以外，墓中還有「鉞」)。這樣看來，三代的禮樂秩序可能即源於五帝時代，巫則是中心人物。

春秋、戰國之際諸子白家便是針對着這一源遠流長的精神傳統展開他們的「哲學突破」的。諸子不論屬於哪一派，都不承認「巫」有獨霸天人交流或神人交流的權威。在《莊子·應帝王》中，有一則寓言，描寫道家大師壺子和神巫季咸之間的鬥法，結果前者勝而後者敗。這可以看作當時諸子和巫在思想上作鬥爭的暗示。大體上說，他們有兩個共同點：第一是將「道」——一種精神實體——代替了巫所信奉的「神」；第二是用「心」的神明變化代替了「巫」溝通天人或神人的神秘功能。巫為了迎「神」，必須先將自己的身體洗得十分乾淨，以便「神」在巫的身體上暫住 (如《楚辭·雲中君》所描寫)。現在諸子則說人必須把「心」洗淨，「道」才能來以「心」為它的集聚之地。莊子的「心齋」便是如此。《管子·內業》以「心」為「精舍」，「精」即是「道」；韓非也說「心」是「道舍」。巫之所以能通天人或神人，是經過一番精神修煉的。現在諸子則強調「心」的修養。孟子「養浩然之氣」是為了「不動心」，然後才能「配義於道」。荀子重視「治氣養

心」，和孟子在大方向上是一致的。《管子·樞言》説「心靜氣理，道乃可止」也無不同。「道」是貫通天人的，所以孟子又説「盡心」，「知性」則「知天」；莊子也「獨與天地精神往來」。從此，天、人之際的溝通便完全可以撇開「巫」了。

我們可以説，「哲學突破」在中國是以「心學」取代了「神學」，中國思想的一項主要特色由此奠定。後世程、朱、陸、王都是沿着這條路走下去的。

先秦諸子的「哲學突破」是中國思想史的真正起點，支配了以後兩千多年的思想格局及其流變。「哲學突破」的歷史背景是「禮壞樂崩」，也就是周代整體秩序的崩解。為了認識「突破」是怎樣發生的和「突破」後中國思想為甚麼開闢了一條獨特的途徑，我們必不能把思想史和其他各方面的歷史隔離起來，進行孤立的處理。政治體制、經濟型態、社會結構、宗教狀態等等變革都是和「哲學突破」息息相關的。我研究「哲學突破」的個人體驗大致可以總結成以下三條：

第一，如果要抓住思想史上大變動的基本面貌，我們必須具備一種整體的觀點，從分析一個時代在各方面的變動入手，然後層層綜合，歸宿於思想史的領域。

第二，由於觀念與價值在中國史上是由「士」這一階層闡明 (articulate) 和界定 (define) 的，我們必須深入探究「士」的社會文化身份的變化，然後才能真正理解他們所開創的新觀念和新價值。春秋、戰國的「士」是「游士」(雲夢秦簡中已發現了〈游士律〉)。「游」不但指「周游列國」，也指他們從以前封建制度下的固定職位中「游離」了出來，取得了自由的身份。章學誠最早發現這個現象，他認為以前政教合一（「官師治教合」），「士」為職位所限，只能想具體問題（「器」），

沒有超越自己職位以外論「道」的意識（「人心無越思」）。但政教分離之後（「官師治教分」）他們才開始有自己的見解，於是「諸子紛紛，則已言道矣」。他所用「人心無越思」一語尤其有啟發性，因為「哲學突破」的另一提法是「超越突破」(transcendent breakthrough)，也就是心靈不再為現實所局限，因此發展出一個更高的超越世界（「道」），用之於反思和批判現實世界。這可以說是「游士」的主要特徵。

第三，與其他文明作大體上的比較確實大有助於闡明中國「哲學突破」的性質。無論是同中見異或異中見同都可以加深我們對中國思想起源及其特色的認識。希臘、希伯萊、印度都曾有「突破」的現象，一方面表示古代高級文明同經歷過一個精神覺醒的階段，另一方面則顯出中國走的是一條獨特的道路。這種比較並不是盲目採用西方的觀點，早在一九四三年聞一多已從文學的角度指出上面四大文明差不多同時唱出了各自不同的詩歌，他的「文學突破」說比西方最先討論「突破」的雅斯培 (Karl Jaspers, 1949) 還要早六年。聞一多是《詩經》專家，他是從中國文學起源的深入研究中得到這一看法的。

以上三點體驗不僅限於春秋、戰國之際諸子百家的興起，而且同樣適用於以下兩千年中國思想史上的幾個重大變動。事實上，我研究每一個思想變動，首先便從整體觀點追尋它的歷史背景，盡量把思想史和其他方面的歷史發展關聯起來，其次則特別注重「士」的變化和思想的變化之間究竟有何關係。但限於時間，下面只能對幾次大變動各作一簡單的提綱，詳細的討論是不可能的。

二、個體自由與群體秩序

中國思想史上第二次大「突破」發生在漢末，一直延續到魏、晉、南北朝，即三至六世紀。我的研究見於〈漢晉之際士之新自覺及新思潮〉(1959)，〈名教危機與魏晉士風的演變〉(1979)，〈王僧虔《誡子書》與南朝清談考辨〉(1993) 和英文論文 "Individualism and Neo-Taoist Movement in Wei-Chin China" (1985)。

三世紀的中國經歷了一場全面的變動：在政治上，統一了四百年的漢帝國開始分裂；在經濟上，各地方豪族大姓競相發展大莊園，貧富越來越趨向兩極化；在社會上，世襲的貴族階層開始形成，下面有「客」、「門生」、「義附」、「部曲」各類的人依附在貴族的庇護之下，國家和法律——如賦、役——已經很難直接碰到他們；在文化方面，與大一統帝國相維繫的儒教信仰也開始動搖了。

「士」在這一大變動中也取得新的地位。戰國「游士」經過漢代三、四百年的發展已變為「士大夫」，他們定居各地，和親戚、族人發生了密切關係 (即地緣和血緣雙重關係)，東漢常見的「豪族」、「大族」、「士族」等名稱，便是明證。二世紀中葉以下，「士」的社會勢力更大了，作為一個群體他們自覺為社會精英 (elites)，以「天下風教是非為己任」。由於「士」的人數越來越多，這一群體也開始分化。一方面是上下層的分化，如「勢族」與「孤門」，門第制度由此產生；另一方面則是地域分化，如陳群和孔融爭論「汝南士」與「穎川士」之間的優劣，成為士人結黨的一個主要背景。但更重要的是士的個體自覺，這是一個普遍的新風氣，超越於群體分化之

外。個體自覺即發現自己具有獨立精神與自由意志，並且充分發揮個性，表現內心的真實感受。仲長統〈樂志論〉便是一篇較早而十分重要的文字。根據這篇文字，我們不難看出：個體自覺不僅在思想上轉向老、莊，而且擴張到精神領域的一切方面，文學、音樂、山水欣賞都成了內心自由的投射對象。甚至書法上行書與草書的流行也可以看作是自我表現的一種方式。

個體自覺解放了「士」的個性，使他們不肯壓抑自發的情感，遵守不合情理的世俗規範。這是周、孔「名教」受到老、莊「自然」挑戰的精神根源。嵇康 (223–262) 說：

> 六經以抑引為主，人性以從欲為歡；抑引則違其願，從欲則得自然。

這幾句話最可代表個體自覺後「士」的一般心態。在這一心態下，他們對宰制了幾百年的儒家價值發出疑問。二世紀中期 (164) 有一位漢陰老父便不承認「天子」的合法性。他對尚書郎張溫說：你的君主「勞人自縱，逸游無忌」，是可恥的。這是「役天下以奉天子」，和古代「聖王」所為完全相反。這番話是後來阮籍、鮑敬言等「無君論」的先鋒。孔融 (153–208) 根據王充《論衡》的議論，也公開地說：「父之於子，當有何親？論其本意，實為情欲發耳。子之於母，亦復奚為？譬寄物瓶中，出則離矣。」可見君臣、父子 (母子) 兩倫都已收到挑戰。儒家「忠」、「孝」兩大價值必須重新估定了。

不但思想已激進化，「士」的行為也突破了儒家的禮法。兒子「常呼其父字」，妻子呼夫為「卿」，已成相當普遍的「士風」。這是以「親密」代替了「禮法」。男女交游也大為

解放，朋友來訪，可以「入室視妻，促膝狹坐」，這些行動在中國史上真可謂空前絕後。但西晉 (265–316) 的束皙反而認為「婦皆卿夫，子呼父字」正是一個理想社會的特徵。當時「士」階層經歷了一場翻天覆地的變動，由此可見。

以這一變動為背景，我重新解釋了從漢末到南北朝的思想發展。「名教」與「自然」的爭論是漢末至南北朝「清談」的中心內容，這是史學界的共識。但多數學者都認為「清談」在魏、晉時期與實際政治密切相關，至東晉以下則僅成為紙上空談，與士大夫生活已沒有實質上的關聯。我則從士的群體自覺與個體自覺着眼，提出不同的看法。「名教」與「自然」之爭並不限於儒、道之爭，而應擴大為群體秩序與個體自由之爭。郭象注《莊子》已從道家立場調和「自然」與「名教」，可知即在信奉新道家的士大夫中，也有重視群體秩序之人。西晉王朝代表世家大族執政，解決了政治方面「名教」與「自然」的衝突，使士的群體在司馬氏政權下取得其所需要的政治秩序——君主「無為」而門第則「各任其自為」。但個體自由的問題卻仍未解決，東晉至南朝的社會繼續受到個體自由 (如「任情」、「適性」) 的衝擊。所以東晉南朝的「自然」與「名教」之爭以「情」與「禮」之爭的面目出現；「緣情制禮」是思想界爭論的焦點所在。這一階段的爭論要等待新「禮學」的建立才告終結，那已是五世紀的事了。

三、回向三代與同治天下

唐、宋之際是中國史上第三個全面變動的大時代。這一點已取得史學界的共識，無論在中國、日本或西方，「唐、宋變

革論」都是一個討論得很熱烈的題目，我已不必多説了。下面我只講與思想史有密切關聯的一些歷史變動，而且限於我研究過的範圍。

我最早論及唐、宋精神世界的變遷是從慧能的新禪宗開始的。當時我的重點是宗教理論，即追溯新禪宗的「入世轉向」怎樣引導出宋代「道學」（或「理學」）所代表的新儒學 (Neo-Confucian) 倫理。這些研究構成了《中國近世宗教倫理與商人精神》(1987) 的上篇和中篇。後來又用英文寫了一篇綱要，題目是〈唐宋轉變中的思想突破〉[3]。

這些早期研究屬於概論性質，又局限在宗教理論方面，對於唐、宋之際思想動態的政治、文化、社會背景則無法涉及。直到一九九八年開始構想《朱熹的歷史世界》，我才把這一段歷史整理出一個頭緒來。在以後三、四年的撰寫過程中，我徹底檢查了一切相關史料，一方面不斷修正我的最初構想，另一方面也逐漸建立起一個比較心安理得的解釋系統。這部書分上、下兩冊；下冊的「專論」以朱熹為中心，但上冊的「緒說」和「通論」則以唐、宋之間的文化大變動為主題。由於內容十分繁複，這裏只能略談兩條主線：一是「士」的政治地位，一是道學的基本性質。

「士」在宋代取得空前未有的政治地位正是唐、宋之間一系列變動的結果。

第一，唐末五代以來，藩鎮勢力割據地方，武人橫行中國。所以五代最後一位皇帝周世宗已感到必須制裁武將的跋

3　"Intellectual Breakthroughs in the Tang-Sung Transition", in Willard J. Peterson, Andrew H. Plakes, Ying-shih Yu, eds., *The Power of Culture: Studies in Chinese Cultural History* (Hong Kong : The Chinese University Press, 1994).

扈，因此開始「延儒學文章之士」講求文治。宋太祖繼周而起，更是有計劃地「偃武修文」。「士」在政治上的重要性也愈來愈高。

第二，六朝、隋、唐的門第傳統至五代已差不多完全斷絕了。宋代的「士」絕大多數都從「四民」中產生，一〇六九年蘇轍說：「凡今農、工、商賈之家，未有不捨其舊而為士者也。」這條鐵證足以說明宋代「士」即從「民」來，而且人數激增。

第三，「民」變成「士」的關鍵在科舉考試，而宋代制度則是重新創建的，與唐代科舉仍受門第的控制不同。五代科舉則在武人手中，考試由兵部執行，及至周世宗才開始重視進士，考試嚴格，中進士後如才學不稱，還會斥退。宋代重建科舉，考卷是「糊名」的，極難作弊，進士人數則大增，唐代每科不到二、三十人，五代甚至只有五、六名，宋代則每科增至數百名。宋代朝廷對進士又特別尊重，故有「焚香禮進士」之說。「民」成「進士」之後自然會發展出對國家的認同感和責任感。這是宋代出現「士以天下為己任」意識的主要原因。換句話說，他們已自認為是政治主體，不僅是文化主體或道德主體而已。

宋代儒學一開始便提出「回向三代」，即重建政治秩序。這不但與朝廷的意圖相合，而且也是一般人民的願望。唐末五代的縣令多出身武人，不關心老百姓生活，地方吏治壞得不能再壞了。所以老百姓希望由讀書知理的士人來治理地方。他們第一次看到宋代重開科舉，參加考試的士人紛紛出現在道路上，都非常興奮，父老指着他們說：「此曹出，天下太平矣」。

　　我們必須認識這一背景，然後才懂得為甚麼宋代儒學復興的重點放在「治道」上面，這也是孔子的原意，即變「天下無道」為「天下有道」。「回向三代」便是強調政治秩序（「治道」）是第一優先。慶曆和熙寧變法是把「治道」從理論推到實踐。張載、程顥最初都參加了王安石的變法運動。張載說「道學與政事」不可分開，程頤也認為「以道學輔人主」是最大的光榮。不但儒學如此，佛教徒也同樣推動儒學的政治革新，他們認為政治秩序如果不重建，佛教也不可能有發展的前途。〈中庸〉和〈大學〉同樣是佛教高僧如智圓、契嵩等所推崇。因此佛教在宋代的「入世轉向」首先也集中在「治道」。

　　宋代「士」以政治主體自居，他們雖然都寄望於「得君行道」，但卻並不承認自己只是皇帝的「工具」，而要求與皇帝「同治天下」。最後的權源雖在皇帝手上，但「治天下」之「權」並非皇帝所能獨佔，而是與「士」共同享有的。他們理想中的「君」是「無為」的虛君，實際政權則應由懂得「道」的士來運用。在這一心態下，所謂「道學」(或「理學」)，第一重點是放在變「天下無道」為「天下有道」。我在這本書「緒論」中有很長的專章分析「理學」與「政治文化」的關係。這是我對「道學」的新估價和新理解。

四、士商互動與覺民行道

　　最後，我斷定十六世紀——即王陽明 (1472–1529) 時代——是中國思想史上第四次重大的突破。關於這一突破的發現和清理，我先後經過兩個階段的研究才得到一個比較平衡的整體看法。

　　我最早注意到這一變動是從明代文集中發現了大量的商人墓誌銘、壽文之類的作品。我追溯這一現象的起源，大致起於十五世紀。這是唐、宋、元各朝文集中所看不到的，甚至明初 (十四世紀) 也找不到。最使我驚異的是王陽明文集中不但有一篇專為商人寫的「墓表」，而且其中竟有「四民異業而同道」的一句話。這是儒家正式承認商業活動也應該包括在「道」之中了。商人在中國史上一直很活躍，如春秋、戰國、東漢、宋代等等。明代的新安、山西商人更是現代中日學人研究得很精到的一個領域。但是我的重點不是商業或市場本身，而是十六世紀以來商人對於儒家社會、經濟、倫理思想的重大影響。通過對於「棄儒就賈」的社會動態的分析，我從多方面論證了明、清士商互動的曲折歷程。我在第一階段的研究的主要成果見於《中國近世宗教倫理與商人精神》(1987) 下篇和〈現代儒學的回顧與展望〉(1995)。這兩篇作品都已有日譯本，我便不多說了。(〈現代儒學〉的日文本見《中國──社會と文化》第十號)

　　但是在寫〈現代儒學的回顧與展望〉一文時，我已感到我的研究在深度與廣度兩方面都必須加強。就深度而言，我覺得僅僅發掘出士商互動以至合流是不夠的，僅僅指出商人對儒學有真實的興趣也是不夠的。因為這些還屬於表象，更重要的是我們必須進一步探討商人怎樣建立了他們自己的價值世界？他們的新價值對儒家的社會、倫理等各個方面的觀念又發生了怎樣的影響？就廣度而言，我則認為士商互動主要是文化、社會、經濟三大領域中的變化。但明代的政治生態與這三個領域是息息相關的，因此也必須作深一層的研究，否則這次「突破」的歷史背景仍不能整體地呈現出來。根據這一構想，

我又重新搜集了文集、筆記、小說(如新發現的《型世言》)、碑刻、商業書(如《客商一覽醒謎》、《士商類要》等)中的有關資料，寫成〈士商互動與儒學轉向〉一篇長文 (1998)，作為《商人精神》的續篇。經過這一次的探討，我得到了一些新的論斷。其中包括：一、商人已肯定自己的社會價值不在「士」或「儒」之下，當時人竟說：「賈故自足耳，何儒為？」，這就表現商人已滿足於自己的事業，不必非讀書入仕不可。二、十六世紀以下儒家新社會經濟觀念(如「公私」、「義利」、「奢儉」等)發生了很重要的變動，現在我可以進一步肯定：這些變化和商人的新意識型態 (ideology) 是分不開的。三、明代專制皇權對商人的壓迫是很嚴重的，由於士商之間的界線越來越混而難分，我們往往看到「士」階層的人起而與商人聯手，對皇權作有力的抗爭。這也是促成思想「突破」的一股重要力量。

　　〈士商互動與儒學轉向〉的專論寫成以後，我立即投入朱熹和宋代政治文化的研究計劃。隨着研究的逐步深入，我終於發現：宋、明兩代理學之間的斷裂遠過於延續，其中最重大的一個差異必須從政治生態與政治文化方面觀察，才能獲得理解。大致上說，宋代皇權是特別尊重「士」的，如北宋仁宗、神宗以及南宋孝宗都有意支持儒家革新派進行政治改革，變「天下無道」為「天下有道」。因此宋代的「士」一般都抱有「得君行道」的期待；從范仲淹、王安石、張載、二程到朱熹、張栻、陸九淵、葉適等無不如此。他們的理想是從朝廷發起改革，然後從上而下地推行到全國。但明代自太祖開始，便對「士」抱着很深的敵視態度。太祖雖深知「治天下」不能不依靠「士」階層的支持，但絕不承認「士」為政治主體，更不肯接受儒家理論對君權的約束(如孟子「民為貴，社稷次之，

君為輕」之說）。宋代相權至少在理論上是由「士」的群體所掌握的，所以程頤說「天下治亂繫宰相」。明太祖洪武十三年 (1380) 廢除相職，從此「士」在朝廷上便失去了一個權力的凝聚點，即使僅僅是象徵性的。代宰相而起的內閣大學士不過是皇帝的私人秘書而已。黃宗羲說：「有明之無善治，自高皇帝廢丞相始也」，正是從「士」的立場上所發出的評論。再加上太祖又建立了「廷杖之刑」，朝臣隨時可受捶撻之辱，以至死在杖下。在這樣的政治生態下，明代的「士」已不可能繼承宋儒「得君行道」的志向了。所以初期理學家中如吳與弼 (1392–1469) 及其弟子胡居仁 (1434–1484)、陳獻章 (1428–1500) 等都偏重於個人精神修養，視出仕為畏途；他們只能遵守孟子遺教的上半段──「獨善其身」，卻無法奉行下半段──「兼善天下」。

二〇〇四年我又寫了一篇專論，題目是〈明代理學與政治文化發微〉（即《宋明理學與政治文化》的第六章）。在這篇長文中，我從政治文化的觀點重新檢討了王陽明「致良知」之教在思想史上的功能與意義。肯定陽明學是理學史上的一大突破，這是很多人都會同意的。但我則進一步論證「致良知」之教是十六世紀整體思想突破的一個重要環節，其重要性不限於理學一領域之內。陽明早年仍未脫宋儒「得君行道」的意識，但一五〇六年他以上封事而受廷杖，兩年後放逐至龍場而中夜頓悟，從此便完全拋棄了「得君行道」的幻想。然而與明代初期理學家不同，他仍然堅持變「天下無道」為「天下有道」的理想。不再寄望於皇帝，斷絕了從朝廷發動政治改革的舊路之後，他有甚麼方法可以把「道」推行到「天下」呢？他的「致良知」之教的劃時代重要性便在這裏顯現出來了。在反復研究

之後，我可以很肯定地說，龍場頓悟的最大收穫是他找到了「行道」的新路線。他決定向社會投訴，對下層老百姓說法，掀起一個由下而上的社會改造的大運動。所以在頓悟之後，他向龍場「中土亡命之流」宣說「知行合一」的道理，立即得到積極的回應。後來和「士大夫」討論，卻反而格格不入。最後他的學說歸宿於「良知」兩字，正是因為他深信人人都有「良知」(俗語「良心」)，都有「即知即行」的能力。「致良知」之教以喚醒社會大眾的良知為主要的任務，所以我稱之為「覺民行道」。他離開龍場以後便實踐頓悟後的理論，時時把「覺民」放在心上。一五一〇年他任盧陵縣知縣，「惟以開導人心為本」，後來又訓誡門人：「須作個愚夫愚婦，方可與人講學」。他自己甚至和一個沒有受過多少教育的聾啞人進行筆談，用的全是民間語言。陽明死後，「覺民行道」的理想終於在王艮的泰州學派手上，得到最大限度的發揮而「風行天下」。詳細的情形這裏不能多說了。

「覺民行道」是十六世紀以來文化、社會大變動的一個有機部分，其源頭則在於因市場旺盛而捲起的士商合流。與「覺民行道」運動同時的還有小說與戲文的流行、民間新宗教的創立、印刷市場的擴大、宗族組織的加強、鄉約制度的再興等等，所有這些活動都是士商互動的結果。「士」的社會身份的變化為十六世紀思想大「突破」提供了主要動力，這是十分明顯的事實。

　　二〇〇七年十月六日日本中國學會第59回大會在名古屋大學召開，我應邀講「我與中國思想史研究」。這篇是當時的講詞。

2

從政治生態看宋明兩型理學的異同

　　關於朱熹和王陽明之間的異同，早已有無數學人提出種種看法。大體上說，這些看法多數集中在義理內部的分歧方面。我最近刊行的《朱熹的歷史世界》(台北：允晨，2003) 與《宋明理學與政治文化》(台北：允晨，2004) 二書則專注於理學與政治文化之間的歷史關聯。今天我的講題是「從政治生態看宋明兩型理學的異同」，其基本論據便在這兩部專著。但是在這篇提綱式的短文中，為了使題旨更鮮明、論點更集中，我只準備討論宋、明兩代「政治生態」的差異怎樣影響了朱熹和王陽明的理學結構。這是從一個特殊的角度對理學作歷史的觀察，而不是闡釋理學的哲學含義。這一點必須先說清楚，以免誤會。

　　所謂「政治生態」和我在上述二書中所用的「政治文化」不同，後者的含義遠為廣泛而抽象。「政治生態」則比較具體，我在這裏主要只涉及兩個相關的層面：一是王朝的取向，二是皇權的性質。但在進入本題之前，我不能不說明我所理解的理學和儒學的關係。

　　宋代是儒學的復興時代，這是大家都承認的事實。但所謂「復興」並不是先秦儒學的單純復原，而是包含了創造性的新發展。這個創新的部分便是一般中國思想史上所說的「理學」

（或「道學」）。粗略地說，「理學」所講的是以心、性、理、氣等為中心觀念的形而上學；宋儒和今人大都稱之為「內聖之學」。但「內聖」只是儒學的一半，另一半則是所謂「外王」，而且「內聖外王」構成一連續體，根本不能彼此孤立而隔絕。因此我們雖肯定理學的創新意義，但不能把理學看作宋代儒學的全部。事實上，宋代理學家仍然自視為儒家（「吾儒」），他們所發展的「內聖」之學也仍然是為了「外王」的實現。二程教門人，首重《大學》與《西銘》，便是因為這兩篇作品都是從「內聖」一步步推出「外王」的儒學綱領。程頤自著《易傳》，強調「體用一源，顯微無間」，也同樣是為了闡明「內聖外王」為一連續體，不容分裂。所以《易傳》對於政治思想頗多發揮。

　　這裏我要提及我最近揭出的「儒家的整體規劃」(The Confucian Project) 的觀念。儒學從先秦開始到宋代的復興，一直貫穿着一個基本的整體規劃，即通過「內聖外王」的活動（或實踐）歷程，以建立一個合理的人間秩序。孔子便是這一基本規劃的創建人，《論語》可以為證。(詳見《試說儒家的整體規劃》) 北宋理學家之所以全力以赴地開拓「內聖」之學，便是要為「外王」的實現（建立合理的人間秩序）尋求更堅實、更可靠的形而上的根據。歷史地說，這一努力與佛教的挑戰和王安石「新法」的失敗有重要的關聯，但這裏不必詳說了。從這個角度觀察，所謂「儒學復興」必須理解為「儒家整體規劃」的全面復活。只有如此理解，我們才能談「政治生態」與理學之間的互動關係。而朱熹與王陽明之間的學說分歧，除了義理的內在線索之外，也另有其歷史的脈絡可尋。

　　上面所說的「儒家的整體規劃」，用孔子的話來表述，便

是變「天下無道」為「天下有道」。「天下有道」自然是指合理的人間秩序的全面建立，並不止於政治秩序。但儒家自始便有另一預設，即政治秩序是「天下有道」的始點。北宋儒學復興仍然繼承了這一預設。此所以政治革新構成北宋的主要動態，前有范仲淹的慶曆之政，後有王安石的熙寧新法。初期理學家如張載、程顥也都曾一度熱心參加過王安石的革新運動。孔子早就說過：「如有用我者，吾其為東周乎？」所以在政治上「行道」必須「得君」也是傳統儒家的一種共識，宋代新儒家仍然如此。宋代儒者，包括理學家在內，為甚麼特別對「得君行道」抱着莫大的期待呢？這一點必須從宋代的政治生態中去尋找解答。

趙宋王朝是在唐末五代武人橫行天下的混亂局面下建立起來的。宋太祖本人登上皇帝寶座便是「陳橋驛兵變」的結果。這已是五代軍人擁立新主的第四次。為了新政權的穩定，不再蹈「兵變」覆轍，宋太祖即位後第一個重大措施便是所謂「用文吏而奪武臣之權」（《宋史‧文苑傳序》）。關於他怎樣收宿將和藩鎮的兵權的經過，這裏不用細說了。另一方面，當時民間久受武人控制地方行政的痛苦，也普遍希望文治秩序的重建。所以宋代第一次舉行科舉考試，「白袍舉子」大批出現，父老都額手相慶，認為，「此曹出，天下太平矣」（見《文獻通考》卷三〇）。宋太祖和他的佐命大臣（如趙普）很了解民心所向，因此更下定決心，要「息天之下兵，為國家建長久之計」。宋王朝的文治取向便是這樣建立起來的。

在文治取向下，宋代皇權對於在朝的士大夫是特別優容的。南宋以後，一直有一個傳說：宋太祖曾立誓約，藏之太廟，戒子孫不得殺大臣及言事官。這個說法據說是徽宗被俘後

托曹勛帶回南方的（《宋史》卷三七九《曹勛傳》）。但哲宗也有「朕遵祖宗遺制，未嘗殺戮大臣」之語（《宋史》卷四七一《章惇傳》），可見傳說必有根據。所謂大臣專指「執政大臣」而言，即宰相、參知政事及樞密使。無論如何，宋代不誅大臣，確是事實。程頤舉三代而後，「本朝超越古今五事」，即以「百年未嘗誅殺大臣」為其中之一。（《程氏遺書》卷一五）

　　但這不過是宋代皇帝尊重士大夫在消極方面的表現。更重要的，宋代皇權在積極方面還充分顯示了與士大夫「共治天下」的雅量。宋神宗時代是一個重大的轉變關鍵。他為了支持王安石施行新法，不惜公開接受皇帝與士大夫「共定國是」的原則。所謂共定國是，即關於國家的最高施政綱領，不由皇權方面片面決定，而必須取得以宰相為首的執政士大夫集團同意和支持，例如熙寧新法最初是王安石提出的，經過當時在朝的士大夫討論和一致接受後，神宗才決定全面採納並立即付諸實行。後來反對新法的士大夫領袖如劉彝、程顥、蘇軾、蘇轍等人，在開始時也都參加了變法運動，朱熹告訴我們：

　　新法之行，諸公實共謀之，雖明道先生不以為不是，蓋那
　　時也是合變時節。（《語類》卷一三〇）

所以熙寧變法實際上是神宗和士大夫的執政集團「共定」的「國是」。從此以後，「共定國是」便成為宋代的「法度」；任何關於「國是」的變更都必須在形式上通過這一「共定」的法律程序。元祐時期司馬光執政，盡廢「新法」，回歸神宗以前的「祖宗舊制」，也是由元祐太后和士大夫「共定」的，因為回向「祖宗舊制」也是一次重大的「國是」變更。以後哲宗

親政，政局再變，以「紹述」為「國是」，也同樣經歷了一個「共定」的程序。下至南宋，和、戰、守成為「國是」的主要內容，朝廷上也有過多次激烈的辯論，然後高宗才和宰相 (秦檜) 作出最後的共同決定。關於這些活動，我在《朱熹的歷史世界》第五章「國是考」中已有詳細的分析，這裏便不多說了。

「共定國是」成為有宋一代的「不成文法」(unwritten law) 之後，士大夫與皇帝「同治天下」(程頤語) 取得了制度性的基礎。所以「士」在宋代不但是文化主體，而且也發展了高度政治主體的意識。南宋寶慶元年 (1225) 朱熹門人曹彥約 (1157–1228) 上封事，仍守熙寧以來的習慣不變，直稱在位的士大夫為「天下之共治者」，可證皇帝與士大夫「共治天下」的觀念持續了一百五十年之久，未嘗斷絕。

以上我們大致說明了宋代政治生態的一般狀況，對於儒家士大夫而言，它提供了一個前所未有的「得君行道」的可能性。王安石和神宗的遇合更加強了他們的信心，認為皇帝是可以被說服，為變「天下無道」為「天下有道」而共同努力。

明代的政治生態與宋代適成最鮮明的對照。

明太祖早年在皇覺寺為僧，后來參加了韓山童、林兒父子一系的武裝集團。這一集團崇奉摩尼教 (即明教)、白蓮教、彌勒教等民間混合信仰，並以「明王出世」、「彌勒佛下生」等口號煽動民心，和當時儒生、文士所代表的上層文化 (elite culture) 之間存在着很大的隔閡。

但是明太祖的政治直覺是很敏銳的。在 (元) 至正十六年 (1356) 取得金陵 (南京) 為根據地之後，他已有建立王朝、取元而代之的雄圖。他深知民間武力與宗教信仰只能使他「得天下」，然而卻不足以「治天下」。為「治天下」作長遠的準

備，他開始爭取江浙地區著名儒生的支持，至正二十年徵劉基、宋濂、章溢、葉琛「四先生」便是最富於象徵意義的一件大事，所以特筆大書於《明史》之上。(見《太祖本紀一》)

　　表面上看，明太祖在建立新政權的前後似乎對「士」也表現了應有的尊重。但深一層觀察，問題卻不如此簡單。在儒生和文士一方面說，他們雖應明太祖的徵召而輔佐新朝，但始終抱有一種不得已的心理，絲毫未見有歡欣鼓舞的情緒。[1] 這一異常的歷史現象究竟應該怎樣理解呢？讓我引《明史‧劉基傳》中一段記載作一最扼要的說明：

> 初，太祖以韓林兒稱宋後，遙奉之。歲首，中書省設御座行禮，基獨不拜，曰：「牧豎耳，奉之何為！」因見太祖，陳天命所在。(卷一二八)

劉基的態度在當時儒生、文士中是有代表性的。他們對於明太祖出身所自的民間信仰與武裝集團，絕對拒絕認同；「牧豎耳，奉之何為！」這句話是非常傳神的。他們之中很多人是迫於形勢才應召而至，對於明太祖也未必心悅誠服。

　　在明太祖一方面，他當然也對儒生、文士不肯屈就的心理有深刻的體會。但為了「治天下」的緣故，他在開始時也只好暫且隱忍不發，甚至還故示謙遜，而有「我為天下屈四先生」之語（《明史》卷一二八《章溢傳》）。他在創業階段雖然禮遇儒生、文士，然而並沒半點與士大夫「共定國是」的意識，更不必說甚麼「共治天下」了。相反的，他心中的「士」不過是

1　詳見錢穆：《讀明初開國諸臣詩文集》，收在《中國學術思想史論叢》
　　(六)，聯經《全集》本，頁101–223。

一個必需的統治工具，只能被動地聽皇帝使用，而不能稍有違抗。著名文士張孟兼因為違背了他的旨意，史載：

> 太祖大怒曰：「豎儒與我抗邪！」械至闕下，命棄市。
> (《明史》卷二八五《文苑一》)

太祖又當面對茹太素説：「金杯同汝飲，白刃不相饒。」(《明史》卷一三九本傳) 這才顯露出他對待士大夫的本相。

由於明太祖和他出身所自的武裝集團自始即對士大夫抱着很深的敵意，所以明開國以後太祖特別針對着士階層設立了種種凌辱和誅戮的方法。洪武九年 (1376) 葉伯巨上書説：

> 古之為士者，以登仕為榮，以罷職為辱。今之為士者，以溷迹無聞為福，以受玷不錄為幸，以屯田工役為必獲之罪，以鞭笞捶楚為尋常之辱。其始也，朝廷取天下之士，網羅捃摭，務無餘逸，有司敦迫上道，如捕重囚。……洎乎居官，一有差跌，苟免誅戮，則必在屯田工役之科。率是為常，不少顧惜。(《明史》卷一三九本傳)

這就是説，朝廷一方面強迫天下之士出來任職，另一方面則把他們當囚犯看待；一旦觸犯法網，則逃不出以下三種懲罰：一、誅戮；二、做苦工 (「屯田工科」，相當於勞動改造)；三、鞭打。葉伯巨説第三種刑罰是士的「尋常之辱」，這句話應該略作説明。明代有一種特創的刑法，始於太祖，叫做「廷杖」。(見《明史》卷九五《刑法三》) 在位士大夫在朝堂當眾受杖的，三百年間史不絕書。十六世紀以前，廷杖並不去

衣，受創尚較輕。但武宗正德時期 (1506–1521)，改為「去衣廷杖」，往往死在杖下。王陽明在正德元年 (1506) 所受廷杖，便是「去衣」的，所以「既絕復蘇」。[2] 除了廷杖之外，從中央到地方各級衙門的屬官也經常挨打。洪武末年解縉上封事，便說：

> 而今內外百司捶楚屬官，甚於奴隸。(《明史》卷一四七本傳)

可知「尋常之辱」四個字是一點也不誇張的斷語。「士可殺不可辱」是儒家世代相傳的古訓，但士在明代卻受到既「殺」且「辱」的待遇。明初有一則筆記，生動地寫出了當時在朝士大夫朝不保夕、人人自危的深刻心理：

> 時京官每旦入朝，必與妻子訣；及暮無事，則相慶以為又活一日。(趙翼《廿二史札記》卷三二「明祖晚年去嚴刑」條引《草木子》)

在這一政治生態之下，「明初文人多不仕」(《廿二史札記》同卷) 便絲毫不足驚怪了。《明史·刑法二》載：

> 貴溪儒士夏伯啟叔侄斷指不仕，蘇州人才姚潤、王謨被徵不至，皆誅而籍其家。「寰中士夫不為君用」之科所由設也。(卷九四)

我們必須牢牢地掌握住這一歷史背景，然後才能懂得明代理學

2　見《年譜》，收在《王陽明全集》(以下簡稱《全集》)，下冊 (上海：上海古籍出版社，1992)，頁1227。

何以與宋代截然異趣。朱熹學與陽明學之間的分歧也必須由此而得到更充分的理解。

由於政治生態的極端相異，宋、明理學家首先在政治取向方面幾乎是背道而馳。前面已指出，宋代理學家全面承繼並發展了孔子的「儒家整體規劃」，要從「內聖」中推出「外王」，重建一個合乎「道」的人間秩序。因此，張載特別強調「道學」與「政術」是一體的兩面，絕不容分為「二事」。[3] 然則「道學」和「政術」怎樣才能連成一體呢？關鍵自然是皇帝必須接受「道學」為「治天下」的根本原則。程頤「儒者得以道學輔人主，蓋非常之遇」(《上太皇太后書》，《程氏文集》卷六) 一語已將這個觀念表達得十分清楚，這便是所謂「得君行道」。南宋朱熹、陸九淵、張栻、呂祖謙四大宗師無不以政治主體自居而終身致力於「道學」與「政術」的合一，作為秩序全面重建的始點，他們顯然不是追逐權位的世俗士大夫，但是卻不肯放過任何一個「得君行道」的可能機會。這是因為他們期待孝宗可以成為第二個神宗，毅然推動政治上的「大更改」。[4] 甚至在孝宗內禪之後，朱熹也依然沒有完全放棄對「得君行道」的嚮往。[5]

與宋代相對照，明代理學家大體上都是從個人受用的角度，探討性、命、理、氣的「內聖」之學，而往往能自得其樂。以初期三大家而言，曹端 (1376–1434) 說：

> 活潑潑地只是不滯於一隅。……道理平平正正處，會得

3　見《答范巽之書》，《張載集》(北京：中華書局，1978)，頁349。

4　詳見《朱熹的歷史世界》下冊，第八章第三、四節。

5　見同上書第十二章，頁527–32，頁585–86。

　　時，多少分明快活。(四庫本《曹月川集‧語錄》)

薛瑄 (1389–1464)《臨終口號》末二句云:

　　七十六年無一事，此心惟覺性天通。(四庫本《敬軒集》卷五)

吳與弼 (1391–1469) 在《日錄》中也說:

　　淡如秋水貧中味，和似春風靜後功。(四庫本《康齋集》卷二)

這都表現了個人修養有得的深趣，絕不是門面語。但是在他們三人的詩、文、語錄中卻完全看不見宋代理學家對於「得君行道」的強烈要求了。換句話說，明代初期理學家所關懷的主要是個人如何成聖成賢，至於怎樣從「內聖」推出「外王」，他們大體上是保持緘默的。這並不表示他們已拋棄了「儒家的整體規劃」，而是因為明初的政治生態 (特別是太祖、成祖兩朝) 切斷了任何「得君行道」的可能性。

　　上舉三位初期理學家中，吳與弼的影響最大，他的政治取向因此也對第二代理學家發生了示範作用。他似乎繼承了明初「不仕」的傳統，十九歲時便已決心「棄舉子業」，中年則「省郡交薦不赴」，晚年 (天順元年 [1457]) 雖被徵至京，仍然堅不受官而歸。有人問他為甚麼如此，他答道:「欲保性命而已。」這句老實話已將他視朝廷為危地的心理和盤托出。(見《明儒學案》卷一《吳與弼傳》) 他在《日錄》中也說:

　　夜坐思一身一家苟得平安，深以為幸。(《康齋集》卷二)

格於政治生態的險惡，明代初期理學家只好退至《大學》修身、齊家的安全領域，而不敢觸及治國、平天下的危地。從現存《曹月川集》看，曹端的主要關懷也不出修、齊的範圍，如《夜行燭》、《家規粹略》、《語錄》等都是明證。他在《續家訓》詩中説：

> 修身豈止一身休，要為兒孫後代留。

言為心聲，正可與吳與弼的心態互相印證。與弼的大弟子如胡居仁、陳獻章、謝復、鄭沆等也都絕意科第，以示「不仕」的決心 (見《明儒學案》卷一、卷五及《明史‧儒林一》各本傳)。陳獻章更明白地説：

> 天下之責不仕者輒涉於僕。(四庫本《陳白沙集》卷二《復趙提學僉憲第三書》)

理學家即以「不仕」為標榜，則治國、平天下自是無從説起了。

　　澄清了明代初期理學家的心態和政治生態之間的關聯之後，我們才能進一步闡明陽明學出現的劃時代意義。王陽明 (1472–1528) 中進士在弘治十二年 (1499)，因此他在政治和思想領域中活躍的時期已進入十六世紀。這時政治生態雖然繼續惡化，但社會卻正處於轉型期間。主要由於士與商互動的影響，民間社會展現了空前的躍動。一五二五年他為一位商人寫《墓表》便説了「四民異業而同道」這樣驚人的話。[6] 他的語錄中也常常出現「須作個愚夫愚婦，方可與人講學」、「如此格物，

6　見《節庵方公墓表》，《王陽明全集》，上冊，頁941。

雖賣柴人亦是作得」、「雖終日作買賣，不害其為聖為賢」、
「滿街都是聖人」等説法。可見他已將「道」的重任從「士」
的身上推拓出去，由所有社會成員（「四民」）共同承擔了。這
是他的「良知」説的社會背景，但限於篇幅，這裏不能詳論。[7]

　　王陽明開創明代理學的第二階段，但同時也可以説是明代
儒學的再出發。前面已指出，「儒家的整體規劃」因受阻於政
治生態，自始便被擱置了起來。王陽明則是明代理學家中復興
這一規劃的一位先驅。但他對於儒家規劃的理解最初仍是以朱
熹為依歸。十五六歲時（1486或1487年）他已開始依朱熹關於
「致知、格物」的指示而有「格竹子之理」的嘗試，後來又
作了兩次「格物」的努力（1492與1498年），也都以失敗告終。
這都證明他奉朱注《大學》為無上寶典，而《大學》在程、
朱系統中則是「儒家整體規劃」的基本綱領。因此在正德元
年（1506）上封事，受廷杖之前，他大體上仍遵守宋儒「內聖外
王」的模式，「得君行道」的意識也在潛滋暗長之中。最明顯
的證據是他在弘治十七年（1504）主持山東鄉試所出的題目和所
收的範文——《山東鄉試錄》。（按：範文是否陽明所撰，今
不易決定，但其內容必是他認可的。）其中如「所謂大臣者以
道事君不可則止」一題，認定「大臣」的主要任務便是「引君
於道」；如果「諫有不聽」則必須「奉身而退，以立其節」。[8]
又如「人君之心惟在所養」，則強調「人君之心」是「天地民
物之主」和「禮樂刑政教化之所自出」，因此人君必須「自
養」其至公無私之心，才能治天下。「養心」之道即以「義理

7　參看我的《中國近世宗教倫理與商人精神》（台北：聯經，1987）及《現代
　　儒學的回顧與展望》、《士商互動與儒學轉向》兩篇長文（收在《現代儒學
　　論》，上海：上海人民出版社，1998）。

8　《全集》，頁841–842。

之學」來「克其私」而「擴其公」。[9] 這明明上承宋儒「內聖外王」及「正心、誠意」而來。他在正德元年上《乞宥言官去權奸以章聖德疏》，犯顏直諫，終至貶逐龍場，便十足體現了「引君於道」的精神。

正德三年 (1508) 王陽明在龍場中夜大悟，這是「陽明學」的始點，與「朱熹學」判然劃分界線，因此也是儒學史上驚天動地的一件大事。讓我試論其意義，以結束這篇講詞。

《王陽明年譜》正德三年春「先生始悟格物致知」條記：

> 因念：「聖人處此，更有何道？」忽中夜大悟格物致知之旨，寤寐中若有人語之者，不覺呼躍，從者皆驚。始知聖人之道，吾性自足，向之求理於事物者誤也。乃以默記《五經》之言證之，莫不吻合，因著《五經臆說》。[10]

從「聖人處此，更有何道」八個字，我們清楚地看到：陽明之「悟」絕不僅僅是關於「格物致知」的純理論問題，而是在人生何去何從 (existential choice) 的問題上找到了最後的歸宿。這一「何去何從」的困惑起於他個人生命中一個最深刻的危機，因此我必須先把這個危機的性質簡單地說出來。陽明無疑是一位非常人物，不但才氣浩瀚而且抱負遠大；他早年在精神世界的種種追求便是明證。他在一四九九年中進士前後，已決意繼承宋代士大夫「以天下為己任」的傳統，因此晚年追憶當年所上《邊務疏》，他坦承自己的動機是要「以身任天下」。[11]

9　同上，頁854–57。

10　同上，下冊，頁1228。

11　見《傳習錄補遺》，《全集》，下冊，頁1171。

但宋儒「以天下為己任」是因為皇帝不但接受了「與士大夫同治天下」的原則，而且也默認了「儒家的整體規劃」。所以，「得君行道」在宋代並不是一個完全脫離現實的幻想。王陽明在明代——特別是在「朝綱紊亂」的武宗時期——竟認真地重彈此調，則簡直印證了「與虎謀皮」那句古語；他的主觀的嚮往和客觀的政治生態太格格不入了。他獻身於「儒家的整體規劃」——變「天下無道」為「天下有道」——的決定雖已不可動搖，但對於「得君行道」這一先決條件卻一直感到困惑。這一困惑自然不能直接而明確地表達出來，每次都以曲折而隱晦的方式呈現在下面這個問題上面：「理」(或「天理」)究竟是外在於事物，如朱熹所強調的呢，還是內在於「心」，如陸九淵所說呢？(理由見後)龍場之悟，專就理學內部言，似乎僅僅關乎「格物致知之旨」，但就陽明自己的生命抉擇而言，則恰恰是他在「得君行道」的老路之外發現了另一條新途徑，可以變「天下無道」為「天下有道」。

從正德元年 (上封事、下詔獄、受廷杖) 到三年貶逐至龍場，這是王陽明生平最大的一次精神危機，所以他用「百死千難」四個字來形容它。為甚麼說它是危機呢？這是因為一方面在巨創深痛、奇恥大辱之餘，他的「得君」殘夢即已徹底破滅，而另一方面他的儒家立場又不允許他完全拋棄「行道」的承諾 (commitment)；他陷入了進退兩難、無所適從的絕境。龍場一悟才將他從危機中解救出來，即「得君」不必是「行道」的絕對前提 (後詳)。然則此悟何以又和《大學》「格物致知之旨」緊密地糾纏在一起呢？下面試申其說。

問題的關鍵仍在「儒家的整體規劃」。程、朱一方面以《大學》為基本綱領，循着格、致、誠、正、修、齊、治、平

的次第逐步從「內聖」推出「外王」。另一方面他們又以「治道」為重建合理秩序的始點，因此採取「得君行道」為運作模式。在這一規劃中，「格物、致知」是全部活動歷程的第一步，其重要性自不待言。但程、朱解「格物」為「即物而窮其理」，「致知」則使「心」對於天地間一切事物之「理」的知識不斷擴充，最後達到「一旦豁然貫通」的境界。(見朱熹《大學》補傳) 所以「格物致知」其實是一件事，不能分開。只有在這個堅實的基礎上，一個人才能逐步展開，從「內聖」推至「外王」。很明顯的，這一儒家規劃是特別針對着「士」到「人君」這一部分的人而提出的，因為他們負有「同治天下」的責任。「士」固然必須在各個不同的崗位上「即物而窮其理」，「人君」也同樣應該從整體的觀點不斷進行「窮理」的努力。不過他的「窮理」不必一定要採取「今日格一物，明日又格一物」的方式，而不妨「先立其大」，從「已知之理」而見於聖賢之書者下手。所以朱熹上寧宗奏札，特別強調：「為學之道莫先於窮理，窮理之要必在於讀書」；「窮理」之後「則自君臣之大，以至事物之微，莫不知其所以然，與其所當然，而無纖芥之疑，善則從之，惡則去之，而無毫髮之累」(見《朱子文集》卷一五《甲寅行宮便殿奏札二》)。朱熹假定從「士」到「人君」都可以通過「格物致知」而掌握住天地萬物之「理」，因此他始終不肯拋棄對於「得君行道」的嚮往。

　　程、朱「求理於事物」也與「得君行道」的要求有內在關聯。朱熹所構想的「君道」具有「順理」和「無為」的顯著特色。[12] 人君所「順」的「理」就是「天理」或「太極」。他曾說：「理卻無情意，無計度，無造作。」(《語類》卷一《理氣

12 見《宋明理學與政治文化》，頁242–43。

上》）；又形容「太極」「無方所，無形狀」，以詮釋「無極而太極」一語。（《文集》卷三六《答陸子靜五》）這樣的「理」或「太極」，落在「君道」層面便必然出現「無為而治」的虛君觀念。程頤說：

> 為人君者，苟能至誠任賢以成其功，何異乎出於己也。
> （《周易程氏傳》卷一「六五‧童蒙吉」條）

朱熹完全接受了這一觀點，所以他理想中的「人君」只要能「用一個好人作相」、「有一好台諫」便足夠了。（《語類》卷一〇八《論治道》）他又借用《尚書‧洪範》中「皇極」兩字來代表「君道」的「太極」。他反對孔安國以來解「皇極」為「大中」之義，而認定「皇極」是對人君「修身以立政」（《文集》卷七二《皇極辨》）的嚴格要求，最後達到「王者之身可以為下民之標準」的高度（《語類》卷七九《尚書二‧洪範》）。這雖然是「理想型」（ideal type），不能求之於任何一位歷史上的「人君」，但宋代理學家早自神宗、哲宗時期起便不斷向皇帝宣揚《大學》正心、誠意、修身之說，目的便在於塑造出可以共同「行道」之「君」。[13]

　　討論至此，我才能正面解答「得君行道」與「窮盡天地萬物之理」之間的內在關聯。試讀朱熹下面這句話：

> 以言夫人君以身立極而布命於下，則其所以為常教者，皆天之理，而不異乎上帝之降衷也。（《皇極辨》）

13　見《朱熹的歷史世界》下冊，頁46–48。

這便是說：「儒家的整體規劃」中關於「君道」的種種規定並不是儒者或理學家師心自用而虛構出來的；相反的，它們都本於「天之理」。既是「天理」，根據「理一分殊」的原則，自然必須在「天地萬物」上面一一加以印證，否則將何以起人之信，更何能期「人君」之必從？引文末句「不異乎上帝之降衷」即在借宗教語言強調「天理」的不可違抗性。程、朱為甚麼解「格物」為「即物而窮其理」至此便圖窮而匕首見了。至於這一套「格物致知」說的內部困難和是否真能收到預期的理論效果，則又當別論。這裏我只是要指出，「求理於事物」確是「得君行道」設想中的一個重要環節。

回到王陽明的龍場頓悟，我們現在便完全懂得為甚麼他的突破點是「向之求理於事物者，誤也」。他早年雖三番兩次地與朱熹的「格物窮理」說奮鬥，但因此說是通過「得君行道」以重建秩序的基石，他一直抱着很深的投鼠忌器的心理，不敢公開拋棄它。但是經過下獄、廷杖、貶逐等一連串的巨創深痛，龍場之夜他終於徹悟「得君行道」在當時的政治生態下是毫無根據的幻想。生活在一個「治」既無「道」、「君」也不體現「理」的政治世界，他無論如何也不能再接受「求理於事物」的說法了。

他的徹悟起於剛剛發生的切身經驗，而不是單純的哲學思辨的結果，這在他悟後所寫《五經臆說》的殘篇中可以得到清楚的印證。其中論「失身枉道之恥」一節必與「去衣受杖」的痛切感受有關，是非常明顯的。[14] 另一篇《龍場生問答》也證實了他的頓悟契機在於「得君行道」觀念的破滅，他答「龍場生」關於「汲汲於求去」之問，說：

---

14 詳論見《宋明理學與政治文化》，頁278–82。

> 君子之仕也以行道。不以道而仕者，竊也。今吾不得為行
> 道矣。[15]

此文作於「戊辰」(正德三年 [1508])，當在悟後數日之內，恰好透露出他當夜悟從何起：他最初進入仕途本是為了「行道」，悟後已知此路不通，因此不得不「汲汲於求去」。此路為甚麼不通呢？這當然是因為由「仕」而「行道」，則「得君」是一個先決條件。他的政治經驗已徹底否定了「得君」的可能性。總之，他理想中的人間秩序與朱熹並無不同，都不出「三綱五常」的基本模式；他們也同樣承認這個秩序是從「天理」中出來的。但是朱熹的「天理」流行於「宇宙之間」，是在外的。[16]陽明在政治世界看不到「理」的存在，因此龍場一悟，將「天理」收歸內心，終於和朱熹分手了。

　　王陽明放棄了「得君行道」的舊路，皈依「理」在「心」而不在「天地萬物」的新信仰之後，立即面對如何落實「儒家的整體規劃」的新挑戰。變「天下無道」為「天下有道」仍然是他所肯定的儒學的基本功能，並未因信仰改易而動搖。但「得君行道」之途既斷，「內聖」又將如何能推出「外王」，而通向「治天下」呢？這裏必須鄭重指出，陽明與明代初期理學家如吳與弼、薛瑄、胡居仁、陳獻章等不同，不能僅僅流連在「內聖」的境域以苟全性命。事實上，如前面所言，他是明代理學界重新發動「儒家的整體規劃」的一位先驅。悟後他雖不再抱「得君」的妄想，甚至還有意退出「仕」途，但「行道」以「治天下」的宏願卻是他一天都不曾忘懷的。龍場之悟

15　《全集》，上冊，頁912。

16　見《讀大紀》，《朱子文集》卷七〇。

的另一重大突破便是他找到了一條推動「儒家的整體規劃」的
新路，可以繞開荊棘叢生的政治生態，以落實儒家關於「行
道」的基本要求。「知行合一」和「致良知」的提出都和這一
要求密切相應。

陽明悟後第二年 (正德四年) 便在貴陽書院揭出「知行合
一」的宗旨，視之為「知行之本體」。此說與「行道」的關聯
可從兩方面觀察：第一，在消極方面它破除了朱熹以知行為二
及「知先行後」的觀點，因為所謂「得君行道」還是從這一觀
點中引申出來的。(人君必先「知」，然後才能與士大夫共同
「行道」。) 第二，在積極方面「合一」既是「知行的本體」，
則「行道」一觀念已失去獨立存在的依據。為甚麼呢？因為
「知者行之始，行者知之成；聖學只一個功夫，知行不可分作
兩件事」[17]。因此循着陽明的新教法以求「聖學」，則即知即
行，即行即知，全部過程中既無間隔，也無停頓。這便給「儒
家的整體規劃」的實踐提供了一重比較確實而可靠的保證，
「得君行道」的重要性也相應地大為減輕了。

陽明所謂「知行之本體」即是後來所說的「良知」。他
說：

> 吾「良知」二字，自龍場已後，便不出此意，只是點此二
> 字不出，於學者言，費卻多少辭說。[18]

正因如此，他晚年 (1525) 在《答顧東橋書》中說：

17　《全集》，上冊，頁13。

18　錢德洪：《刻文錄敍說》，《全集》卷四一，下冊，頁1575。

> 若鄙人所謂致知格物者，致吾心之良知於事事物物也。吾
> 心之良知，即所謂天理也。[19]

此即龍場所悟的「格物致知之旨」，不過當時尚未有「良知」
之名而已。「良知」兩字到手以後，他頓悟所得的新信仰與
「儒家的整體規劃」之間的關係也得到了十分清楚的陳述。嘉
靖五年 (1526)《答聶文蔚》說：

> 僕誠賴天之靈，偶有見於良知之學，以為必由此而後天下
> 可得而治。是以每念斯民之陷溺，則為之戚然痛心，忘其
> 身之不肖，而思以此救之，亦不自知其量者。[20]

「致良知」是為了「天下可得而治」和「救斯民之陷溺」，這
個大目標和宋代的「儒家的整體規劃」一脈相承，絕無二致。
但是「致良知」卻不必寄望於上面的皇帝和朝廷，而是廣結
「同志之士」徑自從下面的社會和平民下手。所以同書又說：

> 僕之不肖，何敢以夫子之道為己任？顧其心亦已稍知疾痛
> 之在身，是以徬徨四顧，將求其有助於我者，相與講去其
> 病耳。今誠得豪傑同志之士扶持匡翼，共明良知之學於天
> 下，使天下之人皆知自致其良知，以相安相養，去其自私
> 自利之弊，一洗讒妒勝忿之習，以濟於大同，則僕之狂
> 病，固將脫然以愈，而終免於喪心之患矣，豈不快哉！[21]

19　《全集》卷二，上冊，頁45。
20　同上，頁80。
21　同上，頁81。

他雖自謙「不敢」，其實已當仁不讓，慨然「以夫子之道為己任」；很明顯的，這是宋儒「以天下為己任」的明代新版。宋代程、朱一系的理學家往往向皇帝陳說「格物、致知、正心、誠意」。陸九淵從「心即理」的立場上曾提出異議，他說：

> 諸公上殿，多好說「格物」，且如人主在上，便可就他身上理會，何必別言「格物」。[22]

但他雖不言「格物」，卻仍然要在「人主身上理會」。這當然是因為宋代理學家具有一項共識：權源是握在皇帝的手上，他如果不肯在源頭發動任何更改，政治革新便根本無從開始，士大夫更何能承擔起「治天下」的大任？因此他們首先必須說服人君，積極支持「儒家的整體規劃」。這是「得君」兩字的確切含義。(儒學文獻中所謂「得君」絕不能和世俗觀念中所謂「邀君寵」混為一談。) 王陽明的「明代新版」則完全不同，他的眼光已從人君移向一般人民，最終目的是在「使天下之人皆知自致其良知」。這當然是一個無限艱巨的任務，所以他不得不到處接引所謂「豪傑同志之士」，以期「共明良知之學於天下」。

與宋代理學家的「得君行道」相對照，陽明「致良知」之教的最顯著特色是「覺民行道」。這是他在龍場所悟出的全新構想，具有劃時代的重大意義。這一點可以從他在正德七年(1512)《答儲柴墟》中得到證實。他說：

> 伊尹曰：「天之生斯民也，使先知覺後知，使先覺覺後

覺。予天民之先覺也，非予覺之而誰也？」(按：見《孟子‧萬章》) 是故大知覺於小知，小知覺於無知；大覺覺於小覺，小覺覺於無覺。夫已大知大覺矣，而後以覺於天下，不亦善乎？……夫仁者，己欲立而立人，己欲達而達人。僕之意以為，己有分寸之知，即欲同此分寸之知於人；己有分寸之覺，即欲同此分寸之覺於人。人之小知小覺者益眾，則其相與為知覺也益易且明，如是而後大知大覺可期也。[23]

這便是他後來所強調的「使天下之人皆知自致其良知」和「偶有見於良知之學，以為必由此而後天下可治」，稱之為「覺民行道」，是再恰當不過的。

「覺民行道」是一個偉大的社會運動和傳「道」運動，而不是政治運動，在十六世紀的中國曾掀起萬丈波瀾。我在《宋明理學與政治文化》第六章已有較詳細的論證，這裏不能涉及了。這篇講詞的主旨是從政治生態論朱熹學與陽明學的異同，我希望上面的論述基本上澄清了這一論旨。

2004年7月29日於普林斯頓

附記：這是2004年9月日本大阪關西大學召開的「東亞儒學國際研討會」上的「基調講演」詞。

23　《全集》卷二一，頁813。

3

近世中國儒教倫理與商人精神[1]

　　我很榮幸應邀參加這次「涉澤國際儒教研究會」。我的基調演講的題目——「近世中國儒教倫理與商人精神」——是陶德民教授建議的；這當然是因為我以前寫過一部《中國近世宗教倫理與商人精神》(1987)，並且已由森紀子教授譯為日文(1991)。一九八七年以後，我又繼續在這一領域中作了更進一步的研究，同時用漢語和英語發表了不少論文。最近的一篇是〈士商互動與儒學轉向〉，已收入我的《現代儒學論》(上海人民出版社，1998)。所以在這篇講詞中，我準備根據這些研究的成果作一提綱式的報告。

　　但在正式進入主題之前，我要特別對涉澤榮一先生的《論語與算盤》表示我的敬意。我在寫完《中國近世宗教倫理與商人精神》一書以後，偶然讀了《論語與算盤》的漢譯本。我驚異地發現，我關於明、清商人精神的歷史觀察，竟和涉澤先生在《論語與算盤》中的主張不謀而合。因此我在《商人精神》日本語版的〈自序〉中特別指出：他所創造的「士魂商才」

1　本文未曾發表過，陶德民教授的日譯本收在陶德民、姜克實、見城悌治、桐原健真合編《東アジアにおける公益思想の變容》(東京：日本經濟評論社，2009)。

(《論語與算盤》卷一) 的觀念完全可以用來描寫明、清時代的中國商人。當然，中國的「士」是指「文士」或「儒士」，這和日本的「武士」是有區別的。但是涉澤又告訴我們：日本「武士道」所體現的道德價值包括正義、廉直、俠義、禮讓和敢作敢為等等 (卷八)；而這些價值大部分都可以從《論語》中找到來源 (卷一)。因此從比較的歷史和文化角度說，日本的「武士」和中國的「儒士」所扮演的社會功能是確有很多相似之處。至於《論語》是中國「儒士」的精神泉源，那更是不在話下了。

如果我的理解大致不誤，《論語與算盤》的中心論旨是主張儒家倫理在現代必須與企業經營互相支援、互相配合，以造成一個經濟富裕和道德修養交相映發的社會。正如本書「導言」作者草柳大藏所指出的，涉澤投身實業界以後，便宣稱「以《論語》為商業上的聖經。」他說以現代企業經營的特殊角度來讀《論語》，發現孔子並沒有把「仁義道德」和「生產謀利」放在互不相容的絕對位置；以「義」與「利」不能並存的極端觀點毋寧是後世儒家對孔子原始教義的曲解或誤解。涉澤關於《論語》的現代解讀是相當合理的。我願意舉一個具體的例子，來支持他的新觀點。他在卷四引了孔子下面兩句話：

> 富而可求也，雖執鞭之士，吾亦為之。如不可求，從吾所好。(《論語‧述而》)

根據他的理解，這句話決沒有「鄙視富貴」的涵義。相反的，上句是說：「能以正道，雖執鞭之士亦可致富」；下句則是說：「如果是不正當手段取得，毋寧處於貧賤。」他更作了一

個更大膽的推斷說：「孔子其實是主張：為了求富，像執鞭之士這樣微賤的工作也不太排斥。」[2]

澀澤榮一不是「漢學家」，他沒有進一步去追問孔子所謂「執鞭之士」究竟在當時是一種甚麼職業？為甚麼孔子談論「富而可求」，首先竟想到「執鞭之士」呢？現在讓我根據《周禮》來試解此謎。《周禮》「地官司徒下：司市」云：

> 凡市入，則胥執鞭度守門。

鄭玄注曰：

> 凡市入，謂三時之市。(按：即指「一日三市」) 市者，入也。胥，守門，察偽詐也，必執鞭度，以威正人眾也。

孫詒讓《周禮正義》卷二七疏「胥，守門，察偽詐也。……」曰：

> 據「胥師」文，謂市人有為偽飾虛詐者，察而糾之。以市門為市人所出入，易以司察，故使吏守之。云「必執鞭度以威正人眾也」者，……案：繫羊於木，以繫人馬，通謂之鞭。《書·舜典》云：「鞭作官刑。」據此即市刑只用鞭矣。

綜合上面所引經典文字與後代注釋，我們現在完全可以斷定：「執鞭之士」便是古代看守市門的「胥」，以維持和監督

2　見蔡哲義、吳璧維合譯《論語與算盤》(台北：允晨，1987)，頁27–28。

市場制度的公平運作為主要職責。如果入市交易的人有任何「偽詐」的行為 (如虛報商品的數量或品質之類)，「胥」發現之便會對他們施以「鞭刑」。歷史背景得到了澄清以後，孔子為甚麼因「富」而立即聯想到「執鞭之士」，便已絲毫不難索解；而涉澤推測孔子並不反對以「正道」致富，也由此而得到了相當程度的印證。

這裏我必須順便提到原始儒家和商人的歷史關聯。孔子恰好出現在中國商業第一次繁榮的時代，所以孔子對於當時的市場制度有親切的認識。其中最值得重視的是他的大弟子之一——子貢 (端木賜)，便是一位最有開創本領的大企業家，司馬遷寫〈貨殖列傳〉，以陶朱、子貢開端，則他在古代商業史上地位之重要可想而知。孔子在《論語》中曾對子貢有下面一句描述的話：

　　賜不受命，而貨殖焉，億則屢中。(〈先進〉)

這是說子貢不甘心受既定的社會身份 (「士」) 的安排，自己主動地去經營商業，很能把握商機，因而獲得成功。(這是現代注釋家的共同意見。) 所以這句話中並沒有譴責子貢從事「貨殖」的意思。《論語》所載孔子和子貢的對話，也有不少很可注意的地方。〈學而〉篇：

　　子貢曰：「貧而無諂，富而無驕，何如？」子曰：「可也；未若貧而樂 (道)，富而好禮者也。」

子貢此時大概已「貨殖」有成。他知道同門中多貧者 (如顏回、

原憲) 而自己則走上了「富」的道路，所以才有此一問。孔子的
答案當然更深了一層，但肯定了「富而好禮」也同樣可以合乎
「道」，則是很清楚的。另一次對話更為有趣：

> 子貢曰：「有美玉於斯，韞櫝而藏諸？求善賈而沽諸？」
> 子曰：「沽之哉！沽之哉！我待賈者也。」(〈子罕〉)

子貢在這裏是借「美玉」比孔子的「道」，希望老師出仕以行
「道」。孔子的答語甚急，流露出「得君行道」的迫切心情。
但是這段對話最值得注意的還不是內容，而是語言。他們師弟
都具有高度的幽默感，竟完全用當時市場的語言作為「論道」
的媒介。孔子對「貨殖」或市場多少是採取了一種道德中立的
態度，上引的《論語》對話便是最有力的見證。我相信子貢在
這一方面對孔子曾發生了重要的影響，因為孔子是通過他才認
識當時正處在上升階段的「貨殖」世界的。[3]

　　總之，原始儒學創建時期，由於子貢的出現，已與商人發
生了關係。孔子「富而好禮」一語即在指點子貢，怎樣將經商
所得的財富納入「仁義」的道德規範。司馬遷很懂得這個意
思，所以說：

> 禮生於有而廢於無。故君子富，好行其德；小人富，以適
> 其力。……人富而仁義附焉。富者得勢益彰，失勢則客無
> 所之，心而不樂。(《史記‧貨殖列傳》)

3　詳見 Ying-shih Yu, "Business culture and Chinese Traditions – Toward a study of
the Evolution of Merchant culture in Chinese History", in Wang Gungwu, Wong
Siu-lun, eds. *Dynamic Hong Kong: Business and Culture*, Hong Kong, 1997, pp.
14–16.

他接着論子貢，又説：

> 子贛既學於仲尼，退而仕於衛，廢著鬻財於曹魯之間，七十
> 子之徒，賜最為饒益。……子貢結駟連騎，束帛之幣以聘享
> 諸侯，所至，國君無不分庭，與之抗禮。夫使孔子名布揚於天
> 下者，子貢先後之也。此所謂得勢而益彰者乎？(同上)

如果我們相信司馬遷的論斷，那麼孔子之教之所以流佈天下，
子貢是很有貢獻的。但因為漢以後的儒者逐漸發展了「輕商」
的偏見，許多人都不肯接受司馬遷的意見。一直要到明、清之
際，商人的社會地位發生了重大的變動，儒家倫理才再一次進
入商業世界，而子貢也正式成為商人崇拜的偶像。所以清末以
來中國商店的門前，往往有下面這副對聯：

> 經營不讓陶朱富，
> 貨殖何妨子貢賢。

《論語》和「算盤」終於結合起來了。下面讓我簡單追溯一
下，儒家倫理和商人精神怎樣由分而合的過程。

自漢至宋，儒學思想雖經過種種變遷，大體上説，對於商
人和商業世界都不免抱着消極甚至否定的態度。宋代的新儒學
(「道學」或「理學」) 在這一問題上也沒有提出新的觀點。涉
澤榮一因為十七世紀 (元和，1615–1624，寬永，1624–1644) 日
本的朱子學過於鄙視「貨殖功利」，發生了不良的社會影響，
因此斷定程頤、朱熹「誤傳了孔、孟之教」。[4] 程、朱是否誤解

4　《論語與算盤》，漢譯本，頁129–130。

了孔、孟這個問題太複雜，不是這裏所能討論的。但朱熹不鼓勵儒者經商則是不可否認的事實。《朱子語類》卷一一三〈訓門人一〉：

> 問：「吾輩之貧者，令不學子弟經營，莫不妨否？」曰：「止經營衣食亦無甚害。陸家 (按：指陸九淵家) 亦作舖子買賣。」

可見朱熹對於「子弟經營」祇給予最低限度的認可，即止於維持「衣食」。他的基本預設顯然是以行商致富足以害「道」。

宋、明理學史上第一位公開肯定「商」的價值的是王陽明。他在一五二五年為商人方麟所寫的「墓表」中說：

> 古者四民異業而同道，其盡心焉，一也。[5]

「四民異業而同道」真是一句「石破天驚」的話，從來儒者沒有人曾如此說過。《論語》中也祇有「士志於道」（〈里仁〉）一語，陽明則進一步肯定「商」也「志於道」了。他在《語錄》中還有一段話，可以和上引之語互相印證。他說：

> 雖治生 (按：即指商業經營) 亦是講學中事。但不可以之為首務，徒啟營利之心。果能於此處調停得心體無累，雖終日做買賣，不害其為聖為賢。何妨於學？學何貳於治生？[6]

5　《王陽明全集》(上海：上海古籍出版社，1992)，上冊，頁941。

6　《全集》下冊，〈傳習錄拾遺〉，頁271。

陽明所謂「講學」便是講關於「道」的學問，可見他不但承認商業經營（「治生」）是「道」中應有之一事，而且明明白白地宣告：整天做買賣的商人也同樣可以「成聖成賢」。宋代理學家還祇說「士」可以「成聖成賢」，如周敦頤《通書·志學》篇所謂「聖希天，賢希聖，士希賢」。現在陽明則將「商」提升到和「士」完全平等的地位了。這個思想上的變化實在太大了。

涉澤榮一的「士魂商才」說強調「仁義道德」和「生產謀利」必須互相支援，所以在他的心中，真正的「商才」一定要具備深厚的精神修養；祇有「以仁義道德、公正之理為本」的「商才」才能用他們的財富為全社會增加福利，不致於自私自利，最後陷溺在「腐敗墮落」之中。(參看草柳大藏的〈導言〉)他的看法顯然和王陽明「調停得心體無累」之說，是完全相通的。

為甚麼不遲不早，儒家倫理和商業經營在十六世紀才開始合流呢？有兩個歷史因素必須提及：第一是十五、六世紀中國的市場經濟空前活躍，許多全國性和地域性的大型與中型企業都出現在這一時期。這屬於經濟史的範圍，這裏不能深論。第二是在這一時期中，大批的「士」加入了商人的行列，形成了一個長期的「棄儒入賈」的社會運動。其結果是「士」與「商」之間的界線變得越來越分不清了。王陽明的「四民異業而同道」便代表了儒家倫理在一個全新的社會現實面前所作的重大調整。下面讓我對「棄儒入賈」的歷史現象稍作說明。

據現代人口史研究的大概估計，明初（1400年左右）的中國人口約為六千五百萬，但到一六〇〇年前後，則已高達一億五千萬，幾乎增加了兩倍。這種情況在科舉制度上有非常

清楚的反映：明初地方學校的生員（即「秀才」）原有一定的
名額，但十五世紀以後便不斷擴增。這是士人的隊伍隨着人口
增加而擴大的顯證。但地方生員並不能直接入仕，必須進入中
央國子監為監生以後才有機任官。而監生名額有限，每歲通過
「貢監」途徑而由生員升為監生的人則少之又少。這是從地
方學校升入中央國子監以入仕的一條軌道。另一條軌道則更
重要，即通過每三年一次的鄉試（舉人）和會試（進士）而取得
入仕的資格。這是有明一代的所謂「正途出身」（清代也沿續
這條路）。但舉人、進士的名額也有一定的限制，遠不足以容
納越來越多的士人。所以十六世紀初葉時民間已流行着一個說
法：「士而成功也十之一，賈而成功也十之九。」[7] 這個說法
決不誇張。一五一五年文徵明（1479–1552）便指出，以蘇州一
府（八州縣）而言，一千五百名生員之中，三年之內由「貢」
途出身的不到二十名，由鄉試而成舉人的不及三十名，合起來
不足五十人，其成功率是三十分之一。[8] 而同時陝西的韓邦奇
（1479–1556）也說，一個人二十歲成為生員，往往要等到五十
歲才能入「貢」為監生，而且還要再過十年，到了六十歲才得
「選官」，所以他主張多設進士和舉人的名額，以解決大量生
員終身沉滯的危機。[9] 這是明代中葉以後「棄儒入賈」運動的真
正背景。

　　據我檢查十五、六世紀數以百計的商人傳記，「棄儒入
賈」的個案幾乎佔十之八九；另一方面，同一時期的儒家學者

7　見張海鵬、王世元主編《明清徽商資料選編》（合肥：黃山書社，1985），
　　頁251。

8　見《莆田集》卷二五〈三學上陸家宰書〉。

9　見《洛苑集》卷一九〈見聞考隨錄〉。

(包括思想家和文學家) 之中，出身於商人家庭的也佔了一個
很高的比例。所以我們可以推斷，至少自十六世紀始，中國
商人的社會性格已發生了一個重大的變化：商人不再是「四
民之末」，而是僅次於「士」的社會階層。更重要的，由於
士與商之間的界線已混而難分，當時的「商才」幾乎都具有
「士魂」。簡言之，中國史上出現了一個「士商互動」的全新
局面。

　　明代以朱註《四書》取士，早年從事於舉業的儒生無不熟
讀《論語》、《孟子》、《大學》、《中庸》。所謂「棄儒入
賈」，是指他們放棄了科舉考試，不再在仕途上求發展，轉而
在商業世界求發展。但他們不可能完全忘卻儒家的價值和精神
訓練。相反的，這些儒家價值和修養往往成為他們事業成功的
動力。我在研究過程中發現了無數具體的例證，但限於篇幅，
這裏只能略舉二、三事以見其大概。陸樹聲為十六世紀的大商
人張士毅寫〈墓誌銘〉，説他：

　　捨儒就商，用儒意以通積著之理。(《陸文定公集》卷七)

同時又有一位歙縣商人黃長壽，《黃氏宗譜》上也説他：

　　以儒術飭賈事，遠近慕悦，不數年貨大起。[10]

吳偉業 (1609–1672) 為當時浙江富商卓禺寫〈墓表〉，則引下面
一段話來描寫他的成功的秘訣：

10　《明清徽商資料選編》，頁449。

白圭之治生也，以為知不足與權變，勇不足以決斷，仁不
能以取予，強不能有所守，雖學吾術，終不告之。夫知、
仁、勇、強，此儒者之事，而貨殖用之，則以擇人任時，
強本力用，非深於學者不能辨也。[11]

這三個例子足夠說明：「儒意」、「儒術」、儒家的道德條目
(如知、仁、勇、強) 都是當時商人的精神資源，在他們的企業
經營上發生過創造性的作用。

吳偉業所引白圭的話，出於《史記·貨殖列傳》，這也
是十六、十七世紀大商人傳記中常常出現的文字。白圭、子
貢、陶朱公 (范蠡) 三位商界先驅人物，此時都成為商人崇拜
的偶像。李維楨 (1546–1626) 為一位徽商寫〈墓誌銘〉，開頭
便說：

太史公傳貨殖，子貢、范、白，其人豪傑，貨殖特餘事
耳。(見《太泌山房集》卷八七〈處士潘君墓誌銘〉)

宋代理學家如朱熹、陸九淵都肯定「聖賢」才是「豪傑」，而
明、清文學家則把「豪傑」的尊號轉贈給成功的大商人了。
十九世紀的沈垚 (1798–1840) 也說：

天下之勢偏重立商，凡豪傑有智略之人多出焉。其業則商
賈也，其人則豪傑也。(見《落帆樓文集》卷二四〈費席山
先生七十雙壽序〉)

11　見《梅村家藏稿》卷五〇〈卓海幢墓表〉。

　　在儒家社會思想上，這不能不說是一個劃時代的轉變。上面所引雖多出於文學家之手，但並不是他們向壁虛構，而是忠實地反映了商人自己的觀點。例如十六世紀一位徽商許秩 (1494–1554) 說：

　　　　吾雖賈人，豈無端木所至國君分庭抗禮志哉！[12]

很顯然地，許秩必曾熟讀《史記．貨殖列傳》，因此嚮往着當時子貢到處受到各國王侯敬禮的聲威。可見明代商人已經非常看重自己的社會地位；他們已不是勉強作買賣以謀衣食的「市儈」了。商人這一自負而兼自信的心理在當時甚為普遍，不知不覺中便流露了出來。十五、十六世紀之後的一位山西商人王現 (1469–1523) 訓誡他的兒子們說：

　　　　夫商與士，異術而同心。故善商者處財貨之場而修高明之
　　　　行，是故雖利而不汙。……故利以義制，名以清修，各守
　　　　其業。[13]

王現公然以商與士平列，即不承認士高於商之意。這是因為商人也「修高明之行」，同樣能夠以「義」制「利」。「商與士，異術而同心」這句話表達了商人的自我肯定。前引王陽明「四民異業而同道」和「終日做買賣，不害其為聖為賢」二語，其社會根源顯然在此。王陽明如果在宋代，決不會如此說的。

12　見《明清徽商資料選編》，頁216。
13　見李夢陽《空同先生集》卷四四〈明故王文顯墓誌銘〉。

　　王現所謂「善商者處財貨之場而修高明之行」，也是明清商人階層的一大特色。他們和儒家倫理的關係並不限於早年所讀的《四書》，其中有不少人在經營之餘仍然繼續對儒學保持探究的興趣。例如上文提到的浙江富商卓禺，他在早年便深信王陽明「知行合一」之教，後來又「偕同志崇理學、談仁義」(同上)。與王陽明同時講學的湛若水 (1466–1560) 也極受大鹽商的尊敬，常來問學，若水稱他們為「行窩中門生」(見何良俊《四友齋叢說》卷四)。唐順之為鹽商葛欽的妻子寫傳，也證實了這一重要事實。葛母不但送她的兒子到南京向湛若水問學，而且捐數百金為若水在揚州建甘泉書院。(《荊川先生文集》卷一六〈葛母傳〉) 明代商人與理學的關係，於此可見一斑。徽商則普遍崇尊朱熹，各地徽州會館中都供奉朱熹的牌位，歲時祭祀，婚喪則用《朱子家禮》。[14] 不但如此，明清商人還努力實踐宋明儒家的道德戒律。他們一方面手抄「先儒語類」，並將警句抄貼在牆壁上，作為處世的「格言」。另一方面，在做生意時則強調范仲淹的「不欺」、司馬光的「誠」，因為他們深信：如果違背了「理」或「天理」，去行欺詐的事，則必將招致災禍。[15]

　　為甚麼明清商人如此重視道德修養呢？最主要的原因是他們對商業經營看得很嚴肅，甚至很神聖。隨之而來的是他們發展了高度的自覺，肯定自己所承擔的社會責任不在治國平天下的「士」之下。用當時的話說，即「良賈何負閎儒」。(汪道昆語) 他們的自負和自信是有充分根據的。正如沈垚所說，明清以來「睦婣任卹之風往往難見於士大夫，而轉見於商賈」(同前

14　例證見《中國近世宗教倫理與商人精神》，頁130；日譯本，頁190–91。

15　見同上書，頁140–43；日譯本，頁203–207。

引文)。這就是說，一切重要的社會公益事業，從家族、親戚、鄉里到一縣、一州、一省，從前由「士大夫」承擔着的，現在都落在「商賈」的身上了。最常見的公益事業如編族譜、建宗祠、設義莊，以至建書院、寺廟、修橋樑、疏通河道、開闢道路等等都要靠商人的財富來推動。甚至文化事業如大批整理和刊行叢書，也非有富商的捐助不能有成。地方政府往往向商人呼籲，要他們為社會公益而慷慨解囊。所以十六、十七世紀的文人常借《史記‧貨殖列傳》的話，強調「人富而仁義附，此世道之常也。」[16] 或說：「服賈而仁義存焉。」[17]「富」不但不與「仁義」相衝突，而且還是「仁義」的物質基礎。商人之所以發展出前所未有的敬業和自重的精神，是絲毫不必驚詫的。試舉一例。十六世紀中葉江陰黃宗周是一位「棄儒入賈」的富商，他獨力出資為江陰築磚石城，又「捐金助軍，贍濟貧民」，終於有效地防禦了「倭寇」侵犯，保全了江陰。朝廷為了酬報他的大功，特別建立了「江陰黃氏祠」，加以表彰。[18] 像黃宗周這樣的商人當然是社會的主要支柱，充分體現了「服賈而仁義附」的精神。

　　最後我要指出，十六世紀以來長期的士商互動也使儒家的社會思想發生了重要的轉向。王陽明「四民異業而同道」的新觀念便是一個最重要的信號。關於這一轉向我已在《現代儒學論》中討論過了。現在我祇能提出其中一個問題，對《論語與算盤》作一回應。

　　涉澤榮一認為，後代儒家將「義」與「利」看作互不相容

16　錢謙益語，見《有學集》卷三五〈太學生約之翁君墓表〉。
17　汪道昆語，見《太函集》卷二九〈范長君傳〉。
18　見王世貞《弇州四部稿》卷七六〈江陰黃氏祠記〉。

的兩極，是曲解了孔子的思想。但明清儒家恰好在「義」、
「利」關係上進行了一次根本的調整。前面提及，山西商人王
現已強調：商人並不祇是一味求「利」，而是「利以義制」，
即追求商業利潤而不違背道德原則。因此我們不能説：「士」
求「義」而不重「利」，「商」則重「利」而不顧「義」。事
實上，士與商同樣都面臨着「義」與「利」的選擇。這個看法
在韓邦奇的筆下得到了進一步的發揮。他認為「士」如果抱着
作官（「干祿」）的目的去讀聖賢之書，其實即是求「利」；
相反的，「商」如果逐「利」而不背道德，則恰恰保存了
「義」。用他的話説：

> 非其義也，非其道也，一介不以與人，一介不以取人，是
> 貨殖之際，義在其中矣。（《苑洛集》卷七〈西河趙子墓
> 表〉）

很顯然的，韓邦奇是在摧破傳説的偏見，即將商賈一概看作是
祇知「孳孳求利」的人。到了十七世紀初年東林學派的顧憲
成（1550–1612）為一位同鄉商人（倪瑃，1530–1604）寫〈墓志
銘〉，更把這一新「義利觀」提升到哲學的高度。他説：

> 以義詘利，以利詘義，離而相傾，抗為兩敵；以義主利，
> 以利佐義，合而相成，通為一脈。人睹其離，翁（按：倪
> 瑃）睹其合。此上士之所不能訾，而下士之所不能測也。
> （《涇臯藏稿》卷一七）

顧氏在此將傳統的義利觀概括為「離而相傾，抗為兩敵」，而

把新的看法概括為「合而相成，通為一脈」。這一劃分既扼要，又簡明，不能不説是思想史上一大成就。他自己的立場自然是站在「合」的一邊。他之所以能立此新解，是和他的家世背景分不開的。他的父親顧學是一個成功的商人，他的兩位兄長也都先後佐父經商。不用説，他對商業世界中的義、利問題具有親切的體驗。所以這一新説特別值得重視。最後我願意再補充一點，「義利合」的新觀點並未即此而止，後來的儒者仍續有發揮，康熙五十四年 (1715) 一位官員為廣東商人在北京建立的仙城會館寫〈創建記〉，便完全從「義利合」的角度出發，肯定商業世界的「義」與「利」似「相反」而實「相倚」。[19] 這正符合涉澤榮一關於儒家「義利」的現代詮釋，然而早在兩三個世紀之前流行於中國了。

　　這篇講詞追溯了中國史上「士魂」與「商才」的合流過程；通過這一歷史的考察，涉澤榮一的睿見便更清楚地顯示出來了。

2004年6月28日

---

19 李華編《明清以來北京工商會館碑刻選編》(北京：文物出版社，1980)，頁16。

4

中國宗教的入世轉向

宗教有它超越的一面，也有它涉世的一面。這便是傳統宗教語言所說的「彼世」與「此世」之分。超越的彼世是否永恆不變、歷久彌新？這恐怕永遠是一個「見仁見智」而得不到最後答案的問題。但宗教終不能不與「此世」相交涉，而「此世」則不斷地在流變之中。從宗教與「此世」之間的關涉着眼，我們當然可以討論宗教的歷史演進問題。

韋伯重視西方的宗教革命，特別是喀爾文派的教義，因為他顯然認定這是西方近代精神的開端。依照他關於「傳統」和「近代」的兩分法，中國與西方的分別即是前者仍屬傳統社會，而後者則已進入近代階段。工業資本主義、科學和技術便是西方近代精神的最中心、最具體的表現，而這些恰恰是中國所缺少的。他在《中國宗教》一書中曾把儒家和清教派作了一番較為詳細的對比。在這一對比之中，儒家和清教派幾乎顯得處處相反。[1] 限於當時西方「漢學」的水平，韋伯關於儒家的論斷在今天看來大部分都是成問題的。但在這一點上我們對他必須從寬發落。不過我們由此可以看出，在他的理解中，中國

---

1 Max Weber, *The Religion of China, Confucianism and Taoism* (The Free Press, 1951) 第八章結論部分關於儒家和清教的比較。

史從來沒有經過一個相當於西方宗教革命的階段。今天宗教社會學家的看法已有基本的改變。例如貝拉 (Robert N. Bellah) 論「近代早期的宗教」("early modern religion") 便承認伊斯蘭教、佛教、道教、儒家等都曾發生過類似西方新教那樣的改革運動，不過比不上西方宗教改革那樣徹底和持續發展而已。[2]

　　如果我們以西方的宗教改革作為衡量的尺度，中國不但曾發生過同類的運動，而且其時代遠較西方為早。宗教改革的基本方向是所謂從「出世」到「入世」，也就是從捨棄「此世」變為肯定「此世」。其中一個重要觀念即個人與上帝直接相通，不再接受中古等級森嚴的教會從中把持，這便是馬丁路德「唯恃信仰，始可得救」("salvation by faith alone") 之說。與此相隨而來的還有一種自由解釋《聖經》的風氣，即重視《聖經》的真精神而鄙薄文字訓詁。這一風氣也是由路德開端的。韋伯從比較社會學的觀點出發，自然特別強調喀爾文派的社會經濟倫理及其所產生的巨大影響。因為和後起的喀爾文派相對照，路德的經濟倫理和社會思想的確是遠為傳統而保守；他的政治觀念更帶有濃厚的權威主義的傾向。但是路德派開風氣之功畢竟不容盡沒。例如「天職」的觀念便是由路德以德文譯《聖經》而首先使用的。[3] 而且即使在經濟倫理一方面，路德派也還

2　Robert N. Bellah, "Religious Evolution" 收在 Wililam A. Lessa and Evon Z. Vogt 合編 *Reader in Comparative Religion* (New York: Harper & Row, Second Edition, 1965), pp. 82–84.

3　見 Weber, *Protestant Ethic*, pp. 79–81. 關於「天職」觀念在基督教思想史上的轉變，可看 Ernst Troeltsch, *The Social Teaching of the Christian Churches* (London: Allen & Unwin, 1931), Vol. 2, pp. 609–612。但 Weber 對於「天職」觀念的解釋也不是人人都接受的。可看 Kurt Samuelsson, *Religion and Economic Action* (New York: Basic Books, 1961), pp. 43–47。此書由瑞典文譯成英文，是對 Weber 理論的全面反駁，但辭理皆過激，頗遭非議。

是有積極的貢獻的。路德派的廢止乞討、鼓勵大眾勞動，及其宗教個人主義都曾有助於經濟生活的發展。一般而言，路德派教區內的人民也是比較更能吃苦耐勞的。[4] 從比較歷史的觀點討論中國史上的宗教轉向，我們並沒有必要嚴守韋伯的分野，把西方的新教倫理局限於喀爾文一派之內。理由很簡單：我們的主旨是追溯中國宗教倫理的俗世化對商人精神的可能的影響，而韋伯所研究的則是西方近代資本主義精神的宗教來源。這種資本主義，我們已說過，是西方所獨有的。到現在為止，我們還沒有充足的證據相信資本主義是中國歷史上一個必經的階段。我們所追問的是一個「韋伯式的」問題，但是我們毋須乎把韋伯原來的問題搬到中國史研究上面。

今天的社會學家、經濟學家在討論東亞經濟發展的文化因素時，往往祇注意到儒家倫理。這是很自然的想法，因為至少在表面上看，儒家倫理在這些地區的日常生活中是佔有主導地位的。但是從歷史上觀察，中國宗教倫理的轉向則從佛教開始。而且正如陳寅恪所說的，「自晉至今，言中國之思想，可以儒釋道三教代表之。此雖通俗之談，然稽之舊史之事實，驗以今世之人情，則三教之說，要為不易之論。」[5] 因此我們討論這一問題便不能不同時涉及三教倫理的新發展。

一、新禪宗

原始的印度佛教本是一種極端出世型的宗教，把「此世」看成絕對負面而予以捨棄。這一性格本來和中國人的強烈入世

4　Troeltsch，前引書，pp. 572–73。

5　陳寅恪，《金明館叢稿二編》(上海：上海古籍出版社，1980)，頁251。

心理是格格不入的。中國思想自先秦以來即具有明顯的「人間性」傾向。[6] 中國古代思想中雖也早有超越的理想世界 (即「彼世」) 和現實的世界 (即「此世」) 的分化，但這兩個世界之間是一種不即不離的關係，並不像在其他文化 (如希臘、以色列、印度) 中那樣形成了鮮明的對照。這是中國思想的重要特徵之一。道家早有「方內」、「方外」之別，但其後的神仙觀念仍從先秦「絕世離俗」的性格逐漸轉變為秦漢以後的「一人成仙，雞犬升天」，甚至甘願留在人間的「地仙」。[7]

但是魏晉以來中國大亂，「此世」越來越不足留戀，佛教終於乘虛而入，不但征服了中國的上層思想界，而且也逐漸主宰了中國的民間文化。據我們目前所知，佛教最遲在兩漢之際已傳入中國，其所以必待魏晉以後始發生重大的影響，當然與中國當時的社會變動有密切的關係。一個極端出世型的宗教最後竟能和一個人間性的文化傳統打成一片，其間自不免要經過一個長期的複雜的轉化過程；不但中國文化本身必然因新成份的摻入而發生變化，佛教教義也不能不有相當基本的改變以求得在新環境中的成長與發展。限於篇幅，本文不能討論這一歷史過程。[8]

6 　關於中國思想的「人間性」的問題，參看余英時，《中國知識階層史論》(台北：聯經，1980年)，頁54–57。

7 　中國的「此世」與「彼世」是不即不離的關係，故可稱之為「內在超越」。詳見余英時，《從價值系統看中國文化的現代意義》(台北：時報出版公司，1984年)。關於秦漢道教神仙思想的人間傾向，可看 Ying-shih Yu, "Life and Immortality in the Mind of Han China", *Harvard Journal of Asiatic Studies*, Vol. 25, 1964–1965.

8 　關於佛教中國化的長期歷史過程，可參考 Kenneth K. S. Ch'en, *The Chinese Transformation of Buddhism* (Princeton University Press, 1973).

　　大體說來，自魏晉至隋唐這七、八百年，佛教 (還有道教)
的出世精神在中國文化中是佔有主導地位的。儒家雖始終未失
其入世的性格，但它的功用已大為削減，僅限於實際政治和貴
族的門第禮法方面。以人生最後的精神歸宿而言，這一時期的
中國人往往不歸於釋，即歸於道。但在這幾百年中，中國社會
在劇烈地起着變化，佛教本身也不斷地在變化中。唐代中國佛
教的變化，從社會史的觀點看，其最重要的一點便是從出世轉
向入世。惠能 (638–713) 所創立的新禪宗在這一發展上尤其具
有突破性或革命性的成就。有人稱他為中國的馬丁路德是不無
理由的。[9] 惠能立教一向被說成「直指本心」、「不立文字」。
後世通行本《壇經》「機緣品」記錄他的話尚有「字即不識，
義即請問」、「諸佛妙理，非關文字」等語。[10] 有關惠能生平
的傳說和《壇經》的流傳當然都有不少問題。不過大體上說，
他縱使識字，其教育程度也不會太高。而《壇經》雖經後人竄
改和增飾，我們現在仍可以敦煌本來代表他的思想。敦煌寫本
《壇經》第三十一節說：

> 三世諸佛，十二部經，亦在人性中本自具有。不能自悟，
> 須得善知識示道見性；若自悟者，不假外善知識。若取外

9　錢穆，「再論禪宗與理學」，收入《中國學術思想史論叢》第四冊 (台
　　北：東大圖書公司，1978)，頁232。

10　惠能是否「不識字」，很難斷定，因為他的傳記中頗多宗教神話的成份。
　　宇井伯壽在《禪宗史研究》第二 (東京：岩波書店，1941) 第二章「六祖
　　慧能傳」中曾詳細比較一切有關傳記。他認為惠能在青年時代賣柴養母之
　　暇，早已讀過各種佛教經典，所以才有後來「頓悟」(頁188–89)。最近印
　　順在《中國禪宗史》(台北，1971年) 中暗駁宇井之說，認為這是因為惠能
　　是「利根」，而且不識字通佛法並非不可能 (頁191–93)。這個問題不容易
　　獲得真正的解決。不過惠能教育程度不會太高，大概是事實。

求善知識，望得解脫，無有是處。識自心內善知識，即得
解脫。[11]

可見惠能確是主張「直指本心」的。但是「不立文字」之說則
似乎有問題。《壇經》第四十六節說：

謗法：直言「不用文字」。既言「不用文字」，人不合言
語；言語即是文字。

契嵩本在此句之下尚有一句話：「又云直道不立文字，即此
『不立』兩字，亦是文字。」由此看來，說禪宗「不立文字」
似是外人的「謗法」之言。惠能的本意當如第二十八節所說：

故知本性自有般若之智，自用知惠觀照，不假文字。

所以禪宗也不是完全不用文字，不過主張「得意忘言」而已。
「不假」與「不用」或「不立」之間是有很大的距離的。從
「心行轉法華，不行法華轉」(第四十二節) 的話判斷，惠能對
經典的態度當與馬丁路德相去不遠，即自由解經而不「死在句
下」。更值得注意的則是第三十六節一段話：

善知識！若欲修行，在家亦得，不由在寺。在寺不修，如
西方心惡之人；在家若修，如東方人修善。但願自家修清
淨，即是西方。

---

11 本文所依據的敦煌本《壇經》是郭朋的《壇經校釋》(北京：中華書局，
　　1983)。

同條又載有他的《無相頌》，其一曰：

> 法元在世間，於世出世間，勿離世間上，外求出世間。

這一《頌》在後世通行本中改作：「佛法在世間，不離世間覺，離世覓菩提，恰如求兔角！」其意義便更清楚了。

惠能「若欲修行，在家亦得，不由在寺」之說，在當時佛教界真是驚天動地的一聲獅子吼。佛教精神從出世轉向入世便在這句話中正式透顯了出來。後來的禪師們反來覆去講的也都離不開這個意思。所以到了宋代的大慧宗杲便不能不說「世間法即佛法，佛法即世間法」了。禪宗大師們要人回向世間當然並不表示佛教已改變了捨離此世的基本立場，不過他們發現了此世對於「解脫」有積極的意義：不經過此世的磨鍊，也就到不了彼岸。用南泉普願的話說：「直向那邊會了，卻來這裏行履。」(《古尊宿語錄》卷十二) 這和西方新教諸大師並無不同。路德也好，喀爾文也好，他們也仍然把此世看成是負面的，是人的原罪的結果。但他們不再主張以躲在寺院中靜修的方式來捨離此世。相反地，他們認為祇有入世盡人的本分才是最後超越此世的唯一途徑。「天職」的觀念即由此而出，因為這是符合上帝的意志的。入世苦行的精神之所以在喀爾文教派中發展到最高點，則是由於喀爾文的「天職」觀念更為積極；他認為上帝的意思是要信徒從內部征服此世，改造此世，以達到捨離此世的目的。

修行不必在寺，再加上「識自心內善知識即得解脫」，不必外求，這又使禪宗的立場和新教的「唯恃信仰，可以得救」十分接近。如果「個人與超越真實之間的直接關係」("the direct relation between the individual and transcendent reality") 確是近代型宗教的一個特徵的話，那麼禪宗和基督新教無疑同具有這一特徵。[12] 基督教是外在超越型的宗教，它的「超越真實」即是上帝。新教推開了中古的教會，使個人與上帝直接相通。上面已經指出，這一點正是它的革命性之所在。禪宗則走的是內在超越之路，它的「超越真實」即是內在於人的「佛性」或「本心」。現在禪宗也把人的覺悟從佛寺以至經典的束縛中解放了出來，認為每一個人「若識本心，即是解脫」。(《壇經》語，見第三十一節) 僅就這一點來說，我們至少不能不承認惠能的新禪宗確是中國佛教史上的一場革命運動了。

但是禪宗的革命畢竟與西方的宗教革命有大不相同之處。西方的中古的基督教不但通過統一的羅馬教廷而支配了西方人的全部精神生活，而且它與西方的俗世生活——從政治、經濟到風俗——的關係也發展到了無孔不入的境地。所以宗教革命一旦爆發便立刻風起雲湧，掀動了整個西方的基督教世界 (Christendom)。新教領袖如路德、喀爾文等人因此必須在他們的教義中全面地對基督教與俗世相關涉的各種問題提出明確的解答。舉凡國家、家庭、經濟、法律、教育、個人道德、社會組織等問題，路德與喀爾文無不分別從他們所持的宗教或神學觀點發表了大量的論述。非如此他們的教派便無法取得社會上有力團體和一般教民的瞭解和支持。從這一方面看，佛教在中國傳統社會中所扮演的角色便遠不能和西方的基督教相提並論。這是有關宗教與中西文化系統之間的異同問題，本文不能討論。我們在此只需指出一個重要的事實，即惠能的禪宗革命最初僅限於佛教範圍之內。而且由於唐代佛教宗派甚多，禪宗

12　Robert N. Bellah, 前引文，p. 82.

不過是其中的一支，這一革命實際上是靜悄悄地發生在宗教世界的一個角落之上，並沒有立刻掀動整個俗世社會。因此惠能的《壇經》也並不曾談到與俗世有關的問題。他的弟子神會雖然有較濃厚的政治興趣，但他所關心的主要仍是宗教問題——如為南宗定是非——而不是俗世問題。在敦煌所發現的《神會語錄》中，我們看到有許多俗世人物和他有往來，其中包括戶部尚書、禮部侍郎、刺史、司馬、長史、別駕、給事中、縣令等等官吏。然而這些人所提出的則完全是關於佛教教義的疑難。所以初期禪宗在社會經濟倫理方面究竟持有甚麼見解，今天尚無史料可資説明。但是禪宗的入世轉向是一個長期性的運動，在惠能死後的一個世紀，禪宗的南嶽一派終於在佛教經濟倫理方面有了突破性的發展。這便是百丈懷海 (749–814) 的《百丈清規》和他所正式建立的叢林制度。不過這種經濟倫理最初仍是局限在佛教內部，大約經過了相當長的時間才逐漸影響及於佛教以外的社會。

　　宗教並不能真正離俗世而存在，故任何宗教都有其俗世史的一面，佛教當然不可能是例外。佛教自晉至唐在中國經濟史上曾發生過重要的影響，無論是莊園經濟、工業、或商業，我們都可以看到佛教所留下的清楚痕迹。關於這一方面，中、日、西方的史學家已有無數的研究可供參考。但佛教對中國經濟的實際影響是一回事，它的經濟倫理則是另一回事。本文所要涉及的則是佛教經濟倫理的入世轉向，而不是佛教經濟史。

　　原始的佛教經濟倫理出於印度，是主張不勞動。梁武帝時荀濟上疏有云：

　　　佛家遺教，不耕墾田，不貯財穀，乞食納衣，頭陀為務。

今則不然。數十萬眾，無心蘭若從教。不耕者眾，天下有饑乏之憂。設法不行，何須此法？(見道宣《廣弘明集》卷七所引)

可見據原始印度教律佛徒以乞討為生，不事農業生產。[13]但是中國是一個農業社會，僧徒完全不耕田事實上是辦不到的。例如法顯是四世紀人，三歲便度為沙彌；他在寺時「嘗與同學數十人於田中割稻。」(見慧皎《梁高僧傳》卷三本傳) 所以東晉道恆《釋駁論》中已說當時沙門「或墾殖田圃，與農夫齊流；或商旅博易，與眾人競利」了。(見《弘明集》卷六)

大致說來，在南北朝至安史之亂之前，佛教在經濟方面是靠信徒的施賜 (包括莊田)、工商業經營以及托缽行乞等等方式來維持的。安史之亂以後，貴族富人的施捨勢不能如前此之盛，佛教徒便不能不設法自食其力了。百丈懷海的清規和叢林制度便是在這種情況下發展出來的。

在百丈懷海所創立的「清規」中，有兩點最和本文主旨有關。據《宋高僧傳》卷十「懷海傳」：

朝參夕聚，飲食隨宜，示節儉也。行普請法，示上下均力也。

也就是說，「節儉」和「勤勞」是禪宗新經濟倫理的兩大支柱。「勤勞」已見原文，毋須解釋。「普請」究是何義？後世通行本《百丈清規》卷下「大眾章」第七說：

普請之法，蓋上下均力也。凡安眾處，有合資眾力而辦

---

13 可看中村元，「禪における生產と勤勞の問題」(一)，《禪文化》第二期，及(二)，《禪文化》第三期。

者……除守寮直堂老病外，並宜齊趣。當思古人不一日不作、一日不食之誠。

《禪林象器箋》卷九「叢軌門」給「普請」所下的定義如下：

集眾作務曰普請。

「作務」即是勞動，這是禪門的老傳統，《壇經》已記載弘忍「發遣惠能令隨眾作務」(第三節)。現在百丈所訂下的「普請」制度則是寺中一切上下人等同時集體勞動，包括他自己在內。據《五燈會元》卷三「百丈懷海章」記載：

師凡作務，執勞必先於眾。主者不忍，密收作具，而請息之。師曰：吾無德，爭合勞於人？既偏求作具不獲，而亦忘餐。故有「一日不作、一日不食」之語，流播寰宇。

這段記載所引「一日不作、一日不食」一語後來訛傳為百丈的名言。其實這話是稍後禪宗中人對他的描寫，而不是出自他本人之口。不過陳詡在元和十三年 (818) 所寫的「唐洪州百丈山故懷海禪師塔銘」(《全唐文》卷四六六) 已明說他：

行同於眾，故門人力役，必等其艱勞。

「塔銘」撰於百丈死後四年，正是第一手史料。可見他確表現了「一日不作、一日不食」的精神。[14]

---

14 關於「一日不作，一日不食」的考證可參看宇井伯壽，前引書，頁369–

百丈所創的「一日不作、一日不食」的普請法是他決心拋棄原有印度佛教中的「律制」而「別立禪居」（《宋高僧傳》卷十「懷海傳」中語）的一種革新。因此當時曾招致內部的批評。這一改變自然會引起教義上的疑難。下面這一段問答最值得注意：

> 問：斬草伐木，掘地墾土，為有罪報相否？
> 師云：不得定言有罪，亦不得定言無罪。有罪無罪，事在
> 　　　當人。若貪染一切有無等法，有取捨心在，透三句
> 　　　不過，此人定言有罪。若透三句外，心如虛空，亦
> 　　　莫作虛空想，此人定言無罪。
> 又云：罪若作了，道不見有罪，無有是處。若不作罪，道
> 　　　有罪，亦無有是處。如律中本迷煞人及轉相煞，尚
> 　　　不得煞罪。何況禪宗下相承，心如虛空，不停留一
> 　　　物，亦無虛空相，將罪何處安著？（《古尊宿語錄》
> 　　　卷一「大鑑下三世，懷海」）

我們從百丈和弟子的問答之間顯然可看到這一教義上的革命在佛教徒的內心中確曾造成了高度的緊張。因為以前佛教徒在事實上不能完全免於耕作是一回事，現在正式改變教義，肯定耕作的必要，則是另一回事了。推百丈答語之意，是說只要作事而不滯於事，則無罪可言。後來元、明本的《幻住清規》對這一點便有明白的交代：

70。按：黃庭堅「南康軍開先禪院修造記」云：「藥山以三篋繞腹，一日不作則不食。」（《豫章黃先生文集》卷十八）則「不作不食」又傳為藥山惟儼 (751–834) 的故事。但檢贊寧《宋高僧傳》卷十七及《景德傳燈錄》卷十四均未見其事。惟儼屬青原行思第二世，可見「入世苦行」在北宋已是禪宗各派所共有的精神。

公界普請，事無輕重，均力為之，不可執坐守靜，拗眾不
赴。但於作務中，不可譏呵戲笑，誇俊逞能。但心存道
念，身順眾緣，事畢歸堂，靜默如故。動靜二相，當體超
然，雖終日為而未嘗為也。[15]

這是用一種超越而嚴肅的精神來盡人在世間的本份，也就
是龐蘊居士所謂「神通並妙用，擔水及砍柴」了。《五燈會
元》卷九記溈山與仰山師弟之間的問答也非常有意義：

師夏末問訊溈山次，溈曰：子一夏不見上來，在下面作何
所務？師曰：某甲在下面鉏得一片畬，下得一籮種。溈
曰：子今夏不虛過。

溈山靈祐 (853卒) 是百丈懷海的法嗣。他現在說鉏畬、下
種不是「虛過」，這不但肯定了世間活動的價值，而且更明白
給予後者以宗教的意義。基督新教所謂「天職」，依韋伯的解

---

15 亦見於《禪苑清規》九，二書均收入《續藏經》第二冊。中村元在上引文
（一）中認為禪宗和尚轉向勞動以四祖道信 (580–651) 為一大關鍵，因為廬
山大林寺和五祖的黃梅雙峰寺都有數百至千人，其地又遠離城市，不能靠
行乞為生。安祿山亂後，寺廟也不再能仰賴貴族施捨莊園為生，百丈懷海
「一日不作、一日不食」的新規即在此種背景下產生。（《禪文化》二，
頁27–35）。按：中村元的說法似出推測，與事實不符。安史亂後，貴族捨
田為寺以及寺院大量置田產這事仍時有所見。南方如蘇州、杭州、天台等
未受戰亂波及，其例更多。可看陶希聖主編《唐代寺院經濟》（台北：食貨
出版社，1974）「寺觀莊田」所收諸例，並可參考 Jacques Gernet, *Les aspects
economiques du Bouddhisme, dans la societe du Ve au Xe Siécle* (Paris, 1956), pp. 112–
138 所引敦煌及其他有關寺田的史料。安史之亂以後，唐代之社會經濟發
生了重要變化，固屬事實，但究竟是否足以解釋「百丈清規」的出現，恐
怕還有待於進一步研究。關於「百丈清規」所表現的中國佛教經濟思想，
可看道端良夫，《中國佛教と社會との交涉》（京都，1980），頁45–67及
Kenneth Ch'en，前引書，頁145–51。

釋，其涵義正是如此。[16] 如果我們再聯想到喀爾文特別引用聖徒保羅 (St. Paul) 的「不作不食」("If a man will not work, neither shall he eat.") 之語，則禪宗「入世苦行」的革命意義便更無可疑了。

　　百丈懷海的新宗教倫理到了宋代已傳佈到整個中國社會，因此關於此一轉變的記載決不限於佛教文獻。朱熹在討論《孟子》的「遁辭」時曾屢次引以為例證。茲舉兩條如下：

　　如佛家初説剃除髭髮，絕滅世事。後其説窮，又道置生產業，自無妨礙。

　　如佛學者初有桑下一宿之説。及行不得，乃云：種種營生無非善法。皆是遁也。(均見《朱子語類》卷五十二)

　　這個「遁辭」其實便是從百丈懷海開始的。而且「一日不作、一日不食」這句話也從宋代以來變成了家喻戶曉的「俗語」，一直流傳到近代。所以清人翟灝在《通俗篇》(卷十二「行事」) 中便把此語收了進去。現代禪宗史專家特別看重「百丈清規」的「歷史的意義」，是非常有道理的。[17]

16　Weber, *Protestant Ethic*, p. 80; Troeltsch，前引書，pp. 609–10。

17　見宇井伯壽，《百丈清規の歷史的意義」，收在他的《佛教思想研究》(東京：岩波書店，1943)，頁628–45。此文詳溯「百丈清規」在佛教史上的起源和發展，並且特別重視它對日本禪宗的影響。關於最後一點可參考今枝愛真《中世禪宗史の研究》(東京大學出版會，1970) 第三章第三節「清規の傳來と流布」，頁56–72。

二、新道教

　　道教與佛教之間的關係從來是十分複雜的，一方面是互相競爭、互相衝突，另一方面又互相交涉。但以互相交涉言，道教往往吸取佛教的教義、戒律、儀式等以為己用。這當然是因為佛教的組織遠較中國本土的宗教為發達。以宗教性格而言，道教又遠比佛教為入世，因此道教自漢代以來也不斷吸收儒家的教義。「三教合一」可以說是道教的一貫立場。唐代皇室特別尊崇老子，故道教在上層貴族階級中甚為流行；這種官方道教，宋代以下依法繼續存在。但這不是本文所要討論的。真正對中國一般社會倫理有影響的則是民間道教。可惜我們現在對安史之亂以後民間道教的情況尚不甚瞭解。這一方面仍有待於專家的研究。

　　以我們目前對於道教史的知識而言，新道教的興起當以兩宋之際的全真教最為重要，其次則有真大道教、太一教與稍後的淨明教。這四派都來自民間，而且也對一般社會倫理有比較廣泛的影響。新道教和當時的理學與禪宗鼎立而三，都代表着中國平民文化的新發展，並取代了唐代貴族文化的位置。[18]

　　但以入世苦行的新宗教倫理而言，惠能以下的禪宗是這一個偉大的歷史運動的發端，儒家和道教則都是聞風而起的後繼者。關於儒家的新動態，我們將在另篇〈儒家倫理的新發展〉討論。此節僅追溯新道教的發展，尤其着眼於禪宗的影響。

　　關於全真教的創立，元好問「紫微觀記」說得最清楚：

　　　　貞元、正隆 (1153–1160) 以來，又有全真家之教，咸陽人王

18　見吉岡義豐，《道教の研究》(京都：法藏館，1952)，頁132。

> 中孚倡之，譚、馬、丘、劉諸人和之。本於淵靜之說，而
> 無黃冠襃檜之妄；參以禪定之習，而無頭陁縛律之苦。耕
> 田鑿井，從身以自養，推有餘以及之人，視世間擾擾者差
> 為省便然。(《遺山先生文集》卷三十五)

　　元遺山此文中「參以禪定之習，而無頭陁縛律之苦」一語
最值得注意。此語所指即是百丈懷海創設的叢林制度。《續高
僧傳》卷十記其事如下：

> 或曰：《瑜伽論》、《瓔珞經》是大乘戒律，胡不依隨
> 　　　乎？
> 海曰：吾於大小乘中，博約折中，設規務歸於善焉。乃創
> 　　　意不循律制，別立禪居。

　　全真教不但在組織上效法百丈的規模，而且在宗教倫理上
更吸收了百丈「一日不作，一日不食」之教。元遺山上文所謂
「耕田鑿井，從身以自養」便是明證。但袁桷「野月觀記」論
及全真教時對這一層刻劃得更為生動：

> 北祖全真，其學首以耐勞苦、力耕作，故凡居處飲食，非
> 其所自為不敢享。蓬垢疏櫺，絕憂患美慕，人所不堪者能
> 安之。(《清容居士集》卷十九)

　　全真教雖然後來在元代發展出「末流貴盛」的現象，但在
初起時以自食其力、勤苦節儉為號召。王重陽及譚、馬、丘、
劉諸子是否在創教時已正式參考過百丈的叢林制度和清規，因

史料不足，不能輕斷。不過上引元遺山的話應可視為間接證據，使我們相信全真教至少曾受到禪宗的影響。此外還有兩個重要的事實也足以加強我們的推斷。第一是全真教的道觀不但後來也有「叢林」的稱呼，而且它也有類似「百丈清規」的戒律。北京白雲觀的前身是唐玄宗勅建的天長觀，在元代改名長春宮，遂成全真教的根本重地。白雲觀中藏有《全真元範清規》一部，二十年代和四十年代日本學者曾研究過。據他們報告，這部全真教的《清規》基本上是採用了北宋的《禪苑清規》，也就是《百丈清規》的修訂本。所以全真教的組織仿自百丈所創立的「禪居」，確是「信而有徵」的。[19] 第二，王磐「誠明真人道行碑」說：「全真之教，以識心見性為宗，損己利物為行，不資參學，不立文字。」(見《甘水仙源錄》卷五)這完全是用禪宗的語言來描寫全真的教旨。《仙源錄》是全真教人李道謙所輯的歷史，非教外人的誣詞，自然是可信的。

我們雖然強調百丈懷海的禪宗革新對於新道教的興起有深刻的影響，但是我們並不因此而否定新道教自有其內在的精神。這種精神也許可以看作是從晚唐到宋代的一種普遍的時代精神，不但見之於禪宗，也同樣表現在新儒家和新道教的身上。新道教在方法上、組織上都可能受到禪宗的感染，然而精神則必須從內部發展出來，不能向禪宗借取。所以專從道教傳統的本身來看，全真教是一個嶄新的發展。至少當時的人是如此看待它的。王惲在「大元奉聖州新建永昌觀碑銘」中說：

> 自漢以降，處士素隱，方士誕誇，飛昇煉化之術，祭醮禳禁之科，皆屬之道家。稽之於古，事亦多矣。徇末以遺

19　宇井伯壽，《禪宗史研究》第二，頁395（「附記」）引大谷湖峰的話。

本，凌遲至於宣和極矣。弊極則變，於是全真之教興焉。淵靜以明志，德修而道行，翕然從之，實繁有徒。……耕田鑿井，自食其力；垂慈接物，以期善俗，不知誕幻之說為何事。敦純樸素，有古逸民之遺風焉。[20]

此文明白指出全真教既不同於漢代以來的隱士，更不同於朝廷所崇信的方士「誕幻之說」，而尤厭惡後者。宣和當指宋徽宗時林靈素之事。林靈素自政和三年 (1113年) 至汴京，宣和元年 (1119年) 放歸，六七年間道教傾動一世。南宋周煇《清波雜志》卷三已云：

宣和崇尚道教，黃冠出入禁闥，號「金門羽客」，氣燄赫然，林靈素為之宗主。

可見王惲「凌遲至於宣和」必指林靈素一派的道教而言，其意顯然以全真教之興即是對這種官方道教的一種革命。[21]

但另一方面，全真教的宗旨也不在避世，而是「耕田鑿井，自食其力；垂慈接物，以期化俗」。這恰好說明它是從遯世的態度轉為入世苦行。王惲對全真教的苦行尚另有說明。《秋

---

20 見《秋澗先生大全文集》卷五十八。

21 關於宋代官方道教的一般狀況，可看窪德忠《道教史》(東京：山川出版社，1977) 頁258–87；專論宋徽宗與道教的關係的，則有金中樞，「論北宋末年之崇尚道教」，《新亞學報》第七卷第二期 (1966年8月) 及第八卷第一期 (1967年2月)。我們當然也不能過信王惲的話，真以為新道教全無「幻誕之事」。「幻誕」、「祭醮」全真教也仍偶見。這是民間宗教所不能完全避免的。但他們確以「入世苦行」為立教的精神所在，則大致不成問題。參看柳存仁「全真教和小說西遊記 (二)」，《明報月刊》，第二十卷第六期 (1985年6月)，頁59–60。

澗先生大全文集》卷六十一「提點彰德路道教事寂然子霍君道行碣銘」云：

全真家禁睡眠，謂之消陰魔，服勤苦，而日打塵勞。

這種「打塵勞」的教法是王重陽創教時便已設立的。尹志平《北遊語錄》載：

長春師父 (按：即丘處機) 言：俺與丹陽 (按：即馬鈺) 同遇祖師學道，祖師令俺重作塵勞，不容少息，而與丹陽默談玄妙。一日，閉戶，俺竊聽之，正傳谷神不死調息之法。久之，推戶入，即止其説。俺自此後，塵勞事畢，力行所聞之法。

可見全真教有兩條入路：一是「默談玄妙」，即上引王磐所説的「識心見性為宗」；另一則是「打塵勞」，即王磐所謂「損己利物為行」。王重陽雖因人施教，其旨歸則一。因此，「識心見性」和「打塵勞」缺一不可。若無前者即終生在塵勞中打滾，永無超越的可能；若無後者，則空守一心，也不能成道。王志謹《盤山語錄》記載：

長春真人云：心地下功，全拋世事；教門用力，大起塵勞。若無心地功夫，又不教門用力，請自思之，是何人也。……昔在山東十有餘年，終日杜門，以靜為心，無人觸者，不遇境，不遇物，此心如何見得成壞？便是空過時

光。夫天不利物則四時不行，地不利物則萬物不生，不能
自利利他，有何功行？故長春真人曰：動則安人利物，與
天地之道相合也。

這段語錄說明「塵勞」便是入世去做「利他」的「功
行」。但「功行」本身並無目的，最後的目的仍在成「道」。
《北遊語錄》又說丘處機「教人積功行，存無為而行有為」。
這句話很重要，因為「無為」即指「道」言。所以「無為」不
是消極的「靜」，而是積極的「動」。這種思想在全真教創立
時已出現了，王重陽的《立教十五論》中，有兩條最與入世苦
行有關。第十二論「聖道」，認為入聖道必須「苦民多年，積
功累行」，此即入世的「功行」。第十五論「離凡世」則謂離
凡世者不是「身」離，而是「心」離。他以藕根喻身，須在泥
中，以蓮花喻「心」，開虛空之美。所以得道之人是「身在塵
世，心遊聖境」[22]，這便是所謂以出世的精神做入世的事業。
稍知喀爾文教義者不難看出這正符合「以實際意識和冷靜的功
利觀念與出世目的相結合」（"combination of practical sense and cool
utilitarianism with an other-worldly aim."）。[23]

全真教的發揚光大以丘處機的貢獻為最大，決不是偶然
的。而且即使是比較偏向於「靜」的一邊的馬鈺，也同樣肯定
「塵勞」的價值，並賦予入世事業以宗教的意義。《盤山語
錄》記錄他的話有如下一段：

修行人若玄關不通，當於有為處用力立功立德，久久緣

22　關於王重陽的《立教十五論》，可看吉岡義豐，前引書，頁176–80。
23　Troeltsch, 前引書，p. 609.

熟，自有透處，勝如兩頭空擔，不能無為，不能有為，因
循度日。[24]

「無為」和「有為」即是出世和入世的「兩頭」。對於一
般常人而言，出世的「玄關」是不容易通的；他們必須從「立
功立德」的入世之路求道，這樣才不致於兩頭落空。馬鈺恐人
「因循度日」，丘處機怕人「空過時光」，這也表現了唐宋以
來的新宗教運動中極值得注目的一種緊張的心理。上節引溈山
禪師之語，認為「鉏得一片畬，下得一籮種」便不是「虛過」
時光，其用意與此正相同。而且更有趣的是，在十七世紀英國
清教倫理中，我們也看到同樣的心理，例如：浪費時間是最大
的罪惡，睡眠過長是極不道德的事，人在世間盡職時必須勤
勞，食色之慾必須儘量節制等等。這簡直和全真教的倫理東西
輝映，古今一轍。韋伯在討論清教倫理時認為「勞動」(labor)
是西方教會所特有的苦修方法，不僅與東方宗教恰形成最尖銳
的對照，而且也是世界一切寺院戒律所未有。[25] 這一論斷正是
適得其反。我們當然無法苛責韋伯，不過我們必須由此領取一
個極深刻的教訓：即他的「理想型」("ideal type") 研究方式本身
實涵有極大的危險性。無論多麼圓熟的理論家或多麼精巧的

24 以上尹志平《北遊語錄》和王志謹《盤山語錄》各條都從錢穆「金元統治
　　下之新道教」一文中轉引，見《中國學術思想史論叢》第六冊 (台北：東大
　　圖書公司，1978)，頁201–11。

25 Weber, *Protestant Ethic*, p. 158。又王惲「大元故清和妙道廣化真人玄門掌教
　　大宗師尹公道行碑銘」(見《秋澗先生大全集文集》卷五十六) 記尹志平的
　　修行要訣，有云：「修行之害，食睡色三慾為重。多食即多睡，睡多情欲
　　所由生。人莫不知，少能行之者。必欲制之，先減睡欲。」這也可以證實
　　前引「禁睡眠」、「服勤苦」之語確是全真教的一貫教法。此碑之末又說
　　尹志平的弟子仇志隆「居終南四十餘年，潔以修己，耕而後食」，更可證
　　明全真教三傳之後仍守「服勤苦」和「一日不作，一日不食」之戒。

方法論者，如果他缺乏足夠的經驗知識終不免是會犯嚴重的錯誤的。

全真教與新禪宗也有不同之處，它的入世傾向自始便比較顯著。因此它對當時一般社會倫理的影響也比禪宗來得直接而深切。山東鄒縣有陳繹會「重修集仙宮碑」特別對丘處機在「塵勞」方面的成就加以推崇。碑文説：

> 予聞全真之道，以真為宗，以樸為用，以無為為事，勤作儉食，士農工賈因而器之，成功而不私焉。……在金之季，中原板蕩，南宋孱弱，天下豪傑之士，無所適從……而重陽宗師長春真人，超然萬物之表，獨以無為之教化有為之士，靖安東華，以待明主，而為天下式。[26]

碑文中「勤作儉食，士農工賈因而器之」和「為天下式」等語決非虛詞溢美，一部全真教史可以為證。中國新宗教的入世轉向具有重大的社會意義是不可否認的。

真大道教在入世苦行方面和全真教完全一致，但它與禪宗的關係則較全真更為明顯。王惲「遊媯川水谷太玄道宮」詩：「雲封石上缽」句之下有注曰：

> 初大道酈五祖者，逃難此山，眾追及，棄衣缽石上而匿，其物重，眾莫能舉，異焉，遂請主其教，今道院蓋酈所創也。（《秋澗先生大全文集》卷五）

---

26 此碑未著錄，文從陳垣《南宋初河北新道教考》（北京：中華書局，1962)，頁41轉引。

真大道教五祖酈希成是金元之際的人。這個衣鉢故事顯然是禪宗惠能神話的再版。(見《壇經》「行由品」) 陳垣説：「大道教宮觀，始亦稱庵，墓亦稱塔，法物有衣鉢，與釋氏同。其初固介乎釋道之間，不專屬道教。」[27] 這一論斷是正確的，由此可見它確實受到了新禪宗的直接影響。

關於真大道教的興起，吳澄在「許州天寶宮碑」中記其宮中道士的話如下：

> 吾教之興，自金人得中土時，有劉祖師避俗出家，絕去嗜慾，屏棄酒肉，勤力耕種，自給衣食，耐艱難辛苦，樸儉慈閔，志在利物，戒行嚴潔，一時翕然宗之。(《吳草廬集》卷二十六)

劉祖師名德仁，見《元史》卷二〇二「釋老傳」。稍後虞集在「真大道教第八代崇玄廣化真人岳公之碑」中對該教的源流及其社會影響有更詳細的敍述。碑曰：

> 真大道者以苦節危行為要，不妄求於人，不苟侈於己，庶幾以徇世夸俗而為不敢者。昔者金有中原，豪傑奇偉之士往往不肯嬰世故，蹈亂離，賴草衣木食，或佯狂獨往，各立名號，以自放於山澤之間。當是時，師友道喪，聖賢之學湮泯澌盡。惟是為道家者多能自異於流俗，而又以去惡復善之説以勸諸人。一時州里田野各以其所近而從之。受其教戒者風靡水流，散在郡縣，皆能力耕作，治廬舍，聯絡表樹，以相保守，久而未之變也。(《道園學古錄》卷五十)

---

27 同上書，頁91。

這一節文字的重要尤在於它所描寫的並不限於真大道一教，而是所有新興的道教。這些教派不但都以「力耕作，治廬舍，聯絡表樹，以相保守」為其特色，而且也都能號召附近的人民來「受其教戒」。新道教的起源與當時北方淪於異族統治有關是毫無可疑的。不過這些教派的發展都先後經歷了一百年以上而「未之變」，這卻不是完全從政治的因素便能得到解釋的了。以真大道教的擴張而言，虞集在碑文之末又告訴我們：

> 其徒云：西出關、隴至於蜀，東望齊、魯至於海濱，南極江淮之表，皆有奉其教戒者，皆攻苦力作，嚴祀香火，朔望晨夕望拜，禮其師之為真人者如神明然。信非有道行福德者多不足當其任。而真人時常使人行江南，錄奉其教者已三千餘人，庵觀四百，其他可概知矣。

真大道教之所以傳佈得如此之廣，其一部分的原因自然是由於它的教義適合於亂世人民的需要。真大道教的原始教義現在尚有九條保存在宋濂的「書劉真人事」一文中。這九條是：

> 一曰視物猶己，勿萌戕害兇嗔之心。二曰忠於君，孝於親，誠於人；辭無綺語，口無惡聲。三曰除邪淫，守清靜。四曰遠勢力，安貧賤，力耕而食，量入為出。五曰毋事博奕，毋習盜竊。六曰毋飲酒茹葷；衣食取足，毋為驕盈。七曰虛心而弱志，和光而同塵。八曰毋恃強梁，謙尊而光。九曰知足不辱，知止不殆。(《宋學士文集》卷五十五)

除了最後三條顯然取自《老子》之外，其餘都近乎儒家入

世的教訓，而尤以忠孝勤儉為宗旨所在。此外趙清琳所撰，至
元二十六年 (1289) 所立的「大道延祥觀碑」也記載了教祖劉真
人的基本教義。此碑接近原始史料，更可信賴。碑文説：

> 其教以無為清靜為宗，真常慈儉為寶。其戒則不色、不
> 慾、不殺、不飲酒、不茹葷，以仁為心，恤困苦，去紛
> 爭，無私邪，守本分，不務化緣，日用衣食，自力耕桑贍
> 足之。有疾者符藥針艾之事悉無所用，惟默禱虛空以至獲
> 愈，復能為人除邪治病。平日恬淡，無他技。彼言飛昇化
> 鍊之術，長生久視之事，則曰吾不得而知，惟以一瓣香朝
> 夕懇禮天地。故遠近之民願為弟子，隨方立觀者不少焉。[28]

上引碑文的後半段説明真大道教也和全真教一樣，是對於
唐宋官方道教的一種革命，即完全不靠各種「方術」來吸引
人。此文的前半段則寫出一種典型的入世苦行的宗教倫理，不
但和全真教的倫理幾乎沒有甚麼差別，而且其戒律和清教倫理
也有不少共同之點。陳垣特別強調「不務化緣」是真大道教的
特色。[29] 其實這也不妨看作是《百丈清規》的進一步的發展。
其「日用衣食，自力耕桑贍足之」即是「一日不作、一日不
食」的宗旨的一種具體表現。百丈懷海以後，禪宗並未中止化
緣托鉢之事。真大道教自始便和禪宗有密切的關係，已如上
述。但它在立教之初竟一再把「不務化緣」列為教規之一，足
見它在入世苦行方面比禪宗走得更遠了。

限於篇幅及材料，本文不能對新道教的其他流派如太一教

28　此碑未著錄，文從陳垣《南宋初河北新道教考》，頁41轉引。
29　同上書，頁88。

和淨明教加以詳細的討論了。大體說來，這兩派也都具有濃厚的入世傾向。據王惲記太一教中人言：

> 道家者流雖崇尚玄默，而太一教法專以篤人倫、翊世教為本。至於聚廬托處，似疏而親，師弟子之間，傳度授受，實有父子之義焉。[30]

則太一教倫理的入世性格，不言可喻。文中「師弟子之間，傳度授受，有父子之義」一語，需要略加解釋。太一教始祖蕭抱珍立下一條特別規定：嗣法繼位的人必改從蕭姓，如二祖蕭道熙本姓韓，三祖蕭志沖本姓王。陳垣以為這是「效法釋氏」。但據「父子之義」一語，則更可能是借用儒家的宗法制度以加強宗教組織的嚴密性。而且若「效法釋氏」則必須教中道士都改從蕭姓，這似乎不然。淨明教是劉玉在一二九七年創立的《玉真劉先生語錄・內集》說：

> 或問：古今之法門多矣，何以此教獨名淨明忠孝？先生曰：別無他說。淨明只是正心誠意；忠孝只是扶植綱常。但世儒皆聞此語爛熟了，多是忽略過去。此間卻務真實踐履。(《淨明忠孝全書》卷三)

可見淨明教更是直接以儒家的倫理為立教的根據。在這一方面淨明教確與上述三派同屬於新道教，即以強調日常倫理的實踐為其最主要的特色。[31] 不過關於太一教，我們還應該指

30　見《秋澗先生大全文集》卷六十「太一三代度師先考王君墓表」。
31　秋月觀瑛《中國近世道教の研究》(東京，創文社 1978)，頁179。

出它與全真教和真大道教之間有一個顯著的差別。據上引王
惲「三代度師王君墓表」及另一篇「故太一二代度師先考韓
君墓碣銘」(同書六十一卷)，太一教自創教之日起即得到「望
族」、「鉅家」的支持。所以二祖和三祖的父祖最初都是傾家
產以奉「香火」的教徒。相反地，全真教則對窮人吸引力更
大，元遺山「惰窳之人翕然從之」之語足為明證。(見前引「紫
微觀記」) 也許正由於這一經濟背景的差異，所以太一教才沒有
強調「自食其力」的原則吧！[32]

　　總結地說，新道教各派的興起和發展充分地說明了一個重
要事實：中國的宗教倫理自新禪宗以來即一直在朝着入世苦行
的方向轉變。新道教基本上是民間宗教，這一點在大多數道教
史家之間已取得共同的認識。正因如此，這一新的宗教倫理才
逐漸地隨着新道教的擴展而滲透到社會各個階層中去。南宋以
來《太上感應篇》之類的道教「善書」不斷地出現並廣泛地流
行。這也是與新道教以俱來的一個重要的歷史現象，大有助於
新倫理在民間的傳播。[33] 新道教的宗教倫理在肯定此世、肯定
日常人生方面比新禪宗更向前跨進了一步。禪宗已承認「鉏得
一片畬，下得一籮種」是不虛過時光，已承認「砍柴擔水，無
非妙道」。但是他們還不能承認「事父事君」也是「妙道」。
用現代的話說，他們還不能肯定社會組織的正面價值。新道教
一方面沿襲了新禪宗所開始的入世苦行的方向，另一方面又受
了儒學的影響。所以他們才更進一步地講「事父事君」。真大
道教「專以篤人倫、翊世教為本」和淨明教以「忠孝」立教都

32　按陳垣在《新道教考》頁4說：「三教祖乃別樹新義，聚徒訓眾，非力不
　　食。」其實此語只能用之於全真與真大道兩教，不能施之於太一教。

33　關於《太上感應篇》的研究，可參考吉岡義豐，前引書第二章(「感應篇と
　　功過格」)。

是明證。這是新道教的「三教合一」。王重陽開宗明義，依據《孝經》、《道德經》和《般若心經》三部經典，尤其具有象徵的意義。[34]

　　新道教的倫理對中國民間信仰有深而廣的影響，其中一個特別值得注意的思想便是天上的神仙往往要下凡歷劫，在人間完成「事業」後才能「成正果」、「歸仙位」(如《玉釧緣》彈詞中的謝玉輝)。同時凡人要想成仙也必須先在人間「作善事」、「立功行」。《太上感應篇》卷上說：「所謂善人，……所作必成，神仙可冀。欲求天仙者當立一千三百善；欲求地仙者當立三百善。」即是這一思想的通俗化的表現。其實全真教的「打塵勞」、丘處機說「不遇境、不遇物，此心如何見得成壞？」便是神仙下凡歷劫之說的一個遠源。馬鈺教人「當於有為處用力立功立德，久久緣熟，自有透處。」和丘處機教人「積功行，存無為而行有為」，也與立善成仙的說法相去不遠。這種思想正是要人重視人世的事業，使俗世的工作具有宗教的意義。人在世間盡其本分成為超越解脫的唯一保證。如果說這種思想和基督新教的「天職」("calling") 觀念至少在社會功能上有相通之處，大概不算誇張吧！

34　見吉岡義豐，前引書，頁131。有關全真教混合儒、禪、道三教及其入世苦行的特色，並可參看窪德忠《中國の宗教改革——全真教の成立》(京都：法藏館，1967)。奧崎裕司撰「民眾道教」一章 (見福井康順等共同監修，《道教》，第二卷，東京，1983) 曾對上文所論四派新道教有綜合論述。其大旨謂四大新道教都有三教融合的強烈傾向，其中全真較受禪宗影響，真大道與淨明則以儒家倫理為主。此說似略嫌簡化，但所言三教混合的趨勢是不錯的。關於全真教的「三教歸一」說，更可參看柳存仁「全真教和小說西遊記 (五)」，《明報月刊》第二十卷第九期 (1985年9月)，頁71。柳先生發現全真教確與《西遊記》有關，從宗教史的觀點看，也是有重大意義的。

5

明清小説與民間文化

柳存仁《和風堂新文集》序

柳存仁先生是我生平最敬重的一位學者。自五十年代末以來，柳先生刊布了大量有關中國文史哲的研究論著。就我所見到的專集而言，下面四種是最重要的：

一、Liu Ts'un-yan, *Buddhist and Taoist Influences on Chinese Novels*, Vol. I. Otto Harrassowitz, Wiesbaden, 1962（《佛道教影響中國小説考》）

二、*Selected Papers from the Hall of Harmonious Wind*, E. J. Brill, Leiden, 1976（《和風堂論文選集》）

三、*New Excursions from the Hall of Harmonious Wind*, E. J. Brill, Leiden, 1984（《和風堂散策新集》）

四、《和風堂文集》（上、中、下三冊），上海古籍出版社，1991。此外柳先生還有不少單篇論文散見於中外學術刊物中，並未收入集內，其著述之富，至可驚羨。但是認識柳先生的人都知道，他不但取精用弘，而且厚積薄發，胸中還不知積蓄了多少題目和資料，尚待一一寫出。

現在柳先生將最近幾年來的研究論文收集在一起，編成一部《和風堂新文集》，這對於柳文的愛好者真是一項莫大的功德。因為這些論文大部分都發表在各種學報和專刊之中，一般

的讀者如果沒有現代大型圖書館的便利是很難有機會見到的。《新文集》顧名思義自然是《和風堂文集》的續編，體例和分類也一脈相承。此編分為四個部門：第一分經、史，第二分道教史，第三分小說史，第四分文學雜著。《和風堂文集》雖未明標四分，事實上也是這樣排列的，這從目錄的分段中可以一目瞭然。

　　承柳先生雅囑，要我為他的新文集寫一篇序言。受寵若驚之餘，我不免既惶悚，又躊躇。惶悚，因為柳先生是我的學術前輩，依照中國文化的傳統，我萬無寫序之理；躊躇，因為柳先生「高文博學」(錢默存先生的用語)，我不足以窺見其造詣之精微於萬一。但是幾經考慮之後，我還是決定承擔下柳先生交給我的任務，這是因為我在下面寫的並不是傳統的「序」，而是現代的「引言」(introduction)，旨在將柳先生的治學精神和學術淵源介紹於《新文集》的讀者，限於時間，下文所述極為簡略，且恐不免多誤，好在原書俱在，讀者不難自作判斷。無論如何，我願意借這個機會說出我個人對於柳先生的學問的理解。

　　以中國現代的學術分類而言，柳存仁先生的專業領域是中國小說史和宗教史 (特別是道教史) 的研究。但是柳先生並不僅僅是所謂「窄而深」的專家，他同時也是對中國文化的各方面都具有睿識的通人。事實上，他的小說史和道教史的背後有一部貫通着古今的中國文化史。關於這一層，任何人祇要仔細讀過《和風堂文集‧序》便可以得到充分的印證。在這篇長序中，作者從《四庫全書總目提要》起講，中間特別強調「三禮」研究的重要，其着眼點主要便在於追溯「古代的社會制度和人民生活」怎樣一直演變到現代的。這正是作者現身說法，從多方面指示我們如何通過古籍的精密探討以疏導中國文化的

源與流。所以在我的認識中，柳先生是一位廣義的文化史家，小說史和道教史則為他進入中國文化史這一廣大的世界提供了兩條新途徑。這兩條新路雖然不是他最先開闢的，但他在這兩條路上披荊斬棘的勞績卻比任何人都要大，這是學術界所公認的事實。

柳先生開始以小說和道教為門徑探索中國文化，至少是四、五十年前的事了。但是有趣的是：他的研究取向今天卻恰好在西方史學界大為流行。最近一二十年來，西方史學研究的重點明顯地朝着文化史方面移動。這一動向的原因很複雜，這裏不能深談。照一般的分析，下面兩個學術上的動力是比較值得注意的：第一是史學家已不能再心安理得地接受經濟、社會決定論的歷史解釋。甚至馬克思主義派和法國的年鑑學派 (Annalistes) 也有不少人改絃易轍，投身於文化史的研究。第二是解釋派的人類學 (intepretive anthropology) 注重文化符號在一般人的生活中的「意義」(meaning) 對於文學家發生了很大的影響。人類學和史學的合流是文化史興起的一個重要原因。更應當指出的是今天流行的文化史，其研究重心完全偏向「民間文化」或「通俗文化」(popular culture) 方面，這和以往的文化史之注重上層文化 (elite culture 或 high culture) 截然異趣。民間宗教、巫術、戲文、小說或其他通俗文字因此成為史學家的主要研究素材。這一新風氣最近也吹進了西方的中國史領域，明清時代的「民間文化」已開始受到廣泛的注意。演義小說、雜劇、地方戲、善書、寶卷文學等都在民間文化的角度下獲得新一代史學家的重新檢討。[1] 又如明代「功過格」的發展與社會變

1　可參看 David Johnson, Andrew J. Nathan, and Evelyn S. Rawski eds., *Popular Culture in Late Imperial China* (University of California Press, 1985).

遷以及道德秩序之間的關係，最近也有英文專書討論。[2] 其書雖未標「民間文化」之名，事實上也是關於明代民間文化的專題研究。在這些新論著中，柳先生的英文著作都是不可或缺的參考文獻。我可以毫不遲疑地斷言，隨着明清民間文化研究的不斷擴大，柳先生在小說史和道教史方面所取得的巨大業績將越來越受到史學界的重視。因為從史學的觀點說，柳先生過去四、五十年來的工作恰恰是為中國民間文化史奠定了一個最堅實的基礎。但是柳先生對小說史和道教史的深入研究是從中國文、史、哲的綜合傳統中引申出來的，並不是無源之水。新史學家恐怕還要經過幾代的努力才能充分地認識到他的全部中英文著作的價值。這裏涉及了上層文化與民間文化之間的關係，在中國和西方的整體傳統中有種種微妙的差異。無論如何，我們必須承認下面這個事實：即本世紀中國學人治戲曲史、小說史、宗教史而卓有成績者無不植根於經、史、子、集的舊傳統，如王國維、魯迅、胡適、陳垣、余嘉錫等都是顯例。用中國傳統的語言說，似乎學者若不能盡「雅」(上層文化)，則也不易深入地賞「俗」(民間文化)；「雅」與「俗」之間存在着千絲萬縷的牽繫。柳先生的小說史和道教史研究便直接來自這個學術傳統。

已故戴密微 (Paul Demiéville) 先生為《和風堂論文選集》寫序，提到柳先生有一部小說體裁的長篇自傳——《青春》，敍述他二十年代在北京的童年生活。可惜我至今還沒有眼福讀到。在《和風堂散策新集》中，柳先生附錄了一篇英文講詞，回憶他童年時代的片斷生活，雖然趣味盎然，但於早年讀書的

2　見 Cynthia J. Brokaw, *The Ledgers of Merit and Demerit, Social Change and Moral Order* (Princeton University Press, 1991).

經過卻語焉不詳。不過從戴密微的序中，我們知道柳先生十八歲那一年 (1935) 已出版了一部中國文學史，那麼他在入大學前中國文史修養所達到的深度也就不難推想了。

　　從柳先生論著中所偶然流露的一些自傳材料，加上最近發現的若干相關文獻，我現在已可斷定他的學術取向是在他考進北京大學以後奠定的。柳先生入北大國文系在一九三五年，這是一個關鍵性的時間，因為上一學年北大國文系剛剛發生了一場重大的變動。胡適〈一九三四年的回憶〉說：

> 這一年北大方面的改革有一點足記：我兼領中國文學系主任……中國文學系減去三個教授，添的是我，傅斯年 (半年)，和羅常培，也是一進步。
>
> 我今年開始擔任「中國文學史概要」，是我第一次「改行」，雖然吃力，頗感覺興趣，有許多問題，向來不注意的，此時經過一番研究，都呈現新的意義，大概我的文學史是可以寫的了。
>
> 中國文學系的大改革在於淘汰掉一些最無用的舊人和一些最不相干的課程。此事還不很徹底，但再過一年，大概可以有較好的成績。[3]

胡適在這裏雖然輕描淡寫，但其實這是北大國文系的一件大事，當時曾引起風波，〈回憶〉中所說「無用的舊人」主要是指林損 (公鐸) 和許之衡 (守白) 兩位教授。周作人在〈北大感舊錄·林損〉中告訴我們：

3　見《胡適的日記》，第十二冊 (台北：遠流，1989)。

他算是北大老教授中舊派之一人，在民國二十年頃，北
大改組時，標榜革新，他和許之衡一起被學校所辭退
了。……他大寫其抗議的文章，在世界日報上發表的致胡
博士 (其時任文學院長兼國文系主任) 的信中，有「遺我一
矢」之語，但是胡適之並不回答，所以這事也就不久平息
了。[4]

由於這次的「改組」，北大國文系才正式進入了「整理
國故」運動的軌道，其結果不但是胡適講授「中國文學史概
要」，而且孫楷第 (子書) 也得以繼馬廉 (隅卿) 之後在北大開小
說史的課程。[5]

上面簡略地介紹了一九三四年以後北大國文系的新氣象，
這對柳先生的學問路向實在發生了決定性的影響。柳先生認真
治小說史始於《封神演義》作者的考證，事在一九三六年春，
也就是他在北大第一年第二學期的時候。那時他正是胡適中國
文學史班上的學生，同時他大概也聽了孫楷第小說史的課。關
於這一點，他後來在論文中曾屢屢提到。[6] 但是最能說明這種影
響的還是我最近發現的柳先生給胡適的四封信，收在《胡適遺
稿及秘藏書信》第三十冊 (頁630–39)。《秘藏書信》僅影印原
件，絕大多數有月日而無年份，以致次序往往錯亂，柳先生這

4　見《知堂回想錄》(香港：三育，1970)，下冊，頁486–87。

5　馬廉卒於一九三五年二月十九日，見《知堂回想錄》，下冊，頁370及
507–511。其時孫楷第任職於北平圖書館，故在北大當屬兼任。一九三七
年三月六日孫楷第有一封長信給胡適，始討論北大國文系聘他為專任的問
題。原信影印本見耿雲志主編《胡適遺稿及秘藏書信》(合肥：黃山書社，
1994)，第三十二冊，頁610–14。

6　如《和風堂文集》下冊，頁1231及1261–62。

四封信也是如此。我根據內證，可以斷定第一信寫於一九三六年十二月二十二日，第二信一九三九年八月三十日，第三信同年三月二十四日 (此二信顛倒了)，第四信一九四〇年六月八日。現在將第一信全錄於下：

> 適之先生：
>
> 暑假前聽先生「中國文學史綱要」課，言及封神傳著者問題，曾說大概是揚州陸長庚作，後讀獨立評論，見先生與張政烺先生通訊，頗證此說。今年秋間，學生對封神傳與陸氏之關係的問題，甚感興趣；曾加詳考，頗有所獲。近日寫有一篇東西 (約萬字) 題為「封神傳與陸西星」。曾請孫子書先生審正，孫先生並加意見及修改。大概這個問題，很近具體化，頗可成立了。因此說前曾由先生及子書先生提出，故生那一篇小文，並擬呈政，不知您有空暇可以抽出賜正否？便中敬懇示知為禱。專此，敬請。
>
> 鈞安
>
> 學生柳存仁敬上十二月二十二日

張政烺和胡適關於《封神演義》作者的通訊分別作於一九三六年六月八日和十日，刊在當時《獨立評論》第二〇九號上，故柳先生此函必在同一年。由此可知他入北大國文系的第一年，便為《封神傳》作者的問題深深吸引住了，第二年秋季已寫成了一篇長達萬言的考證文字。(第三封信說：「生前作陸西星作封神傳考證，曾蒙在北大文史週刊發表」」，當即指此文。) 從此他踏上了小說史研究的漫長征程。由於陸西星是道教中人，而《封神榜》也以道教為主體，他又更進一步展開了道教史的

系統整理。我們可以說：柳先生通過小說和宗教的「雙修」以闡明中國文化史的性質，其始點便是一九三六年的《封神傳》考證。屈指算來，今天恰好是六十週年。

　　我讀柳先生這四封信，最受感動的是他的鍥而不捨的精神。這四封信先後跨越了五個年頭，不但封封涉及《封神傳》作者的考證，而且每一封信都報告了最新的發展，或是新材料的發現，或是考證的新收穫。所以《封神演義》的最後編寫人是陸西星這一假設雖然是由張政烺、胡適、孫楷第等人最早提出的，但是此說之獲得完全證實則必須歸功於柳先生一人的長期辛勤的努力。如果我們要尋找一個前例，則清初閻若璩考證《古文尚書》適可比類。疑《古文尚書》為偽者早有吳棫、朱熹、梅鷟、焦竑諸人，但他們的說法都祇能算是不同程度的「假設」，必待《古文尚書疏證》出然後方可謂之「證實」。柳先生的《佛道教影響中國小說考》及其他有關陸西星的中英文論文便是《封神傳》考證方面的《古文尚書疏證》，這是毫無可疑的。

　　中國的「國故整理」運動在三十年代已達到了完全成熟的境界。這個運動一方面繼承了清代考證學的舊傳統，另一方面則吸收並融合了西方現代學術的新眼光。所以三十年代是中國文、史、哲各方面的研究最有光彩的一段時期，一時大師輩出，傳世名著往往而有。錢賓四師回憶當時北平學術界的情形說：

　　　　要之，皆學有專長，意有專情，世局雖艱，而安和黽勉，
　　　　各自埋首，著述有成，趣味無倦，果使戰禍不起，積之歲
　　　　月，中國學術界終必有一新風貌出現。[7]

7　《師友雜憶》(台北：東大，1983)，頁158–59。

這是親身體會的話，句句真切，不但北平如此，推之全國亦然。柳先生的學問便是在三十年代「整理國故」這一新學術氣氛中孕育出來的。

柳先生在北大祇讀了兩年，便碰到了蘆溝橋事變，他最後兩年則是在上海光華大學借讀完成的。一九三九年三月二十四日致胡適函云：

> 生自離北平後，即來滬。因舍下向住滬，生亦在光華大學借讀。教授有張歆海、蔣竹莊、呂誠之諸先生。今夏即算卒業。

同年八月三十日又函胡適(即《秘藏書信》中的第二封信)云：

> 生現僥倖已在北大國文系卒業，刻任光華大學史學系講師，並略兼太炎文學院課務。

因為是「借讀」，所以他仍算「北大國文系卒業」。信中提到的三位教授，張歆海是白璧德(Irving Babbit)的入室弟子，在哈佛的博士論文是《安諾德的古典主義》(The Classicism of Mathew Arnold)；蔣竹莊即蔣維喬，佛學造詣尤深；呂誠之即呂思勉，是史學大家。所以柳先生在北大和光華各讀兩年，得以兼攬南學與北學之長，這更是一種最難遇的機緣。

據一九四〇年柳先生致胡適第四封信(信中提到「錢賓四先生亦將由蘇州來滬」和「最近林語堂先生返國」，這兩件事都發生在一九四〇年)，他在七月間即將去香港，追隨許地山在香港做研究。許地山也治宗教史，曾有關於摩尼教與道教的

論著。這時似乎正在研究《道藏》。[8] 更巧的是陳寅恪這一學年也在香港大學擔任客座教授。柳先生自然不會放過向他們問學的機會；他後來精治《道藏》，一部分的淵源或亦在此。一九四一年 (辛巳) 錢鍾書過香港贈柳先生詩，有「論交多巨子」之句，恐怕也是就地取材吧。總之，柳先生以特殊因緣，早年轉益多師，擇善而從，他所取得的巨大成績，不僅是個人才性的充分發揮，而且也是「國故整理」成熟時期最具典型意義的一種研究結晶。

柳先生曾指出，中國的學術傳統比較偏重綜合，而西方的科學方法應用到人文研究方面則特別以分析的嚴密見長。因此他強調我們必須結合中西之長，「才能夠綜合之中有分析，分析之後再綜合，達到現代人希望的做中國學問的一個境地。」這正是三十年代中國國學界的一個共識。他說：

> 任何一個特定的問題研究的對象都有它的小範圍和大範圍。小範圍自然集中在和那問題本身直接有關的時、地、人、事各方面的情態，但是小範圍內直接的問題也有時候不是單從排比一下它本身已經具有的材料就一定可以解決的，否則這問題也就不成為甚麼問題了，那麼進一步就得從大範圍落墨。[9]

這是對於「綜合中有分析，分析之後再綜合」在研究程序上的具體說明，也是柳先生以「金針度人」的現身說法，他的一切

8　見《陳垣往來書信集》(上海：上海古籍出版社，1990)，頁668，陳垣與其長子樂素往函第五七通，一九四一年二月三日。

9　《和風堂文集‧序)，頁29。

論著都體現了這一研究程序。

　　柳先生在中國學術的博雅傳統方面具有深厚的修養；他同時也承受了清代以來經、史研究所發展出來的一切專技訓練，如訓詁、校勘、目錄、版本之類無一不擅其能事，但其治學方式則徹頭徹尾是現代的。這一點特別表現在他的專業精神上。他選定了小説史和道教史為專業之後，便全力開拓這兩個知識領域的疆土。第一是盡量搜集一切有關的資料並施以全面而有系統的整理。因此在小説史上他有《倫敦所見中國小説書錄》[10]之作；在道教史上則有《閱道藏記》數十冊筆記 (惜尚未刊布)。他在一九六七年已讀《道藏》兩遍，今天更不知又讀了多少遍了。他把清代的目錄、版本、校勘的功夫大規模地應用在小説和《道藏》上面，並寫成無數篇的「提要」，這就為這兩門新興的學問奠定了最可靠的基礎。第二是他的論著，無論是偏重分析還是綜合，都嚴密到了極點，也慎重到了極點。我在他的文字中從來沒有看見過一句武斷的話。胡適曾引宋人官箴「勤、謹、和、緩」四字來說明現代人做學問的態度，柳先生可以説是每一個字都做到了。

　　第三，柳先生在《和風堂文集・序》開宗明義便點出：研究中國學問需要「努力爬羅剔抉，就前人的業績上去蕪存菁，希望能夠在一個可以預計的時期內在某一方面做出一點成績來」。這更是現代學術專業化的一個中心觀念。在這個觀念中，我們清楚地看到每一門學問的客觀系統是主體，而從事這門學問的人反而是客體了。祇有如此，專業的學問才能發展，知識才能積累。柳先生的話使我聯想到陳垣下面一段關於現代學術論著的描述：

10　*Chinese Popular Fiction in Two London Libraries* (香港，龍門書店，1967)。

論文之難，在最好因人所已知，告其所未知，若人人皆知，則無須再說，若人人不知，則又太偏僻專門，人看之無味也。前者之失在顯，後者之失在隱，必須隱而顯或顯而隱乃成佳作。又凡論文必須有新發見，或新解釋，方於人有用。第一搜索材料，第二考證及整理材料，第三則聯綴成文。第一步工夫，須有長時間，第二步亦須有十分三時間，第三步則十分二時間可矣。草草成文，無佳文之可言也。[11]

柳先生的論文，無論是小說史或宗教史方面的，篇篇都是這樣寫成的。他以專門學問為主體，「因人所已知，告其所未知」，故每一篇論文都有「新發見，或新解釋」。他「在前人的業績上去蕪存菁」，故往往能改正前人的錯誤，包括他以前業師的錯誤。因此中國小說史和宗教史這兩門學問也都在他的手上獲得了長足的進展。

前面曾指出，柳先生也是一位廣義的文化史家。不但如此，他從小說和道教兩個專門領域入手研究明清時代的民間文化，恰好落在今天文化史的主流之中。小說和宗教作品是明清文化兩個特殊部分的文字遺存；通過對這些文字遺存的分析和研究，柳先生最後使我們看到了明清文化的某些面相。但文化有種種不同的面相；而每一面相都有一部分的文字遺存與之相應。所以史學家必須分門別類進行研究，然後文化的全貌才能逐漸呈現。蘇東坡詠廬山詩有「橫看成嶺側成峰，遠近高低各不同」的名句。史學家從不同的方面研究同一時代的文化也是如此。不過廬山是一整體，每一時代的文化也是一整體，不同

11　《陳垣往來書信集》，頁650。

的局部觀察祇要大體上與事實相去不遠，彼此之間還是能夠互相溝通的。我自己在最近十年來也曾稍稍研究過明清商人意識形態的興起與當時民間文化如小説和三教合一運動的關係，現在讓我略舉幾件事實以印證柳先生的重要創獲。

柳先生前後論明代小説和道教的文字已充分證明了這一所謂民間文化或通俗文化與士人階層的密切關係。事實上，士人不但是這種通俗文化的參與者和消費者，而且也是創造者。這一事實進一步顯示中國的「雅」(elite) 文化和「俗」(popular) 文化之間具有更大的連續性，葉盛 (1402–1474)《水東日記》卷二十一〈小説戲文〉條云：

> 今書坊相傳射利之徒偽為小説雜書，南人喜談如漢小王光武、蔡伯喈邕、楊六使文廣，北人喜談如繼母大賢等事甚多。農工商販，鈔寫繪畫，家畜而人有之；癡騃女婦，尤所酷好，好事者因目為《女通鑑》，有以也。……有官者不以為禁，士大夫不以為非；或者以為警世之為，而忍為推波助瀾者，亦有之矣。[12]

這段記載至少説明了三個問題：第一，「書坊射利」是小説大量刊行的商業背景；第二，「農工商販」透露出小説戲文的廣大讀者群；第三，「有官者」和「士大夫」對於小説戲文頗多「推波助瀾者」。這三點主要是從社會—文化史的觀點着眼的。如果從小説史內部着眼，當時南北讀者嗜好的不同當然更值得深究。

這裏我要特別指出，由於明清士與商的合流，戲文小説在

12　《水東日記》(北京，中華書局，1980)，頁213–14。

這兩類人的日常生活中越來越佔重要的地位。先説士大夫。他
們之中有許多人其實和「農工商販」或「癡駿女婦」一樣地喜
愛小説，不過表面上不大肯承認罷了。我這裏所説的士大夫主
要是指「儒林傳」型的人物而言，至於李贄、金人瑞這一類旁
逸斜出的人物，那就不在話下了。柳先生曾屢次提到王闓運
《湘綺樓日記》裏有考證《封神演義》撰寫時代的趣事，我在
曾國藩的《日記》中也發現這位「理學名臣」常讀小説，包括
《綠野仙蹤》、《儒林外史》、《水滸傳》、《紅樓夢》等。
但像這一類詳細而忠實的《日記》太少了，其他士大夫讀小説
的事迹大概都已淹沒無聞。不過有時我們也可以從側面找到一
些士大夫讀小説的蛛絲馬迹。例如章學誠這位頗帶「衛道」成
見的人，平時也攻擊士大夫混《三國志》與《三國演義》為一
談，可是他自己寫〈華佗墓詩〉，所用的「典故」卻恰恰是
《演義》中的虛構。[13]

　　《水東日記》中提到士大夫從「警世」的觀點提倡小説的
話。這也不全是門面話。明末的《警世通言》、《醒世恆言》
和最近發現的《型世言》[14]都實踐了這個想法。把這個觀念發
揮得最為淋漓盡致的則是清初劉獻廷 (1648–1695)。他一則曰：

　　余觀世之小人，未有不好唱歌看戲者，此性天中之《詩》
　　與《樂》也；未有不看小説、聽説書者，此性天中之
　　《書》與《春秋》也；未有不信占卜、祀鬼神者，此性天
　　中之《易》與《禮》也。聖人六經之教，原本人情，而後

---

13 可看余嘉錫〈書章實齋遺書後〉，收在《余嘉錫論學雜著》(北京：中華書
　　局，1963)，下冊，頁617–18。
14 陳慶浩先生從韓國找到的 (台北：中央研究院中國文哲研究所影印，
　　1993)。

之儒者乃不能因其勢而利導之，百計禁止遏抑，務以成周
之芻狗，茅塞人心，是何異壅川使之不流。無怪其決裂潰
敗也。

再則曰：

余嘗與韓圖麟論今世之戲文小說，圖老以為敗壞人心，莫
此為甚，最宜嚴禁者。余曰：先生莫作此說，戲文小說乃
明王轉移世界之大樞機，聖人復起，不能捨此而為治也。
圖麟大駭，余為之痛言其故，反覆數千言。圖麟拊掌掀
髯，歎未曾有。[15]

　　這確是一番空前的大議論，但若不是在戲文小說極為盛行
的時代，這種想法也絕不可能出現。劉獻廷在此提出了「雅」
文化起源於「俗」文化的理論，又毫不遲疑地逕稱六經是「成
周之芻狗」，並進而主張每一時代都必須在「俗」文化的基礎
上創造新的《六經》。他的議題顯然是建立在歷史變遷的新穎
觀念之上。清末梁啟超寫〈論小說與群治的關係〉一文（《飲
冰室文集》之十），提倡一切革新必須從「先新一國之小說」開
始，可以說是劉獻廷議論的現代化翻版。這裏不能詳論小說的
社會功能的問題。我祇想指出，這些發現小說戲文有「警世」
作用的士大夫，首先必已成為它們的愛好者。他們沉浸在戲文
小說的動人故事中的精神狀態大概和一般讀者也沒有甚麼不
同。
　　明清士大夫中當然也有不少人對小說戲文抱着深惡痛絕的

15　見《廣陽雜記》（長沙：商務印書館，1941），卷之二，頁98。

態度。黃宗羲《明夷待訪錄‧學校》篇便主張「追板燒之」，顧炎武也要將「淫辭艷曲」與「非聖之書，同類而焚」。(見《日知錄》卷十三〈重厚〉條) 近人推尊黃、顧，甚至有以中國「文藝復興」或「啟蒙運動」的創始人相許者，他們似乎完全沒有注意到這種「焚書」的見解。但是就我所見，排斥小說最激烈的則是乾嘉時期的考證大師錢大昕。他不但在《十駕齋養新錄》(卷十八〈文人浮薄〉條) 中，抨擊演義與彈詞，而且特撰〈正俗〉一文論小說的危害性。原文不長，全錄於下：

> 古有儒、釋、道三教。自明以來又多一教，曰：小說。小說演義之書未嘗自以為教也，而士大夫、農、工、商、賈無不習聞之。以至兒童婦女不識字者亦皆聞而如見之。是其教較之儒、釋、道而更廣也。釋、道猶勸人以善，小說專導人以惡姦淫盜之事。儒、釋、道書所不忍斥言者，彼必盡相窮形、津津樂道，以殺人為好漢，以漁色為風流；喪心病狂，無所忌憚。子弟之逸居無教者多矣，又有此等書以誘之，曷怪其近於禽獸乎？世人習而不察，輒怪刑獄之日繁，盜賊之日熾，豈知小說之中於人心風俗者，已非一朝一夕之故也。有覺世牖民之責者亟宜焚而棄之，勿使流播。內自京邑，外達直省，嚴察坊市有刷印鬻售者，科以違制之罪。行之數十年，必有弭盜省刑之效。或訾吾言為迂，達闊事情，是目睫之見也。[16]

他的意見顯比黃宗羲和顧炎武更為極端，不但書要焚燬，出版者還要治罪。但是撇開他的道德判斷不談，這篇文字卻

16　《潛研堂文集》，《四部叢刊初編縮本》，卷十七，頁160–61。

是明清小説史上的重要材料。第一、他明白指出：明清小説
比儒、釋、道三教的影響力都大得多，因此他稱之為「小説
教」。第二，「士大夫、農、工、商、賈無不習聞之」一語則
說明小説的讀者群已包括了社會上各階層。十五世紀的葉盛
尚祇説「農工商販」是讀者，士大夫不過「推波助瀾」而已；
十七世紀的劉獻廷也祇説「世之小人」「未有不看小説者」。
現在十八世紀的錢大昕卻劈頭便指出「士大夫」，這至少表示
士大夫讀小説這時已經公開化了。所以我認為錢氏此文的史料
價值很高，它把小説在明清文化史上突出的地位如實地概括出
來了。

傳統的文人習用「士、農、工、商」一類的套語。事實上
那個時代讀書識字者主要是士和商。十五、六世紀以來社會上
有一個長期的「棄儒就賈」的趨向，許多不第秀才都跑到商人
階層中去了。這些人才是小説的基本讀者。這裏祇用舉幾個事
例便夠説明問題了。道光時有一個名叫舒遵剛的徽商説：

> 人皆讀《四子書》，及長習為商賈，置不復問，有暇輒觀
> 演義説部，不惟玩物喪志，且陰壞其心，施之貿易，遂多
> 狡詐。[17]

他的道德評論也可以置之不問。重要的是他指出了一個普
遍的事實：商人「有暇輒觀演義説部」。這一風氣自然不限於
徽商，山西商人也是如此。三十年代小説史研究蔚成風尚以
後，北平書商收購的大批小説都是從山西搜羅出來的，包括極

17　見張海鵬、王廷元主編《明清徽商資料選編》（合肥：黃山書社，1985），
　　頁276。

少見的古本《金瓶梅詞話》。[18] 不用説，這些小説的原藏者自然是明清的山西商人。讓我再舉一個毫無可疑的具體例證。顧憲成為他的父親顧學 (別號南野) 寫行狀，有云：

> 家大人生而倜儻負氣，不耐博士家言，獨遊於諸稗家，喜羅氏《水滸傳》。曰：即不典，慷慨多偉男子風，可寄憤濁世。……再徙涇，儻塵而市，平物價，一權度，廓然不較嬴詘，出片言，婦人孺子皆信之。市道驟行。……晚年讀閩人龍江林氏三教會編，大悅。自是排擯二氏必援以為證。[19]

顧憲成的先世好幾代都是商人。他的父親早年便不好舉業，決意從商。因此小説成為他的主要讀物，他在晚年則變成了林兆恩三一教的信徒。這一點又足以證明當時民間宗教的流行也與商人階層有關。稍後徽商程雲章 (1602–1651) 也繼林兆恩而起，倡一種三教合一的教派，這是大家都熟悉的事，不用我多説了。

　　明清小説和民間宗教的興起與發展都以商業文化為其共同的背景，因此我研究明清商人的精神活動往往碰到與小説史和宗教史有關的問題。柳先生的著作是我的重要參考資料。一九八五年我寫《中國近世宗教倫理與商人精神》時已引用過他當時在《明報月刊》上分期發表的〈全真教和小説西遊記〉。最近我更進一步注意明末清初所謂「商業書」的問題，又在柳先生這篇論文中獲得一個意外的發現。現在簡單報告出來以結束這篇序文，並就正於柳先生。

18　見胡頌平《胡適之先生晚年談話錄》(台北：聯經，1984)，頁198。

19　《涇皋藏稿》，《文淵閣四庫全書影本》卷二十一〈先贈公南野府君行狀〉，頁1–7。

　　寺田隆信《山西商人の研究》曾轉引了題作「清憺漪子」的《士商要覽》一書中的部分文字 (京都，1972，頁305–321)，原書現藏日本內閣文庫。最近山西人民出版社又將憺漪子《天下路程圖引》與黃汴《天下水陸路程》、李晉德《客商一覽醒謎》排印合刊 (楊正泰校註，1992)，書末附有「西陵憺漪子」的〈天下路程圖引序〉和金聲〈士商要覽敍〉。但這位「西陵憺漪子」究竟是誰，寺田隆信書中沒有提起，楊正泰在三書合刊的〈前言〉中也沒有交待。楊氏〈前言〉僅云：「《天下路程圖引》內題西陵憺漪子識，明天啟六年 (1626) 刊，現藏上海圖書館，亦屬稀有本。」(頁2) 使我感到困惑的是原書既刊行於天啟六年，為甚麼見過原本的兩位中日專家都毫不懷疑地接受了「清憺漪子」的斷代呢？柳先生因考證康熙刊本《西遊證道書》的關係，卻為我解決了這一困難。他告訴我們：

　　汪憺漪和黃笑蒼在明末清初都不是無藉藉名的人。《證道書》目錄題「鍾山黃太鴻笑蒼子、西陵汪象旭憺漪子同箋評」，正文又題「西陵殘夢道人汪憺漪箋評，鍾山半非居士黃笑蒼印正」兩行文字……汪憺漪的大名是汪淇，他是錢塘人，所設的書肆大概就在杭州。他編過些醫書，《保生碎事》一卷、《濟陰綱目》十四卷俱見《四庫全書總目·子部醫家類存目》，後者是他箋釋別人的著作。(《四庫》卷一〇五說他字瞻漪，疑誤。) 孫子書 (楷第) 先生的《中國通俗小說書目》卷三有他的《呂祖全傳一卷附軼事一卷》，是康熙元年 (1662) 刊本，託為呂祖撰，實係小說。這書卷首題「奉道弟子汪象旭重訂」。……呂祖也是全真教依託的純陽呂真君。汪憺漪既然敬奉全真教，《證

道書》正文前端刊有《丘長春真君傳》，並且揭出《西
遊》是丘處機撰的主張，他的表揚呂祖，也就無足異了。[20]

　　原來憺漪子和黃笑蒼(周星，1611–1680)都是明遺民，故入
清以後，一個自署「殘夢道人」，另一個自署「半非居士」。
如果不是柳先生善用《四庫提要》考證小說史和道教史，我們
如何能夠知道這麼多關於憺漪子的生平事迹呢？但是柳先生似
乎也沒有注意到憺漪子在小說、醫書、道教之外還編寫過《天
下路程圖引》和《士商要覽》，特別是後一書中有許多關於商
人倫理的思想，大可與他的全真信仰參互研究。前面說過，明
清文化史必須史學家從各方面去分頭探討，但是局部觀察最後
又必須互相溝通，然後才能由部分進窺全體。憺漪子這個具體
的例子便充分說明了這一道理。
　　最後，我要附帶指出，上面提到明金聲天啟六年為憺漪子
《士商要覽》所撰的〈敘〉是一件偽造品。它是從方一桂在天
啟六年為程春宇編的《士商類要》的〈敘〉中摘抄出來的。我
所看到的《士商類要》題作「新安原板」，又有「文林閣唐錦
池梓行」一行字。方一桂的原〈敘〉頗長，偽金〈敘〉除了開
始的兩句借用金聲的口吻外，其餘都是從方〈敘〉後半段摘取
字句，略加點綴而成。也許是清初出版商(或憺漪子本人)有意
借一位死節的明遺民替《士商要覽》作宣傳吧。

敬序於普林斯頓　1996年6月18日

20　見《和風堂文集》下冊，頁1325–26；並可參看上冊〈序〉，頁8–10。

6

原「序」

中國書寫文化的一個特色

前　言

最近收集歷年來為友人著作所寫的序文，聚在一起，竟發現數量遠出乎我的最初估計之外。孟子有一句名言：「人之患在好為人師。」那麼我是不是犯了「好為人作序」的毛病而不自知呢？但在我的記憶中，每一篇序好像都是在「義不容辭」的情況下完成的。我也讀了不少西方和日本的著作，「為人作序」的事雖偶然一見，但似乎並未形成過普遍的風氣。相反的，在中文著作中，無論是古代的還是現代的，這一現象倒是異常突出。友人向我索序和我有「義不容辭」之感，大概都不免受了一種特殊文化氛圍的感染。難道「為人作序」竟是中國文化傳統的一個特色嗎？

這個疑問在腦際浮現之後，我的好奇心被挑動了起來。我想知道：「序」在中國書寫史上究竟是如何開始的？經過了哪些演變的階段？「序」的傳統進入現代以後又發生了甚麼變化？……這一連串的問題都是我深感興趣而亟需得到解答的。然而倉卒之間我竟不知從何處下手。

因為這些問題必須通過專題研究才能找到解答的線索，而我一時卻想不起「序」的歷史是否曾經受到過現代文學史專家的青睞。不得已，我只好自己動手，匆匆進行了一次探源溯流的嘗試。下面是一個簡要的初步報告；疏失和錯誤是不可避免的，請讀者切實指教。

二○○八年二月廿八日英時記

「序」是中國古典文學中一個特殊的「文體」(genre)，至遲在蕭統編《文選》時已正式成立。如果通全部古典文學史而言，我們大致可以將「序」分為兩大系統。先說與本文無關的系統，即在遊宴、詩會、餞送、贈別等場合的即興之作，六朝以下許多著名的「序」都屬之。一言帶過不提。另一大系統則是為書籍所寫的「序」，但又可分為三類。第一類是為了說明傳世典籍的緣起及其涵義而作，如〈尚書序〉、〈毛詩序〉是也。後世為前代著作，包括詩文集等所寫的序也應劃歸這一類。總之，這都是為古人遺作而寫的。第二類是「自序」，最著名的當然是〈太史公自序〉。這一類的「序」在後代也有繼承和發展。庾信〈哀江南賦序〉說「昔桓君山 (譚) 之志士，杜元凱 (預) 之生平，並有著書，咸能自序」，即其明證。最後一類則是應並世作者之請而寫的「序」，這是本文將集中討論的主題。前兩類在「序」史上雖然也很重要，但這裏只能割愛，以避枝蔓。

《文選》李善注〈三都賦序〉，題下引臧榮緒《晉書》曰：

左思作〈三都賦〉，世人未重。皇甫謐有高名於世，思乃造而示之。謐稱善，為其賦序也。(見卷四五)

同時的作者向名家求序並得到積極回應，這是我所見到的最早記載，但其事或已始於漢末、三國之際，因為文人交遊之密和文學風氣之活躍早在建安時期 (196–220) 便已展開了。《文苑英華》宇文逌〈庾信集序〉結語云：

> 余與子山風期款密，情均縞紵，契比金蘭，欲余製序，聊命翰札，幸無愧色。(卷六九九)

作者親定詩文集而向友人索序，就我所知，這似是最早的例子，但其事已在六世紀的後期了。我們也不能據此斷定庾信和宇文逌兩人是始作俑者。在他們之前的兩三百年中同樣的事情應該已經出現過，不過由於書闕有間或因我的疏漏，目前只能追溯到北周罷了。

　　在《文苑英華》的文體分類中，「文集」的〈序〉佔了九卷，其中關於個人文集的便有五十篇之多，時代則集中在中、晚唐。細檢這些序文，有四篇可以確定是應文集作者之請而寫的，即獨孤及〈趙郡李公 (華) 中集序〉、梁肅〈補闕李君 (翰) 前集序〉、元稹〈白氏長慶集序〉和鄭亞〈會昌一品制集序〉。這裏所用「中集」、「前集」之名是唐代特有的風氣。元稹〈序〉云：「前輩多以前集、中集為名。予以為皇帝明年秋當改元，長慶訖於是，因號曰：白氏長慶集。」(引文據《元氏長慶集》卷五十一) 可知《長慶集》本來也可以稱作「前集」或「中集」。獨孤及〈李公中集序〉則說：「他日繼於此而作者，當為後集。」我們由此可以推斷唐代作者往往分期編定自己的文集，以前、中、後分別之。大概前集、中集都是生前親自編定的，因此作者可以有充分的時間找相知很深的友人寫

序；至於後集或全集，則要等到作者的後代、門人或故舊來整理編定，序文當然也是身後的事了。楊嗣復〈權德輿文集序〉說：

> 公昔自纂錄為制集五十卷，託於友人湖南觀察使楊公憑為之序，故今不在編次內。(見《唐文粹》卷九十一)

作者自編前集、中集而請序於友人在唐代已成通行的習慣，這是另一條最明確的證據。而且有些序文雖是為遺集而作，但作者生前或曾親託，或有遺命指定，也可以劃歸同類。最明顯的如，劉禹錫為柳宗元文集寫序，便是因為宗元病死前以「遺草」相託；白居易撰〈元少尹(宗簡)集序〉，不但因為元宗簡是他的朋友，而且臨終遺言：「遺文得樂天為之序，無恨矣！」

　　從上面簡略的追溯可以看到，為相知者詩文集作序，大致起源於魏、晉之際，至唐代而形成文學界的普遍風氣。由於「文集序」——包括為已故作者寫的——在唐代的數量激增，以致宋初姚鉉在《唐文粹》中不得不特標「集序」的名目，以區別於一般的「序」。現在傳世本《毘陵集》(獨孤及)和《權載之文集》(權德輿)也有「集序」一目，不知是唐代流傳下來的，還是後代改定的。無論如何，這一新名目的成立折射出唐代文學發展的一個側影。但為並世相知作序在唐代並不限於文集，論學專著也往往有之。權德輿〈張隱居莊子指要序〉和裴休〈釋宗密禪源諸詮序〉(均見《唐文粹》卷九十五)便是兩個有代表性的例子。前者是《莊子》的詮釋，後者則是禪宗源流的分疏；這兩篇序文都是應邀而寫的。這種論學性質的「序」越到後來越重要。

　　無論是「集序」或論學的「序」，基本規模在唐代已經奠定了下來，唐以後大致都繼承了這一傳統，宋代便是明證。試以呂祖謙《皇朝文鑑》與《文苑英華》作比較，可以確定為作者生前所請之序有三篇。但《文鑑》以南渡斷代，時間遠比《文苑英華》為短。為了進一步的引證，我用取樣方式，檢查了十幾部卷帙較多的名家專集：北宋是范仲淹、歐陽修、李覯、蘇軾、蘇轍、王安石、司馬光；南宋的是周必大、朱熹、楊萬里、陸游、樓鑰，共十二家。每家都有應作者之請而寫的〈序〉，少則一篇，多則三、五篇，與唐代韓愈、柳宗元、劉禹錫、權德輿諸集相較，情況相似。這一系統的〈序〉在宋代仍以詩文集為多，不過論學專著也往往有之，如劉跂〈趙（明誠）氏金石錄序〉（《文鑑》卷九十二）、楊萬里〈袁機仲（樞）通鑑本末序〉（《誠齋集》卷七十八）即其顯例。這兩部書是宋代名著，因此當時學術的新動向也在〈序〉中有所呈露。從周必大〈初寮先生前後集序〉（《文忠集》卷五十三）可知宋人仍沿唐人習慣，分期編定詩文集，求相知寫序。所以我們可以斷定，宋代在這一方面大體延續了唐代的模式，沒有任何特別令人矚目的變異。

　　但明、清兩代卻出現了新的變化。概括地說，明代〈序〉的數量激增，遠過唐、宋；清代則論學專著的〈序〉越來越重要，並且在學術思想方面發生了推波助瀾的作用。下面我只能分別作一扼要說明，詳細的討論在此既不可能也無必要。

　　劉基和宋濂是明初兩位最著名的作家，同時又是開國名臣，學士、文人向他們索序的自然不乏其人。《誠意伯文集》收入這一系統的序文十一篇，《宋學士文集》則多至二十四篇。宋濂的例子尤其值得注意。他不但常常為人作序，而且也

遍請名家為他寫序。他上沿唐、宋之習，分期編定文集，《宋
學士文集》(四部叢刊本) 中便保存了楊維楨、貝瓊、揭汯三
〈序〉；另有劉基一〈序〉，見《誠意伯文集》卷五。他在元
朝時期的詩文則收入《潛溪集》，其《後集》有歐陽玄、趙汸
兩〈序〉(《圭齋文集》卷七及《皇明文衡》卷三十八)，《前
集》則有陳眾仲〈序〉(見趙〈序〉)。歐陽玄是元代晚期最負
盛名的文宗；延祐二年 (1315) 恢復科舉，他是第一屆的進士。
宋濂〈歐陽公文集序〉說他「三任成均而兩為祭酒，六入翰林
而三拜承旨」，人人都「得公文辭以為榮」。這是實錄，毫無
誇張。所以《圭齋集》中為時人文集與專著所寫的〈序〉便不
下二十篇。由此可知宋濂《文集》所反映的正是元代後期的風
氣，不始於明。詩文何以在元代後期復盛？這是一個很大的問
題，此處無法深入考論，趙翼《廿二史劄記》有〈元季風雅相
尚〉一條 (卷三十) 可以參考，我認為與科舉重開應有相當關
係。歐陽玄〈喜門生中狀元〉詩序記泰定丁卯 (1327) 狀元及進
士到國子監謝師，「圜橋門而觀者萬計，都門以為斯文盛事，
昔未有也。」(卷三) 其盛況可見一斑。蘇天爵《國朝文類》(元
統二年，1334) 和虞集校定《皇元風雅》(至元二年，1336) 適於
此時先後問世，決不是偶然的。

　　此外我又抽樣檢視了十五世紀的程敏政、十六世紀的唐順
之和歸有光以及明、清之際的錢謙益四家專集。以前三家而
言，《篁墩文集》有十篇，《荊川文集》八篇，《震川文集》
十篇，都比唐、宋文集為多。但最使我驚異的則是錢謙益；他
的《初學集》是明代作品，其中為人請求而寫的〈序〉共四十
篇，《有學集》為入清以後之作，這一系統的〈序〉更高達

五十三篇。大概是最高紀錄了。(上列序文數字可能有遺漏，但
大致可以保證並無濫收的情況。)

　　錢謙益當然是一個特殊的例子，但也折射了十六世紀以來
的文化、社會變遷。唐順之〈答王遵巖〉說：

> 僕居閒偶想起宇宙間有一二事，人人見慣，而絕是可笑
> 者……其達官貴人與中科第人，稍有名目在世間者，死後
> 則必有一部詩文刻集，如生而飯食、死而棺槨之不可缺。
> 此事非特三代以上所無，雖漢、唐以前亦絕無此事。(《荊
> 川文集》卷六)

可見詩文集在十六世紀已發展到「爆炸」的地步。事實上，刻
詩文集尚不限於「達官貴人與科第中人」，錢謙益的〈序〉中
便包括一位「太監」(《初學集》卷三十三〈鄭聖允詩集序〉)
和兩位「閨閣」(《初學集》卷三十三〈士女黃皆令集序〉，
《有學集》卷二十〈許夫人嘯雪菴詩序〉)。由於種種歷史的變
動，「雅」文化在迅速地泛濫之中，印書市場的不斷擴大更助
長了刊刻文集的風氣。詩文集的數量激增，〈序〉的數量自然
也隨着水漲船高。明白了這一點，《初學集》和《有學集》這
一方面的突出表現便不難索解了。

　　為並世學人的專門著作寫序，是清代的新發展，所以，下
面僅略說這一最大特色，其餘一概不及。

　　清代學術以經史考證為主流，文字、音韻、訓詁等基礎學
問獲得開創性的大發展，甚至由附庸而蔚為大國。因此有清一
代論學專著層出不窮，其中不少名著往往有當時學術大師所寫
的〈序〉。以清初而言，顧炎武〈儀禮鄭注句讀序〉便是應他

的朋友張爾岐之請而作。他在〈序〉中特別對當時「空虛妙悟」的學風表示不滿，主張認真讀經：「因句讀以辨其文，因文以識其義，因其義以通制作之原。」(《亭林文集》卷二) 這正是他一貫提倡的新經學，即所謂「讀九經自考文始」。(卷四〈答李子德書〉) 另一位大師黃宗羲也為閻若璩的名著《尚書古文疏證》寫過〈序〉，不但肯定它「取材富，折衷當」，而且也接受了〈大禹謨〉「人心道心」是後世偽造的結論。閻若璩得到他的鼓勵，終身感念不忘，因此在〈南雷黃氏哀辭〉中說：「先生愛慕我，肯為我序所著書，許納我門牆。」(《潛邱劄記》卷四) 這篇〈序〉的重要性，由此可見。

　　下至乾、嘉，論學性質的〈序〉已發展到全面成熟的階段；如果把這些〈序〉合起來看，當時的學術動態便一一展現在眼前。讓我舉少數較著名的例子以示大概：在經學方面有戴震〈爾雅注疏箋補序〉(任領從)、〈古經解鉤沉序〉(余蕭古)、〈詩比義述序〉(王涵齋)，錢大昕〈經籍纂詁序〉(阮元)，阮元〈王伯申 (引之) 經義述聞序〉、〈王伯申經傳釋詞序〉、〈焦 (循) 氏雕菰樓易學序〉、〈春秋公羊通義序〉(孔廣森) 等。史學方面有盧文弨〈錢晦之 (大昭) 後漢書補表序〉，錢大昕〈廿二史劄記序〉(趙翼)、〈史記志疑序〉(梁玉繩) 等。在文字、音韻方面，段玉裁的成就最為卓越，他的《說文解字注》前面便有王念孫的〈序〉，撰於嘉慶戊辰 (1808年)。但段氏此書先後經營數十年，早在乾隆五十一年 (1786年)，盧文弨便已寫了〈說文解字讀序〉(收在書末，也見《抱經堂文集》卷三)，所序者當是初稿。至於他在音韻研究上的發明，早年有《詩經韻譜》、《群經韻譜》，錢大昕曾序其前書 (見《潛研堂文集》卷二十四)；最後他總結成《六書音韻表》(收在《說文解字注》

的附錄），他的老師戴震在乾隆丁酉 (1777年) 特別為此《表》寫了一篇極有價值的〈序〉(收在《戴東原集》卷十)，幾個月後他便逝世了。文字、音韻之學當時正處於創闢的階段，所以重要的著述或編纂之作往往有多篇序文同時出現，如謝啟昆的《小學考》，錢大昕 (《潛研堂文集》卷二十四) 和姚鼐 (《惜抱軒文集》卷四) 都曾為之作〈序〉。又如金石學也是在乾、嘉時期蔚成大觀的，清末以來金文以至甲骨的研究即繼之而起。錢大昕〈關中金石記序〉(畢沅) 與〈山左金石志序〉(阮元) 便對金石學的源流及其在「經史實學」上的價值作了提綱式的指示。

　　以上不過舉少數流傳至今的名著為例，藉以說明論學〈序〉在乾、嘉時期所發揮的特殊功能。一般而言，這一系統的〈序〉都達到了當時最高的學術水平。其中有專門學問的尖端商榷，如戴震〈六書音韻表序〉，討論古音「支」、「脂」、「之」應分為三部，這是段玉裁的新發現。也有關於整體研究方向的指示，如戴震〈古經解鉤沉序〉與錢大昕〈經籍纂詁序〉，都堅持由文字、故訓以逐步通向經典中義理的探求。若更進一步分析，乾、嘉時期的學術動向也往往可以從論學〈序〉中找到線索。下面是兩個最有代表性的事例。

　　乾、嘉學人以「漢學」為標榜，好像已定於一尊。但按之實際，內部早已開始出現分歧，經學與史學之爭即其中之一。江藩《國朝漢學師承記》卷三〈錢大昕傳〉曾記載了戴震和錢大昕兩條口語，戴震說：

　　當代學者吾以曉徵 (錢大昕的字) 為第二人。

江藩指出：這大概是因為戴「毅然以第一人自居」。錢大昕則說：

> 自惠 (棟)、戴 (震) 之學盛行於世，天下學者但治古經，略
> 涉三史，三史以下，茫然不知，得謂之通儒乎？

戴、錢並駕齊驅，一精於經，一長於史，這是當時的公論。但
通經足以明「道」，治史則僅能知「事」，這也是當時的共
識。戴震以錢大昕為第二人，而以第一人自居，似乎即出於這
一尊經卑史的成見；而錢大昕以為不治史則不得為「通儒」，
也恰好是針鋒相對的反譏。這兩條口語雖無從證實，但江藩是
與戴、錢同時代的後學，他的記載至少反映了乾、嘉學人的一
般意見。錢大昕生前曾感受到經學霸權的壓力，這是大致可以
肯定的。然而無論在《潛研堂文集》或《十駕齋養新錄》中，我
們都找不到這一經、史之爭的顯證，這豈不成為一個千古懸案了
嗎？幸運得很，嘉慶五年 (1800) 錢大昕為趙翼《廿二史劄記》寫
了一篇〈序〉，解答了這一懸案。〈序〉中主要論點如下：

> 經與史豈有二學哉！若宣尼贊修六經，而《尚書》、《春
> 秋》實為史家之權輿。漢世劉向父子校理秘文為六略……
> 初無經史之別。厥後蘭台、東觀，作者益繁，李充、荀勖
> 等創立四部，而經、史始分，然不聞陋史而榮經也。自王
> 安石……自造三經新義，驅海內而誦習之……章、蔡用
> 事……屏棄《通鑑》為元祐學術，而十七史皆束之高閣
> 矣。嗣是道學諸儒講求心性，懼門弟子之泛濫無所歸也，
> 則有呵讀史為玩物喪志者，又有謂讀史令人心粗者。此特
> 有為言之，而空疏淺薄者託以藉口。由是說經者日多，治
> 史者日少。彼之言曰：經精而史粗也，經正而史雜也。予
> 謂 ……太史公尊孔子為世家，謂載籍極博，猶考信於六

藝；班氏〈古今人表〉尊孔孟而降老、莊，皆卓然有功於
聖學。故其文與六經並傳而不媿。若元、明言經者，非勦
襲稗販，則師心妄作……奚足尚哉！

此〈序〉力主經、史不分，「《尚書》、《春秋》實為史
家之權輿」，與章學誠「六經皆史」說相去已不過一步之遙。
〈序〉又以馬、班之史「與六經並傳而不媿」，而痛斥宋以來
「陋史而榮經」的偏見，則恰好和江藩所記口語互相印證。錢
氏完全不提清代，當然是出於謹慎，避免爭端。他的文集未收
此〈序〉也許是基於同一理由。無論如何，此〈序〉的重大史
料價值在此已充分地顯現出來。

另一個例子也與江藩有關。龔自珍嘉慶二十二年 (1817) 寫
〈江子屏所著書序〉，包括《國朝漢學師承記》和《國朝經師
經義目錄》兩部書。這篇〈序〉用筆極盡曲折的能事，隱然有
不敢苟同的意味。最令人詫異的是〈序〉竟將江氏的書名改為
《國朝經學師承記》，不用原著「漢字」之稱。[1] 但此〈序〉必
須與同時附去的〈與江子屏牋〉合看，才能得其命意所在。龔
在此〈牋〉中陳述他對「漢學」名目有「十不安」，其中第九
「不安」將特別值得重視：

　　本朝別有絕特之士，涵詠白文，創獲於經，非漢非宋，亦
　　唯其是而已矣，方且為門戶之見者所擯。(下冊，頁三四七)

原來他已傾心於常州公羊學的「微言大義」，而且兩年後
(1819) 便正式師從劉逢祿，研究《公羊春秋》了。寫此〈序〉

1　見《龔自珍全集》(上海：中華書局標點本，1962)，上冊，頁193–94。

時，他才二十六歲，而江已五十有五。大概因為他是段玉裁的外孫，從小便由段親授《説文解字》，又兼文名甚著，所以江才有索〈序〉之舉。卻萬萬想不到這位「漢學」界後起之秀竟已厭棄「漢學」，改宗當時仍受冷落的公羊學派了。江藩最後並沒有接受他關於更改書名的建議，這是不難理解的，但是此一〈序〉一〈牋〉竟為「漢學」霸權的動搖提供了一條最早的證據。龔自珍是在「漢學」傳統最堅固的家庭中成長起來的，他的父親（麗正）也曾從岳父「受小學訓詁」並著有《三禮圖考》、《兩漢書質疑》、《楚詞名物考》等書。[2] 但早在嘉慶之末，這位才氣縱橫的青年便已不能安於這一傳統的思想局限，而必須另求出路了。

　　以上我僅僅將「為人作序」的歷史及其重要變化作了一番鳥瞰式的回顧。現在我要稍稍談一談這一傳統形成的心理背景。

　　〈小雅·伐木〉：「嚶其鳴矣，求其友聲。」這句詩不妨借來說明為相知寫序的心理根源。若改用《易經》的語言，求序者是「同氣相求」，寫序者則是「同聲相應」。中國古代流傳了許多很美的故事，如伯牙與鍾子期給後世留下了「知音」這個名詞，如惠施死後莊子有「吾無與言」之歎。這都表示無論在藝術上或在思想上，相知都是很難找的。桓譚對揚雄的賞音更是後世文人學士羨艷不置的美談。兩漢之際，揚雄在文學和思想上的成就冠絕一代，但卻為時人所輕忽。只有一個桓譚，說他的著作「必傳」。獨孤及為李華《文集》作序，最後說：

2　見吳昌綬〈定盦先生年譜〉，收在《龔自珍全集》，下冊，頁592。

公之病也，嘗以斯文見託，詒某書曰：「桓譚論揚雄當有身後名，華亦謂足下一桓譚也。」及於公才，宜播其述作之美，明於後人。故拜命之辱而不讓。今著其文德，冠於篇首焉。(《毘陵集》卷十三)

這裏的「桓譚」之名已成為「知己」的代字了。前面引左思向皇甫謐求序，顯然也出於同一心理。

「同聲相應，同氣相求」當然不限於三兩個「知己」之間。漢末三國之交，文士交遊形成了文學社群，成員之間不但互相欣賞，而且也互知長短，因而互相批評之事屢見不鮮。(參看《文選》卷四十二曹植〈與楊祖德書〉) 曹丕「文人相輕」的名言一直為後人所誤解，其實他講的是「各以所長，互輕所短」。既承認各有所長，則「文人相重」已在其中。他所舉建安「七子」的例子便長短並列。(《文選》卷五十二〈典論論文〉) 建安二十二年 (217)「七子」中的「徐、陳、應、劉，一時俱逝」。他悲痛之餘，「撰其遺文，都為一集」。私人為朋友遺文編集，此是最早的事例之一。(同上卷四十二〈與吳質書〉)「文人相重」在這裏具體地表現了出來，而曹丕也以實際行動證明他確是「徐、陳、應、劉」的「桓譚」。他曾為文集寫〈序〉否，已不可知，但〈序〉的心理背景未嘗不能由此窺見。《文選》任彥昇〈王文憲集序〉(卷四十六) 唐五臣之一李周翰注曰：

集者，錄其文章；序者，述集所由。

以「述集所由」四個字來界定〈序〉的性質，雖然可以接受，

但稍嫌籠統。若進一步分析，「所由」至少包括「事」和「意」兩部分。「事」指作者一生事迹以及文集編纂過程之類；這是文集的外在緣由。「意」則指作者的內心意向，即孔穎達疏〈關雎‧序〉所謂「序論作者之意」。因此為相知的文集作序，重點尤在「意」而不在「事」。庾信向宇文逌求〈序〉主要還是因為後者是他的文學知音，心意相通。趙汸為宋濂寫〈潛谿後集序〉也特別說明：「宋公以書來，俾汸序其意。」（《皇明文衡》卷三十八）即以上引任昉之〈序〉而言，他最後仍強調曾追隨王儉十二年，有「知己」之感。〈序〉中兩引王儉詩句，闡釋其涵義，可見他很能把握「作者之意」。

　　清代論學的「序」是這一系統的最高發展，上面已說過了。現在我要指出，這正是「同聲相應，同氣相求」的精神的充分體現。清代是中國學術史上一個極有光輝的時期，其流風餘韻一直延續到二十世紀。但清代特殊的學術風格的形成，從主觀方面看，是和當時學人到處「嚶鳴求友」的努力分不開的，特別是其中幾位最有影響力的開山大師。試以顧炎武為例，他「五十以後，篤志經史」，因深感「獨學無友，則孤陋而難成」，遊踪所至，必擇友而交。他有〈廣師〉一文（《文集》卷六），列舉了十位各有特長的友人，而坦承自己「不如」。其中「獨精三禮，卓然經師，吾不如張稷若」一條，便是上面提到的張爾岐，可見他為《儀禮鄭注句讀》寫〈序〉確是真心推重。（按：《文集》卷三〈給汪苕文書〉也說「其書實似可傳。」）他在〈與人書十二〉中說：

　　吾輩學術，世人多所不達；一二稍知文字者，則又自媿其不如。不達則疑，不如則忌，以故平日所作，不甚傳之人

間。然老矣，終當刪定一本，擇友人中可與者付之爾。
（《文集》卷四）

他在學術上求「知音」的決心和困難，同時和盤托出。

下至乾隆時期，情形仍然如此。戴震於乾隆十九年 (1754)
入都，得交錢大昕、紀昀、秦蕙田、王鳴盛、盧文弨、王昶、
朱筠諸人，互相印證；二十二年 (1757) 遊揚州與惠棟論學有
合。這都是「同聲相應，同氣相求」的明證。他認為論學之友
「無妨交相師而參互以求十分之見」（《戴東原集》卷九〈與姚
孝廉姬傳書〉），也和顧炎武〈廣師〉之義先後呼應。章學誠持
「文史校讎」與戴震的「經學訓詁」抗衡，但當時解人難索，
他只好向史學大家錢大昕求援。〈上錢辛楣宮詹書〉結尾說：

若夫天壤之大，豈絕知音；針芥之投，寧無暗合？(見《章
氏遺書》外集二‧卷二十九)

這更是明白地期待錢大昕為他的「知音」了。

所以清代的學人社群，也和建安的文人社群一樣，是結合
在「同氣相求，同聲相應」的共同心理基礎之上。建安文人
「各以所長，互輕所短」，清代學人則更強調「各以所短，互
重所長」。這在他們互寫的論學〈序〉中表現得十分清楚。就
前引清代諸大師文集中所收的〈序〉而言，他們的寫作態度都
十分嚴肅，一方面盡量發揮「作者之意」，另一方面卻本所知
所信，在專門學問上進行商榷，甚至不避獻疑質難。他們決不
會僅僅由於敷衍人情的關係，為沒有真實貢獻的作品寫互相標
榜的序文。顧炎武說得最懇切：

某君欲自刻其文集以求名於世，此如人之失足而墜井也。
若更為之序，豈不猶之下石乎？惟其未墜之時，猶可及
止；止之而不聽，彼且以入井為安宅也，吾已矣夫！（《文
集》卷四〈與人書二十〉）

這是「君子愛人以德」，清代諸大師幾無不如此。

總之，「同聲相應，同氣相求」的結果是作者與序者之間
達成了一種互為「知音」的精神交流，而且是既自由又平等的
交流。作者固然必須有自己的真知灼見，序者也必須言出肺
腑。顧炎武說得最好：「惟自出己意，乃敢許為知音者耳。」
（《亭林文集》卷四〉與友人書十六〉）經史考證在清初是在少
數「知音」之間展開的，但隨着時間的推移，「知音」愈來愈
多，到乾隆中期形成了一個可觀的學人社群，經史考證（或「漢
學」）終於躍居主流的地位。在這一長時期的發展中，旨趣相投
的學人為專門著作互相寫〈序〉顯然發揮了推波助瀾的作用。

以經史考證為主流的清代學術基本上是在學人社群中成長
起來的，並非朝廷提倡所致。當時所謂「漢學」從未與科舉考
試發生關係，因此治「漢學」的人主要出於對學術本身的興
趣，與漢代經生為了「利祿」而治經不可同日而語。事實上
乾、嘉「漢學」大師中多次考不上進士的大有其人，如戴震、
焦循、陳澧都是顯例。不但如此，乾、嘉學人標榜「漢學」正
是為了與「宋學」作對，而「宋學」（程、朱理學）恰恰是欽定
的「官學」，用現代的話說，即官方的意識形態。戴震甚至公
開指斥宋儒「以理殺人」，並發展了一套以訓詁為根據的新理
學，欲取程、朱而代之。梁啟超從現代的眼光一再強調清代學

人體現了「為學問而學問」的精神，確有堅強的根據。(見《清代學術概論》)

但是寫到這裏，一個疑問出現了：清代文網甚密，文字獄屢興，一直到乾隆朝都是如此。為甚麼這樣一個專制的異族政權竟能容忍學術界在「官學」之外另樹一幟呢？對於這一複雜的問題，我當然不可能在此展開討論。我只想指出一點，即作為官方意識形態的所謂「程、朱正學」，至遲在乾隆後期已虛存其名。朝廷上下雖然仍奉之為社會控制的工具，它似乎已不配稱為一套具有精神力量的信仰系統了。乾隆在皇子時代寫過幾篇有關程、朱理學的短文，大概是讀書時期的習作(收在《樂善堂全集定本》)。即位以後的幾部《御製文集》便看不出他對理學有任何真正的興趣了。中年有〈書程頤論經筵箚子後〉(《文集》二集卷十九)，則是駁斥「天下治亂繫宰相，君德成就責經筵」兩句話的。他對程、朱理學所持的態度可以推想。在上者如此，臣下自然風行草偃。據嘉慶時期北京一位書賈的回憶，二十多年來書店已不再收集程、朱一系的理學著作，因為完全沒有市場了。(昭槤《嘯亭雜錄》卷十〈書賈語〉)官方對於「漢學家」的宋學批判視若無睹，這應該是一個很重要的原因。

在這樣的情況下，經史考證終於持續了下來，並隨着新材料的不斷擴充而推陳出新。我之所以特別重視清代經史考證的傳統，不僅因為這一傳統產生了許多有價值、有影響的論學序文，而且更因為二十世紀中國的「國學」研究是直接從這一源遠流長的傳統中衍生出來的。「五四」以後所謂「整理國故」的運動便建立在清代「漢學」的基礎之上，不過在觀念和方法

上增加了一套西方參照系而已。我們只要檢查一下二十世紀上半葉有關文、史、哲方面的著作，便立即可以發現：其中貢獻最大的幾部都繼承了清代學術的傳統。正因如此，清代為專門著作寫〈序〉的遺風也由早期「國學」研究者延續了下來。這裏只用舉幾個最著名的例子便夠說明問題了。

胡適《中國哲學史大綱》上冊出版於一九一九年。這是一部劃時代的著作。在清代經史考證的基礎上建立了嶄新的研究典範。乾、嘉「漢學」一變而為現代「國學」，當以此書為其象徵。蔡元培為此書作〈序〉便將這一從「傳統」到「現代」的轉變及其意義充分地傳達了出來，不愧為學術上的「知音」。蔡〈序〉捨文言而用白話更是出於一種「護航」的苦心，所以胡適晚年也特別強調此〈序〉的「保護」的作用。

一九二三年羅振玉為王國維《觀堂集林》寫〈序〉也同樣透露了「漢學」如何轉向「國學」的消息。王國維開疆闢土，為現代「國學」的創建作出了最輝煌的功績，而羅振玉則在很長的時間內扮演着他的「護法」（"patron-saint"）的角色。他們在學術上的合作比元稹與白居易之間的文學因緣有過之而無不及。以「知音」的資格為《觀堂集林》作〈序〉，羅當然是首選。他深知王的治學過程，〈序〉中敍述了王怎樣從早年深好西方哲學到中年以後專心於經史考證。他對〈殷周制度論〉尤為心折，讚歎其「義據精深……自來說諸經大義未有如此之貫串者」。但由於文化保守的立場，他把王的成就完全歸之於「由文字聲韻以考古代之制度文物」。他似乎不知道或不願承認，王之「貫串」正是得力他早年的西學訓練。現代「國學」與傳統考證之間的一大區別即在「概念化」（conceptualization）之有無或強弱。「概念化」是達到「綱舉目張」的不二法門，

系統的知識由此而建立。王國維雖然後來完全放棄了哲學，但早年反覆閱讀康德與叔本華使他在「概念化」方面高出同輩的考證學家，似乎是很難否認的。

在現代的「國學大師」中，有「乾、嘉殿軍」之稱的陳垣是最熱心求學術「知音」寫序的一位。他的《敦煌劫餘錄》、《元西域人華化考》和《明季滇黔佛教考》三書都由陳寅恪寫〈序〉；他的《元典章校補釋例》則載有胡適的長〈序〉。一九四五年他完成了最後一部專著《通鑑胡注表微》，也曾請胡適作一篇〈後序〉，但因時局關係，此〈序〉終於胎死腹中。[3] 必須指出，這四篇〈序〉都是現代「國學」史上的重要文獻，對於「概念化」的進展各有不同的貢獻。胡適的〈序〉事實上是一篇「校勘學方法論」。他以西方為參照系，對中國校勘學的發展作了一次有系統的初步總結。站在整體觀察的高度上，他比較精確地發掘出原書的價值所在，肯定它「是中國校勘學的第一次走上科學的路」。陳寅恪的三篇〈序〉影響更大：〈劫餘錄序〉拈出「預流」的觀念以凸顯敦煌新材料的重要性，有功於中國敦煌學的倡導；〈華化考序〉分辨清代經、史兩途考證異趣，旨在闡明「今日史學之真諦」，即「分析與綜合」不容偏廢；〈佛教考序〉則強調宗教史與政治史互相關涉，大致與現代「宗教的俗世史」("the secular history of religion")相應。後來陳垣續寫《清初僧諍記》和《南宋初河北新道教考》，便刻意朝着這一方向加以發揮。

由上引諸例可知乾、嘉「漢學家」論學序文對於早期「國學家」產生了多麼深遠的影響。傳統在現代轉化的過程中，如

3　見一九四五年三月二十五日胡致陳的信，收在《陳垣往來書信集》，頁188。

果進行順適，不但不會消失而且更能展現巨大的創新力量。
「同聲相應，同氣相求」的精神傳統便提供了一個生動的實
例。這一傳統並不限於考證學家及其社群，繼承了「宋學」
遺產的現代思想家也同樣尋求「知音」之間的精神交流。
一九三一年，馬一浮序熊十力《新唯識論》便是中國現代哲學
史上一「大事因緣」。馬一浮因為作者「謬許余為知音」，寫
了一篇思精文茂的〈序〉，熊十力覆信説：

> 序文妙在寫得不諛，能實指我現在的行位，我還是察識勝
> 也。……「乾道變化，各正性命」，吾全部只是發明此
> 旨。兄拈此作骨子以序此書，再無第二人能序得。[4]

　　《新唯識論》最後衍生出「新儒家」一派，而其最初發端
則在熊、馬間的互為「知音」。這又折射出「序」之功能及其
現代流變的一個側面。

　　以上論「為人作序」以二十世紀上半葉為斷代。這是因為
從下半葉始，政治生態與文化生態頓時改弦易轍，「國學」、
「宋學」同歸消歇；「皮之不存，毛將焉附」，「為人作序」
自然也不能不隨之告一段落。陳寅恪的最後一篇序文——〈楊
樹達論語疏證序〉——寫於一九四八年十月七日，在他即將
告別清華大學的前夕，以後便不再「為人作序」了。早在
一九四二年他還為楊樹達《積微居小學金石論叢續稿》寫過一
篇〈序〉，但由於楊書出版遲了十年，陳〈序〉所遭遇的便是
另一種命運了。一九五二年五月二日，楊樹達在日記中説：

4　見《馬一浮集》(杭州：浙江古籍出版社，1996)，第二冊，頁29。

編譯局來書言：《積微居金文說》序文經研究後，陳寅恪序立場觀點有問題，于思泊 (按：省吾) 序無刊登之必要，自序可保留云。[5]

如果從皇甫謐 (215–282) 序左思〈三都賦〉算起，為並世相知的著作寫序，至二十世紀中葉，已足足在中國延續了一千七百年。前面已說過，〈序〉的心理起源於「同聲相應，同氣相求」，它體現了中國知識人追求彼此之間在心靈上的自由交流。這一追求是中國文學、思想、學術得以不斷推陳出新的精神根據，即使在異族統治的時代 (如元、清) 也未嘗中斷。所以我特別追溯了這一千七百年〈序〉的流變，供讀者賞音。

2008年2月18日序於普林斯頓

5　《積微翁回憶錄》(上海：上海古籍出版社，1986)，頁345。

7

古代思想脈絡中的醫學觀念

李建民《生命史學》代序

　　李建民先生將他多年來所寫的醫學史論文收入這部專集之中，希望我寫一篇序。我對於中國傳統醫學完全外行，絕對沒有發言的資格。但他在〈自序〉中引了我的一句話：「中國文化是一個源遠流長的獨特傳統，終於會成為史學研究的基本預設之一。」他並且進一步指出，這句話「放在中國醫學史的脈絡無疑是完全成立的」。李先生肯從他的專門研究的領域印可我的構想，對我自然是一個很大的激勵。所以我現在想稍稍申論一下這句話的涵義，以答他的雅意。

　　從二十世紀初起，西方的醫學便開始逐步取代了中國傳統的醫學，今天幾乎已達到了完全的境地。這是西方科學，從基本原理到技術應用，全面宰制了現代人生活的一個必然的變動，不僅醫學為然，也不僅中國為然。換句話說，西方文化中所發展出來的關於自然界──包括人的身體──的系統知識已迫使所有非西方文化中人非普遍接受不可。原因很簡單：這一套一套的知識系統在實際應用 (科技) 中展現了空前的威力，給現代人的生活帶來日新月異的無數便利。今天我們已經無法想像，離開了科技 (包括高科技)，社會如何能繼續運轉，個人又如何能生活下去。從這一角度說，西方的自然科學基本上已

統一了世界，因為它成功地突破了一切國家、民族或文化的界線。在西方科學向世界傳佈的過程中，醫學則扮演着先驅的角色；基督教傳教往往挾醫術以俱往，例如中國最先接觸到西方醫學便是明清之際耶穌會教士帶來的。

十九世紀是西方醫學突飛猛進的時代，其治療效應更是有目共睹，因此迅速取得了全世界的普遍承認。相形之下，東亞的傳統藥學不免為之黯然失色；日本首先全面而系統地引進了西方現代的醫療體制，中國自然也不能置身於這一新潮流之外。關於近代西醫取代中醫，陳寅恪先生有一段生動的自述，最能說明這一轉變的關鍵所在。他在〈吾家先世中醫之學〉一節中說：

> 先曾祖以醫術知名於鄉村間，先祖先君遂亦通醫學，為人療病。寅恪少時亦嘗瀏覽吾國醫學古籍，知中醫之理論方藥，頗有外域傳入者。然不信中醫，以為中醫有見效之藥，無可通之理。若格於時代及地區，不得已而用之，則可。若矜詡以為國粹，駕於外國醫學之上，則昧於吾國醫學之歷史，殆可謂數典忘祖歟？……小戴記曲禮曰：「醫不三世，不服其藥。」先曾祖至先君，實為三世。然則寅恪不敢以中醫治人病，豈不異哉？孟子曰：「君子之澤，五世而斬。」長女流求，雖業醫，但所學者為西醫，是孟子之言信矣。[1]

陳先生終身以維護中國文化的基本價值為己任，又生長在中醫世家，他毅然捨中醫而取西醫，自是經過慎重的考慮，絕無半點浮慕西方文化的心理在內。醫療是關係着生死的大事，「中

1　見〈寒柳堂記夢未定稿〉，收在《寒柳堂集》。

醫有見效之藥，無可通之理」，除非萬不得已，誰肯將自己的生命孤注一擲？相反的，西醫「見效之藥」的背後則有昭然確然的「可通之理」。其生理學與病理學都是經過不斷實驗而長期發展出來的系統知識；而這些系統知識又是和現代生物學、化學、物理學等等基本科學分不開的。西醫當然也不能治療一切病症，但在它研究所及的範圍之內，其可靠性和確定性是很高的。今天中國人無論住在甚麼地區，治病首先必找受過現代嚴格訓練的專科醫生，祇有在西醫已束手的情況下才偶而乞援於中醫。這是中國人的一種實際而理智的態度。這一基本情況在短期內似乎不易改變，除非中醫也能建立成一套現代知識系統，並且在治療效應方面足以與西醫互爭雄長。

但在西醫取代中醫的過程中，中醫的性質問題曾一度引起激烈的爭論，即上世紀三十年代的所謂「中西醫之爭」。當時站在現代 (西方) 科學的立場上主張盡廢中醫的主將是傅斯年先生，若干有代表性的文件現在還保存在他的文集中。[2] 他的態度十分堅決，竟說：「我是寧死不請教中醫的，因為我覺得若不如此便對不住我所受的教育。」[3] 同時和他採取完全一致的立場的還有丁文江先生，丁先生也說：「科學家不得自毀其信仰的節操，寧死也不吃中藥不看中醫。」[4] 這一態度顯然已超出「科學」的限度，而是將「科學」轉化為一種宗教意義上的絕對「信仰」了。(這種「信仰」今天稱之為「科學主義」，"scientism") 這是他們兩人和陳寅恪先生之間的微妙不同

2　見《傅斯年全集》，聯經，1980年，第六冊，頁303–39。

3　同2，頁307。

4　見陳伯莊，〈紀念丁在君先生〉，收在他的《卅年存稿》(香港，1959) 自印本，頁丙6。

之處，細心的讀者是不難察見的。從思想史的角度看，傅先生一九三四年向中醫公開發難其實即是繼續十一年前 (1923年) 丁先生以「科學」打倒「玄學」的大運動，不過將範圍限制在醫學的領域之內而已。所以傅先生攻擊中醫的火力也集中在他所謂「陰陽」、「五行」、「六氣」等等「玄談」[5] 上面。很顯然的，丁、傅兩先生不但不承認中國傳統醫學具有科學的身份，而且也接受了清末以來久已流行的觀念：科學是西方所獨有而為中國所無的一門學問。這兩點基本看法今天似乎仍為多數人所深信不疑。

　　我自然沒有資格討論這兩個重大的論斷。但是從史學的觀點出發，我不能不發出一些疑問。舉例來說，如果「科學」在中國文化傳統中根本沒有出現過，那麼「中國科學史」這一研究領域豈不是完全失去了存在的根據？如果中國祇有從經驗中偶然獲得的一些治病藥方，而病理則全是不知所云的「玄談」，那麼「中國醫學史」的研究又將如何着手？關於第一個問題，一九七五年我在香港和李約瑟 (Joseph Needham) 先生曾有過一次交談。我徵詢他關於馮友蘭〈中國為甚麼沒有科學？〉一文的意見，他直截了當地說：馮的問題根本提錯了，中國不是沒有科學，而是沒有現代科學 (modern science)。他所謂「現代科學」，指的是十六、十七世紀科學革命以後的科學成就。他的基本見解是中西文化傳統都循同一道路發展了「科學」，但最後則將匯歸於「現代科學」之中，好像「百川朝宗於海」一樣。這可以稱之為「同途同歸」說。但他並不武斷，承認席文 (Nathan Sivin) 先生所提出的另一可能，即中西各從不

5　同2，頁313。

同的途徑發展出大致相同的科學。[6]這可以稱之為「殊途同歸」
說。這兩說其實並不必然互相排斥，不過是觀察的角度不同而
已，但這裏不需深究了。

　　最近幾十年來中國科學史的研究成績，包括東方和西方在
內，已確切證實中國文化同樣發展了科學和技術的傳統。李約
瑟「中國有科學而沒有現代科學」的論斷是不易動搖的。接受
了這個基本論斷，中國傳統醫學的科學身份便不成其為問題
了。事實上，在中國本土的科學之中，醫學是最為源遠流長的
一門獨立的學術，唐、宋科舉考試中且設有醫學專科。除此之
外，數學和天文學也同樣是起源甚古而持續發展未斷。所以近
代西方科學分類傳入中國之後，這三門專業雖沿用舊名而內涵
與範圍相去不遠，其餘如「物理」、「化學」、「生物」等則
祇能算是新造的名稱了。正由於源遠流長，中國傳統醫學似乎
更能印證席文先生的「殊途同歸」說；而其中「殊途」的方面
則是我所謂「中國文化獨特傳統」的一個重要構成部分。這個
道理很淺顯，因為今天科學史家大致都承認：科學，無論是近
代的或前近代的，都不是孤立的存在，它不但從一個文化整體
中孕育出來，而且也隨着這一文化整體的變動而發展、而成
長。中國古代 (戰國至秦、漢) 醫學史和同時代的文化與思想之
間的密切聯繫便提供了一個很典型的例證。

　　中國古代醫學和與醫學相關的理論及觀念最近已成為一大
顯學，不但中國科學史家紛紛論述，而日本、歐洲、美國的專
家也發表了數量很大的論文和專書。這當然是因為自上世紀
七十年代以來，大陸考古發掘出許多有關醫學的簡牘與帛書 (如
睡虎地、馬王堆、張家山、武威等地的發現)，古代醫學文獻

6　見 *Science and Civilization in China*, Vol. V: 2; 1974, pp. xxvii–xxix。

忽然豐富了起來。在新材料的啟示之下，傳世已久的古醫書如《黃帝內經素問》在醫學史上的地位與價值也重新受到檢討。[7]在這一領域中，李建民先生的《死生之域：周秦漢脈學之源流》(2000) 已作出了重要的貢獻，為國際學界所普遍重視，用不着我這個行外人來介紹了。

我已鄭重聲明，對於傳統醫學本身，我不配說任何話，因為我沒有專業訓練。但是由於四十多年前曾經研究過漢代的生死觀，我對於考古發現的新資料卻是相當注意的，特別是馬王堆簡帛中關於《養生方》、《導引圖》、《卻穀食氣》等篇。[8]因此我也一直留心有關古代醫學傳統的新論述，不過止於「觀其大略」和「不求甚解」的境地而已。從一般史學的觀點說，我的印象是戰國秦漢之際，中國人關於人體內部構造的認識確有一步一步深入的趨勢，經脈的運行尤其是醫家最為關注的重點。五十年前讀《漢書‧王莽傳中》，使我相信漢代醫家也許曾有過解剖屍體以探索經脈的嘗試。原文如下：

> 翟義黨王孫慶捕得，莽使太醫、尚方與巧屠共刳剝之，量度五藏，以竹筳導脈，知所終始，云可以治病。(天鳳三年條，公元十六年)

班固特筆記此事，主要是為了彰王莽之惡，描寫他殘忍，活生生地解剖了一位「復漢」的志士，但卻無意中保存了醫學史上一個千真萬確的事實。顏師古註此條說：

---

7 例如 Paul U. Unschuld, *Huang Di Nei Jing Su Wen: Nature, Knowledge Imagery in an Ancient Chinese Medical Text* (University of California Press, 2003)。

8 參看我的《十字路口的中國史學》，李彤譯 (上海：上海古籍出版社，2004)，頁27。

以知血脈之原，則盡攻療之道也。

這應該是正確的理解。中國史上解剖活人也許這是第一次，所以官方才有詳細的記錄。參加解剖的有三類人，也值得注意。「太醫」與「尚方」同是秦漢「少府」的屬官 (王莽時「少府」改稱「共工」)，見《漢書·百官公卿表上》；「少府」又有「胞(庖)人」，主掌「宰割」，則「巧屠」也必屬「少府」無疑。換句話說，這個試驗是由專為皇帝內廷服務的機構——「少府」或「共工」——一手包辦的。「太醫」和「巧屠」的功能可以顧名思義，不待解說。「尚方」的職掌則有異說，顏師古註〈公卿表〉，說是「主作禁器物」，其中包括刀劍等利器，又註〈朱雲傳〉「尚方斬馬劍」一語也說「作供御器物，故有斬馬劍，劍利可以斬馬也。」(《漢書》卷六七) 此解在這裏完全適用，即解剖的利器由「尚方」提供。但顏註《漢書·郊祀志上》「欒大……為膠東王尚方」句卻說「尚方」為「主方藥」。這大概是因為欒大是「方士」而別生一解，未必可信。漢代王國官制是中央官制的具體而微，不應同為「尚方」，在王國卻變成了「主方藥」的機構。如果「尚方」兼有「主方藥」的功能，當然更有理由參與活人解剖之事。不過此解別無他證，而「作器物」之解則王先謙《漢書補注》曾舉多例以證成之，因此對「主方藥」之說祇能存疑。我傾向於相信解剖活人的建議發自「太醫」，而得到了王莽的同意，如所測不誤，則可進一步推想漢代醫師以前或已有解剖屍體的試驗，否則恐不能一步便跳到活人解剖的階段。公元前第四、第三世紀之際希臘名醫赫羅費拉斯 (Herophilus) 曾在亞歷山大城

(Alexandria,在埃及) 大規模進行屍體解剖，然後又得到國王的特許，對天牢中的死囚進行活人解剖 (human vivi-section)，一時蔚成風氣。但在此之前屍體解剖在希臘本土是有禁令的，而且埃及也可能先有之。至於活人解剖則似為赫羅費拉斯的空前絕後之舉，故後人特著其事，與〈王莽傳〉所記先後如出一轍。[9]

上引〈王莽傳〉的記述，現代中外相關研究中或已早有討論，但我無暇遍檢文獻，因此不避「孤陋寡聞」之譏，把我自己的看法寫出來。我引此事並不是為了好奇，而是要說明：漢代醫學家確實一直在認真地追求關於人體內部構造的知識。他們當時並非毫無根據地把陰陽五行六氣之類觀念和人身的經脈加以比附，如傅斯年先生所指責的。〈王莽傳〉的實例至少使我們知道，他們研究經脈也曾經過了「實證」的程序。

提到陰陽五行的觀念，我們立刻便可以看出：戰國秦漢時期的一般思想 (或哲學) 是和醫學思想配套的。李約瑟說中國人對於自然的思維基本上是一種「有機種」(organism) 式的形態，即將宇宙萬物 (包括人在內) 看成一大生命的整體，其中部分與整體之間以及部分與部分之間都構成一種有生機的關聯。很明顯的，他認為中國與古希臘的自然觀大致屬於同一類型。英國現代哲學名家如懷德海 (A. N. Whitehead) 和柯林武德 (R. G. Collingwood) 論西方自然觀念的變遷，都不約而同地斷定古代希臘以整個自然比擬於個人的生命，是一有意識的生命整體 (imtelligent organism)。李約瑟有此比較文化史的背景，所以能識其大，一下子便抓住了中國科學觀的基本形態。正由於形態相近，古希臘醫學也未嘗不可與中國傳統醫學互相印

9　關於希臘情形，見 Jacques Brunschwig & Geoffrey E. R. Lloyd 合編，*Greek Thought: A Guide to Classical Knowledge* (Harvard University Press, 2000), pp. 237, 416, 422–423。

證。前面已提到，傅斯年先生特別攻擊「五行」(金、木、水、火、土) 和「六氣」(風、熱、暑、濕、燥、寒) 的「玄談」。但古希臘醫學思想中也有「地、水、火、風」的「四行」説，與「熱、寒、燥、濕」的「四氣」説相配。[10] 這種驚人的相似性恐怕不能不追溯到雙方同持宇宙萬物為一生命整體的基本預設。關於古代希臘與古代中國在科學和醫學方面的比較研究，近幾年正在方興未艾，就我所知已有 Geoffrey E. R. Lloyd, *Adversaries and Authorities: Investigations into Ancient Greek and Chinese Science*; Geoffrey E. R. Lloyd and Nathan Sivin, *The Way and the Word: Science and Medicine in Early China and Greece*; Steven Shankman and Stephen Durrant, eds., *Early China/Ancient Greece: Thinking Through Comparisons* 等書。[11] 但我都沒有時間閱讀，祇有請有興趣的讀者自行探索，我不能在這裏繼續表演「無知妄作」了。

　　最後，為了進一步説明戰國、秦、漢間一般思想與科學 (包括醫學) 觀念之間存在着一種互動的關係，我想提出一個大膽的推測以求教於李建民先生和其他科學史家。儘管古代中國與希臘在宇觀方面有大致相同的預設，但論及文化系統的整體則仍然各具獨特的面相。這是因為文化的成分及其組合方式太過複雜，非一二大端可盡。下面我將以「天人合一」的觀念為例，稍示中國古代文化之所以自成其獨特系統，也許和科學的進展

10　見 Werner Jaeger, *Paideiu: The Ideals of Greek Culture*, vol. 3 (New York: Oxford University Press, 1944), pp. 16–17。

11　Geoffrey E. R. Lloyd, *Adversaries and Authorities: Investigations into Ancient Greek and Chinese Science* (Cambridge University Press, 1996); Geoffrey E. R. Lloyd and Nathan Sivin, *The Way and the Word: Science and Medicine in Early China and Greece* (Yale University Press, 2002); Steven Shankman and Stephen Durrant, eds., *Early China/Ancient Greece: Thinking Through Comparisons* (State University of New York Press, 2002).

有某種程度的關聯。

　　專門研究西方哲學的金岳霖先生一九四三年忽然興發，寫了一篇英文短論，以西方哲學為比較的根據，試着勾勒出中國哲學的特徵。這篇文字最初祇有少數油印本流行於友生之間，但在一九八零年他終於將它發表了出來。[12] 他首先指出，在西方哲學的對照之下，中國哲學的一個最大特徵便是「天人合一」(the unity of nature and man)。為了避免誤解，他還進一步說明：「天」之一詞有時指「自然」(nature)，有時指「自然界的上帝」(nature's God)，但無論取自然義或宗教義，「天」與「人」合而為一都是中國哲學或思想所追求的最高境界。[13]

　　以上特引金岳霖之説是因為他的專業是西方哲學，更能凸顯「天人合一」的中國特色。「天人合一」這個論旨自漢代以來爭議不休，近二十年的新論述更是汗牛充棟，這裏完全不能涉及。下面我祇能從歷史發展的角度概括一下「天人合一」觀在古代的變遷。據我所見，「天人合一」説大致經過了三個階段的發展：第一個階段始自西周，迄於春秋戰國之際。這一階段的「天」與「人」分別指「天命」與「人心」。王 (或「天子」) 受「命」於「天」而建立政權，但必須時時體察下民所欲，才能常保「天命」而不失。但在此階段中，祇有「天子」或王才能代表全民直接與「天」交通，如《尚書·皋陶謨》所謂「天聰明，自我民聰明。天明畏，自我民明威。達于上下，敬哉有土。」孟子引〈泰誓〉：「天視自我民視，天聽自我民聽。」也表達了同一觀念。這裏最值得注意的是：「達于上

12　見 Yueh-lin Chin, "Chinese Philosophy," in *Social Sciences in China*, Vol. 1, No. 1, March 1980, pp. 83–93。

13　前引文頁87–89。

(天)下(民)」的特權為「天子」或王所獨有。曾運乾先生把這
些話看作是：「皆言天人合一之理，明天命本於人心」[14]，大致
是可以接受的。「天命」的意識或已出現在殷商，但當時不稱
「天」而稱「帝」而已。從卜辭看，「王」與「帝」的交通是
非常頻繁的。無論如何，這一宗教—政治性的「天人合一」觀
代表了第一階段的主要形態。

第二階段是「天人合一」的突破時代。所謂「突破」，指
「天」(或「天命」)不再為王權所完全壟斷，個別的思想家或
哲學家也開始和「天」發生直接的關係了。這是春秋戰國諸子
學興起的時代。「天」「人」關係的個人化在《論語》中有很
清楚的表述，如「知我者其天乎？」、「五十而知天命」等語
都表示孔子自己和「天」之間有單獨交通的途徑。這裏的「天
命」顯然已不是王權受「命」於「天」的舊義，而是「天」給
孔子個人規定的「命」，也許就是「天生德於予」的意思。但
個人究竟如何與「天」交通，又如何能與「天」合而為一？這
些問題要等到孟子、莊子的時代才有比較具體的解答。古代王
與「天」(或「帝」、「神」)之間溝通主要是靠「巫」的特殊
能力作媒介，古代所謂「禮樂」之中也明顯地有「巫術」的成
分。戰國時代的思想家們則克服了「巫」的勢力，用「心」與
「氣」的觀念取而代之。孟子講「盡心、知性、知天」，又養
心中「浩然之氣」；莊子則説「氣也者，虛而待物者也。唯道
集虛；虛者，心齋也。」可見孟、莊兩家的思想儘管不同，在
與「天」(或「道」)溝通方面的方法是相同的。不但如此，他
們最後所達到的「天人合一」的精神境界也十分相似。所以
孟子説「君子……上下與天地同流。」而莊子也被他的後學

14 《尚書正讀》(北京，中華書局，1964)，頁35。

恭維作「獨與天地精神往來」；「天地精神」即是莊子所謂
「道」。這是第二階段「天人合一」的一種特殊表現。但「天
人合一」是第二階段思想的一個基本預設，在這一預設之下，
諸子百家則各自發展出不同的思想體系和特持的中心觀念，如
儒家的「仁」、墨家的「兼愛」、道家的「自然」之類。讓我
舉一個具體的例證：孟子說「萬物皆備於我」（〈盡心上〉）；
惠施說：「氾愛萬物，天地一體」（《莊子‧天下》）；莊子則
說：「天地與我並生，而萬物與我為一」（〈齊物論〉）。這三
個人恰好分別代表了儒、墨、道三派的觀點。(惠施的「氾愛」
即是「兼愛」。) 他們的學說截然不同，上引三家文字也旨趣各
別。但撇開思想內容不論，這三句話都傳達了一個共識，即人
與「天地」「萬物」是「一體」的，不過三家之說在程度上略
有輕重之異而已。事實上，「人與天地萬物為一體」即是第二
階段「天人合一」的另一重要表現。限於篇幅，第二階段的檢
討便到此為止。[15]

　　最後，第三階段是「天人合一」的預設發揮其最高最大
的效用的時代，上起戰國晚期，下迄秦與兩漢。在這一階段
中，陰陽五行說全面滲透在先秦以來一切學派之中，《呂氏春
秋》、《禮記‧月令》、《淮南子》、《春秋繁露》以至東漢
的《白虎通義》都提供了大量的證據。從某一意義說，第三階
段也可以看作是「人與天地萬物為一體」的進一步發展。這是
我不得不先將第一、第二階段「天人合一」的預設作一交代的
主要原因，所謂「進一步發展」即指「天地萬物一體」的全面

---

15 以上兩階段的討論不過是一簡單的網領，稍詳的解釋見我的"Between
the Heavenly and the Human," in Tu Wei-ming and Mary Evelyn Tucker, eds.,
Confucian Spirituality (New York: The Crossroad Publishing Company, 2003), pp.
62–80。

陰陽五行化。正因如此，「天人合一」才從隱蔽的預設變成了宇宙論的公開命題。《春秋繁露·陰陽義》說：

> 天亦有喜怒之氣、哀樂之心，與人相副。以類合之，天人一也。

我沒有時間細考文獻，但我的印象中這最後八個字也許是「天人合一」的觀念字面化的最早之一例。陰陽五行宇宙觀下的「天人感應」說 (即董仲舒對策中所謂「天人相與」，見《漢書》本傳) 是大家都耳熟能詳的。極概括地說，這一宇宙觀是將天地萬物看作一大生命整體，其中每一部分都與其他部分以及宇宙整體之間無不息息相關。因此所謂「感應」真是舖天蓋地無所不在。但由於春秋以來早已有「天道遠，人道邇」(子產語，見《左傳》昭十八年) 的傾向，陰陽五行家仍然以「人道」(人間秩序) 和「天道」(宇宙秩序) 之間如何互相感應為關注的重點，所以他們不但將人所建立的制度 (如官制) 及其運作都納入陰陽五行的系統之中，而且斷定一切人事活動都必然會引起「天道」方面或正或反的感應。這一點在兩漢的奏議中俯拾即是，不待舉證。司馬談論六家要旨 (《史記·太史公自序》)，最後總結云：「夫陰陽、儒、墨、名、法、道德，此務為治者也。」這是一針見血的論斷。

正是在這一關聯上，我想提出前面所說的「大膽的推測」。在《淮南子·精神訓》、《春秋繁露·人副天數》、《白虎通義·性情》諸篇中，我們讀到大量的關於人體內部結構及其功能與天體、地形的結構及其運行方式的比附。這當然是為了給「天人合一」建立實質的根據。《春秋繁露·人副天數》似乎認定「天」、「地」是照自己的樣子來「生」出

「人」的，即所謂「人副天數」的論證中卻往往對人體的內部結構及其功能描寫得更為詳細，如五臟 (肝、心、肺、腎、脾) 和六腑 (大腸、小腸、胃、膀胱、三焦、膽) 無不反覆敷陳。這裏引起了一個問題：他們究竟用「人」體來比擬「天」體呢？還是用「天」體來比擬「人」體呢？三國時代楊泉在《物理論》中說：

> 天者擬之人，故自臍以下，人之陰也。[16]

這是一個打破後壁的觀察，陰陽五行家其實是將整個宇宙比作人的身體，所以這個宇宙論的基本模式 (model) 或根本比喻 (root metaphor) 是人體構造。《春秋繁露》的「人副天數」恰好說顛倒了，正確的表述應該是「天副人數」。不但「天者擬之人」，「地」亦如此。蘇輿注〈人副天數〉中「形體骨肉，偶地之厚」數語，引《太平御覽》所收《公孫尼子》佚文云：

> 形體有骨肉，當地之厚也。有九竅脈理，當川谷也。血氣者，風雨也。[17]

這幾句佚文不知是否出自《漢書・藝文志》所錄「《公孫尼子》二十八篇。七十子之弟子」。察其所言，似不能早於戰國末期，或竟是秦、漢之際的文字。所謂「九竅脈理當川谷」，其實也是從「人」的「脈」推想到「川」是「地」的「脈」。「地脈」的觀念在秦代已普遍流行，蒙恬無過賜死前

---

16 引自蘇輿，《春秋繁露義證》(北京：中華書局，1992)，頁356。
17 同上，頁355。

慨歎自己築長城萬餘里，「其中不能無絕地脈」，也許因此「獲罪於天」。(見《史記》本傳) 由此可見第三階段「天人合一」的新形態主要是以「天」與「地」都「擬之人」，終於將第二階段「人與天地萬物為一體」的宇宙論命題推到了它的邏輯的盡頭處。

這一推擬主要是在當時關於自然界的知識範圍內展開的。「天文」(包括 "astronomy" 和 "astrology")，「地形」固然重要，但更重要的則是關於人體內部結構及其功能的知識，因為如前所說，「人體」在全部論證過程中發揮着「根本比喻」的作用。如果我這個外行人的妄測不是百分之百的胡說 (non-sense)，那麼陰陽五行說不僅代表了這一階段思想的主流，而且還為自然知識，尤其是醫學的發展提供了理論的基礎。總括地說：一方面陰陽五行說援引自然知識為立論的依據，另一方面自然知識也在陰陽五行說的指引下逐步成長。前面提到一般思想與科學之間的互動關係，在這裏似乎得到了比較具體的印證。

最後我必須鄭重聲明：我既不是為傳統醫學的理論與實踐作辯護，更不是為陰陽五行說扶輪。陰陽五行說今天在知識界大概已不容易找到支持者了。但是從歷史的角度出發，我覺得還是應該把它和中國本土科學之間的一段歷史因緣指出來。至於它早已成為一個過了時的錯誤學說，甚至可能曾嚴重阻礙了本土科學的進步，則是一個完全不同的問題，這裏用不着討論。

中國文化自成一獨特的系統；這一系統下的科學，尤其是醫學，也自闢蹊徑。以上千言萬語都祇是為了說清楚這一個簡單的意思。

2005年3月15日於普林斯頓

8

環繞着「李約瑟問題」的反思

陳方正《繼承與叛逆：現代科學為何出現於西方》序

　　我的老朋友陳方正兄費了多年工夫，終於完成了這部巨著：《繼承與叛逆——現代科學為何出現於西方》。早在撰寫期間方正便已約我為此書寫序。雖然我是一個十足的科學門外漢 (ignoramus)，當時卻一諾無辭，大膽地接受了這任務。這不僅僅因為我們之間存在着半個世紀的友誼，更因為本書的主旨涉及了我所關懷的中西文化異同問題。

　　我最初打算就本書的主題做點獨立研究，如稍有所得，則可以和方正的基本論點互相印證。這是我為友人學術著作寫序的習慣，雖然比較費力，卻也頗有切磋之樂。但不巧得很，現在開始寫序恰值病後，我的精力尚未恢復到可以發篋攤書、左右採獲的狀態，因此原有想法不得不加修正。在這篇序文中，我希望能陳述兩點，以為本書讀者之助。第一，闡釋本書的性質及其特殊的重要性；第二，本於孟子「讀其書不可不知其人」的原則，對本書作者作簡要的介紹。

　　首先，我必須鄭重指出，這是一部出色當行的西方科學與科學思想的發展史。作者從四五百種古今文獻中鉤玄提要，建構出一部簡明流暢的歷史敍事，真正達到了深入淺出、舉重若輕的境界。但本書的成就和價值則遠不止於此。這是因為作者

的動機不僅僅在於整理出一部西方科學史，而是以此為階梯，去探索一個更重大的歷史和文化問題，即是本書副題：「現代科學為何出現於西方？」但要澄清這一問題，科學史本身是無能為力的，至少是不足夠的；研討的範圍必須從科學史推廣到西方思想史與文化史的整體。我相信細心的讀者不難發現：本書在科學史敍事的後面不但襯托着一層西方哲學史，而且還隱現着一套西方文化史。

但本書的深度尚不盡於此。「現代科學為何出現於西方？」的問題其實是對於另一重大問題的答覆：「現代科學為何沒有出現於中國？」正如本書「導言」中所顯示，這兩個問題其實是「李約瑟問題」(the Needham question) 的一體之兩面：「何以現代科學出現於西方而非中國」。很顯然，作者筆下寫的是西方科學史，心中關懷的卻是科學與中國文化之間的關係；全書的設計和論辯方式也有意無意地針對着「李約瑟問題」而發。在「導言」與「總結」兩章中，我們清楚地看到，作者對於李約瑟的《中國科學技術史》(Science and Civilization in China) 以及其他相關論著，不但有深入的理解，而且評論得非常中肯。

現在讓我以簡化的方式說一說本書作者與李約瑟的分歧所在，然後再表示一點我自己的看法。問題當然要從李約瑟開始。李約瑟至遲在一九四三年訪華時便已堅信：中國的「科學與技術」在十六世紀以前一直是領先西方的，但此後科學在西方突飛猛進，在中國反而停滯不前了。因此他拒絕接受早期中國學人的看法，即科學是西方文化的產物。一九七五年，我和他在香港中文大學有過一次對談，至今記憶猶新。我提到馮友蘭早年那篇〈中國為何沒有科學？〉的英文文章，他立即說：

「馮的問題根本便提錯了。中國缺少的不是科學，而是現代科學。」李約瑟以畢生精力，先後糾合了多位專家，終於完成《中國科學技術史》的編寫。這當然是二十世紀學術史上的不朽盛業。這部七大卷二十多分冊的鉅製將中國史上科技發明的輝煌紀錄和盤托出，證實了他關於「中國有科學」的論斷。

但是，李約瑟雖然為我們提供了無數有關中國科學史的基本事實，卻仍然未能對自己的問題給予令人滿意的答案：「為何中國在科技發展上長期領先西方，而現代科學竟出現於西方而不是中國？」他在全書最後一冊以及其他相關論著中曾試圖作出種種解答，然而往往語焉不詳，以至他的傳記作者也不甚信服其說，而評之為「見樹不見林」[1]。這裏讓我順便提一下席文 (Nathan Sivin) 教授的看法。他最近評論李約瑟《中國科學技術史》的《總結》，即第七卷第二分冊，曾對「李約瑟問題」表示過下列意見：關於歷史上未曾發生的問題，我們恐怕很難找出其原因來，因此我們與其追究「現代科學為何未出現在中國」，不如去研究「現代科學為何出現在西方」[2]。如果我的理解不錯，那麼本書作者與席文的看法可以說是不謀而合的。前面指出本書的最大貢獻便在於交代了「現代科學為何出現於西方」這一根本問題，而且交代得原原本本，系統分明。可見本書恰恰符合了席文的最高期待。

為甚麼本書作者在這一基本問題上與李約瑟有分歧，與席文卻不謀而合呢？我認為關鍵便在於彼此對「現代科學」的概念有不同理解。早在一九七四年，李約瑟便告訴我們：他把

1　Simon Winchester, *The Man Who Loved China* (New York: HarperCollins, 2008), p. 260.

2　*China Review International*, Vol. 12, No. 2 (Fall 2005), p. 300.

「現代科學」看做大海，一切民族和文化在古代和中古所發展出來的「科學」則像眾多河流，最後都歸宿於此大海，並且引用了「百川朝宗於海」這一生動成語來比喻此現象。很顯然，他將「科學」從文化的整體脈絡中抽離了出來，作為一種特殊的事象來處理。不但如此，他基本上認為中國和西方的科學傳統走的是同一條路 (the same path)，今天已匯聚在「現代科學」之中。另一方面，他也指出，席文的見解和他不同，判定中、西「科學」各自「分途」(separate paths) 進行。儘管如此，李約瑟還是相信，中國科學的「殊途」並不妨礙將來「同歸」於「現代科學」。可知他心中的「現代科學」是普世性的，與民族或文化的獨特背景沒有很大關係。

本書作者則不但同樣相信不同文化中的「科學」各自分途發展，而且還更進一步認為科學研究的傳統無不托根於其獨特的文化整體之中，因此絕不可能脫離其文化母體而被充分認識。西方科學尤其如此，因為如作者所云，它恰恰是「西方文明大傳統最核心的部分」。根據這一基本認識，作者將西方科學傳統的特徵概括成以下兩項：第一，它和「整個西方文明是同步發展，密切結合，無從分割的」。第二，它雖然可以被清楚劃分為三個歷史階段，但從古希臘開始，通過中古歐洲吸收伊斯蘭科學，到十六世紀以下的現代科學，作為一整套學術體系，它仍然是一脈相承、推陳出新而發展出來的。這兩點概括都建立在堅強的史實之上，而作者識斷之精也由此可見。

作者對本書內容的取捨作了一個扼要的說明。他說：「本書以數理科學即數學、天文學、物理學等可以量化的科學為主，實際上可以說幾乎沒有涉及化學、生物學、醫學等領域……原因也是眾所周知的，那就是：現代科學的出現毫無疑

問是通過數理科學即開普勒、伽利略、牛頓等工作獲得突破，而且此後三百年的發展顯示，現代科學其他部分也莫不以數學和物理學為終極基礎。」我必須鄭重地提醒讀者，這幾句話是作者對西方科學傳統「探驪得珠」的見道之語，千萬不可輕易放過。本書勝義紛披，讀者隨處可自得之。限於篇幅，這裏我只能就西方數理科學的問題稍稍引申作者的論點，然後回到「李約瑟問題」作一結束。

　　本書在「總結」第一段說，現代科學是「拜一個傳統，前後兩次革命所賜」，實有畫龍點睛之妙。所謂「一個傳統」即指從古希臘到現代的自然科學都在同一研究傳統之內：「現代科學」之出現雖然是由一次突破性的飛躍所導致，但在性質上仍與古希臘科學同條共貫。所謂「兩次革命」，指運用精確的數學以量化自然界的研究，天文學和物理學便是其中成績最為卓著的兩個部門。通常我們用「科學革命」一詞來指稱十六七世紀的一系列重大突破。但作者特別提醒我們：十六七世紀的「科學革命」已是第二次了，第一次則在古代希臘，即柏拉圖接受了畢達哥拉斯教派對於數學的無上重視，在他的「學園」中全力推動數學研究以探求宇宙的奧秘。其中細節見本書第四章，這裏毋須贅言。我認為作者這一提示非常重要，因為這一點正是西方科學傳統的靈魂所在。而且作者這一說法絕不是向壁虛構，前人也早有見及者，不過沒有像作者表達得這樣一針見血罷了。例如柯林武德 (R. G. Collingwood) 在《自然的觀念》一書中便特別指出「自然科學中的畢達哥拉斯革命」(the Pythagorian revolution in natural science) 並闡明其何以獲得驚人的成功。[3]

3　R. G. Collingwood, *The Idea of Nature* (Oxford, 1945), pp. 53–54.

　　上面分析作者對於西方科學的特徵所作的種種描述，似乎可以用一句話加以概括，即「自然世界研究的數學化」，因為在西方一般相關文獻中「數學化」(mathematicization) 一詞常常是和科學分不開的。甚至在社會科學的領域，經濟學因為數學化比較成功，才被承認具有較高的「科學的身份」，而非社會學或政治學所能企及。

　　西方科學既以「數學化」為其最主要的特徵，則它與中國的科學傳統自始即分道揚鑣。這一巨大差異在中、西數學上便有極清楚的表現，本書「導言」已涉及此點。明末徐光啟曾由利瑪竇口授譯出《幾何原本》前六卷，他在比較中國《九章算術》與西方數學之後指出：「其法略同，其義全闕。」本書作者解釋這兩句話說：

> 中國與西方數學的根本差別，即前者只重程序（即所謂「法」），而不講究直接、詳細、明確的證明（即所謂「義」）……

其實我們也可以換一個角度，說「法」指計算的技術，而「義」則指原理。中國計算技術往往是相應於公私生活中的實際需要而發展起來的，但數學原理則似少有問津者。所以徐光啟因《九章算術》而發出「其義全闕」的感歎。我們只要一檢其中自〈方田〉、〈粟米〉以至〈商功〉、〈均輸〉、〈方程〉各章的實例，對此便可了無疑義。不但數學如此，醫學亦然，陳寅恪說：「中醫有見效之藥，無可通之理」[4]，與徐光啟的話恰可互相印證。

4　見陳寅恪《寒柳堂集》(北京：三聯書店，2001)，頁188。

　　徐光啟雖然如作者所云對西方數學「心悅誠服」，但他是否充分了解數學在西方科學傳統(當時方以智稱之為「質測之學」)中的至尊地位，則尚待進一步探討。一般地說，中國學人遲至十九世紀中葉以後才對這一方面獲得比較清楚的認識，如馮桂芬 (1809–1874) 與李善蘭 (1810–1882) 兩人當可為其代表。這是因為他們都研究西方數學而卓有成績的緣故。馮氏在《校邠廬抗議·采西學議》中明確指出，數學為西學之源頭所在，格致諸學皆由此出。李氏則代表當時西方數理在中國的最高水平：他和威烈亞力 (Alexander Wylie, 1815–1887) 合作，譯完《幾何原本》其餘部分 (卷七至十五)，於一八五八年以《續幾何原本》的書名刊行；此外還有多種有關數理的譯著問世，並已開始翻譯牛頓的《自然哲學之數學原理》(定名為《奈端數理》)，可惜未能終卷。由於他的造詣最高，為西方在華專家所特別推重，所以清廷設同文館，聘他為數學總教席，在任共十三年 (1869–1882)。李善蘭 (字壬叔) 是一位數學天才，他的朋友王韜 (1823–1897) 記他的話說：

> 壬叔謂少於算學，若有天授，精而通之，神而明之，可以探天地造化之秘，是最大學問。[5]

這幾句話證明他對西方數學與自然科學的關係已有透闢的認識了。但達到這種理解並非易事。王韜雖自稱在「西館十年，於格致之學，略有所聞」，但仍不能接受李氏對「算學」的評價；囿於中國傳統的觀念，他竟說：「算者六藝之一，不過形而下者耳。」不過與當時一般士大夫相比較，王氏的識見已遠為超出。

5　見《王韜日記》(北京：中華書局，1987)，頁69。

試看下面的故事。

> 清晨，湖南樊吉山來訪。吉山名川……甚慕算法天文及讖
> 緯占望之學，以為泰西人素精於此，必有妙授。……予謂
> 之曰：「西人天算，與中華所習術數不同，斷不可誤會
> 也。」[6]

可知在絕大多數中國士人心中，西方算學、天文是和讖緯、占
星、望氣之類的「術數」屬於同一範疇的。王韜能立即指出這
是「誤會」，足見他對西方「格致之學」雖未「入室」，至少
已「登堂」了。

　　從以上所引明、清數學家對於西方數量的認識來看，則中
國科學從未走上「數學化」的道路，其事昭然，已無爭論的餘
地。從這一根本分歧出發，讓我表示一下對於所謂「李約瑟問
題」的看法。

　　首先必須聲明，我對「李約瑟問題」的觀點基本上是和作
者一致的。作者引了幾位西方科學史家對於這個問題的負面評
論，我讀來並不感覺這是西方中心論的偏見。相反地，把西方
科學傳統理解為西方文化整體的一個有機環節，是很有說服力
的。另一方面，李約瑟在他的不朽巨構中發掘出無數中國科技
史上的重要成就，自然是有目共睹，但這些成就大體上仍不脫
徐光啟所謂「其義全闕」的特色。這當然是由於中國過去關於
技術的發明主要起於實用，往往知其然而不深究其所以然。若
與西方相比較，中國許多技術發明的後面，缺少了西方科學史
上那種特殊精神，即長期而系統地通過數學化來探求宇宙的奧

6　分別見上引《王韜日記》，頁70，75。

秘。所以中國史上雖有不少合乎科學原理的技術發明，但並未發展出一套體用兼備的系統科學。李約瑟討論中國科學思想的進展，特別推重「道家」的貢獻。[7]他似乎不曾注意，莊子既主張「六合之外，聖人存而不論」，又表示「吾生也有涯，而知也無涯，以有涯隨無涯，殆已」[8]，這兩種態度兩千多年來影響士人的求知的取向極大，而適與西方科學精神互相鑿枘。如果一定要在中國思想流派中找出一家與西方科學精神最相近的，我個人認為只有程、朱一系「格物致知」的理學足以當之。其中朱熹尤其值得注意，他自記「某五六歲時，心便煩惱：天體是如何？外面是何物？」可見他的好奇心最早是從「六合之外」開始的。這樣的心理傾向若在西方的文化環境中很容易走上自然科學的路。明、清中國學人用「格物致知」來翻譯西方的「科學」，可以說是順理成章的事。但理學畢竟是中國文化的結晶，其終極關懷仍落在「六合之內」，也就是「人間世界」的秩序。關於這一點，我已詳論之於《朱熹的歷史世界》，這裏不必涉及。總之，我認為中國沒有產生系統的科學，其一部分原因是和中國文化和思想的取向密切相關的。

中西對自然現象的探究既然自始便「道不同，不相為謀」，則所謂「李約瑟問題」只能是一個「假問題」(pseudo-question)。我們可以用「科學」一詞指所有關於自然現象的探究。在這一最寬鬆的定義下，我們當然可以說「西方科學」、「中國科學」。但事實上，中、西這兩種「科學」同名而異實；二者並不能用同一標準加以測量或比較，也就是 "incommensurable" 的。這好像圍棋和象棋雖同屬於「棋」類，卻

7　見《中國科學技術史》第二卷。

8　分別見莊子《齊物論》與《養生主》。

是完全不同的兩套遊戲。「李約瑟問題」說：中國的「科學」曾長期領先西方，但十六世紀以後「現代科學」在西方興起，於是將中國遠遠拋在後面了。這無異於說，某一圍棋手的「棋藝」曾長期領先某一象棋手，但今天後者的「棋藝」突飛猛進，已遠遠超過前者了。通過「棋」的模擬，我們不必再多說一句話，已可知「李約瑟問題」是根本不能成立的，中、西「科學」之間無從發生「領先」與「落後」的問題。「中國科學」如果沿着自己原有的軌道前進，無論如何加速，也不可能脫胎換骨，最後與以「數學化」為特徵的西方「現代科學」融合成一體。

　　今天一提及「科學」這一概念，我們立刻想到的必然是西方的現代科學，而不是中國過去的「四大發明」之類。「五四」時代中國知識人熱烈歡迎「賽先生」，也正是因為他代表着西方文化的精粹。在這一意義上，中國過去並沒有一種系統的學術相當於西方的「科學」並足以與之互較長短。關於這一點，我們只要稍稍檢查一下《四庫全書總目提要》（下文簡稱《提要》），問題的癥結便無所遁形了。《提要》二百卷，其中只有「子部」的「農家」、「醫家」和「天文算法」六卷可以劃入「自然科學」的總類之中，但以《提要》而言，這三科不但份量較輕，而且處於中國學術系統的邊緣。分析至此，我們必須回顧一下「李約瑟問題」的一個基本預設。前面已指出，李約瑟預設中國傳統中的「科學」和西方「現代科學」是同一性質的，不過相比之下遠為「落後」而已。所以他才強調，中國傳統「科學」最後必然匯合於西方「現代科學」之中，如「百川朝宗於海」一樣。這個預設究竟是否能站得住呢？如果僅僅空言論辯，問題當然永遠得不到答案。但幸而

有一種客觀的歷史事實為我們提供了解答的途徑，即西方「現代科學」傳入中國以後，它和中國原有的「科學」之間究竟存在着何種關係。這一歷史事實得到澄清以後，我們才能對上述的預設有判斷的根據。這是一個大題目，自然無法在此展開討論。下面我僅引一個有趣的史例為證，便大致足以說明問題了。同治六年 (1867)，總理衙門決定在同文館中增設「天文算學館」，專授天文學和數學。這是西方現代科學正式進入中國教學系統的開始。為了取得更好的效果，主持其事的恭親王 (奕訢) 和文祥最初建議翰林、進士、舉人都可以申請入學，讀了三年天文、算學之後，即予以「格外優保」的升官機會。但這個計劃一提出便遭到以倭仁為首的保守派的激烈反對。保守派所持的理由以下面兩點最值得注意：第一，西方的數學、天文學不過是一種「機巧」，甚至可以視之為「異端之術數」，不但不足以「啟衰振弱」，甚至有害於「士習人心」。第二，「奉夷為師」，最後必將動搖士大夫的「忠君」意識。以這兩點理由為根據，倭仁及其支持者在北京發起了一場運動，阻止科舉出身的人報考天文算學館。他們成功地製造出一種氣氛，使士階層中人深以入同文館為恥，以至最後總理衙門在奏折中抱怨：「臣衙門遂無復有投考者。」但保守派既不敢公開反對西方天文、數學的引進，那麼誰來接受這種教育呢？當時有一位御史提出下面的建議：

止宜責成欽天監衙門考取年少穎悟之天文生、算學生，送館學習，俾西法與中法，互相考驗。

這條建議恰好涉及西方現代科學和中國本土科學之間的交涉問題，讓我稍作分疏。

首先必須指出，保守派對於天文、算學既無知識，也無興趣。他們之所以提出「欽天監衙門」中的天文生、算學生，只是因為這是唯一以天文、算學為專業的技術人員，地位低下，與科舉正途中的「士」相去天壤。他們以「欽天監衙門」的天文、算學代表「中法」，尤其是無知亂道；他們似乎不知道明、清之際天文、算學早已接受了耶穌會教士傳來的「西法」。湯若望 (Adam Schall von Bell) 即是順治時期的欽天監。換句話說，保守派的建議完全出於貶抑西方天文、數學的動機，即視之為一種技術，不值得「士」階層中人去浪費時間。所以「西法與中法，互相考驗」不過是一句門面語，其中絕無倡導中、西兩種「科學」交流之意。

如果從官方設立天文算學館的角度出發，問題便更清楚了。此館是在外籍顧問丁韙良 (W. A. P. Martin) 和赫特 (Robert Hart) 影響下成立的，赫特並於一八六六年為館中聘來了兩位歐洲教席。但天文算學館的範圍一直在擴張，除了天文、算學兩門外，還增設了物理學、化學、生物學及人體解剖學等；這些西方現代的新興學科在中國傳統的學術系統中是找不到相應的部門的。(中國原有的「物理」一詞，與西方的 "physics" 根本不能混為一談。)[9]

天文算學館的建立清楚告訴我們，中國自始即把西方現代科學當作全新事物而加以吸收。無論是中國主持人或西方顧問

9　以上論天文算學館的創建及其糾紛，詳見劉廣京《變法的挫折——同治六年同文館爭議》，收在他的《經世思想與新興企業》(台北：聯經出版公司，1990)，頁403–18。

都沒有考慮到中、西兩種「科學」研究的傳統應當如何接軌的問題。嚴格地說，只有明、清之際數學領域中曾發生過所謂「中法」和「西法」的交涉，即《清史稿‧疇人一》(卷五○六) 所說：「泰西新法，晚明始入中國，至清而中西薈萃，遂集大成。」但是十九世紀中葉以後傳來的現代天文、算學則又遠遠地超出過去的成績。例如同文館的算學總教席李善蘭曾與偉烈亞力合作，譯了許多有關天文、代數、解析幾何等最新的專著；他十分興奮，對朋友說[10]：

> 當今天算名家，非余而誰？近與偉烈君譯成數書，現將竣
> 事。此書一出，海內談天者必將奉為宗師。李尚之 (按：李
> 銳，1765–1814)、梅定九 (按：梅文鼎，1633–1721) 恐將瞠
> 乎後矣。

這幾句私下談話最能反映出李善蘭已完全信服了西方現代的天文學和數學，因此才毫不猶豫地斷定有清一代最負盛名的梅、李兩人在此一領域中「恐將瞠乎後矣」。李善蘭在這裏所表明的恰恰是十九世紀中葉以來中國人接受西方現代科學的典型態度：全面擁抱西方最新的天文學和數學，但不再重彈「中法」、「西法」互相「印證」的舊調。換句話說，這是在科學領域中進行最徹底的「西化」。而在這一過程中，中國以往的業績，包括天文、算學在內，都已處於若有若無的邊緣地位。當時士大夫幾無不視科學及科技為西方所獨擅，因此才有「西學」這一專詞的出現，從馮桂芬的《采西學議》到張之洞的「西學為用」都是如此。他們並不認為中國也有一套可以與

---

10 見前引《王韜日記》，頁109。

「西學」分庭抗禮的「科學」遺產。相反地，只有對科學完全無知而又敵視的保守派才會製造出「西學源出中國説」的奇談怪論。

　　為了從歷史角度加強本書作者對於「李約瑟問題」的質疑，上面我特別借着同文館設立天文算學館的例案，來觀察西方現代科學傳入中國的方式。與十七八世紀的情形不同，中國原有的科技成就在西方最新的發現和發明面前已「瞠乎後矣」，因此並未發生多少接引的作用。李約瑟所想像的「百川朝宗於海」的狀況根本未曾出現。十九世紀晚期以來科學在中國的發展史事實上便是西方科學不斷移植到中國的過程，從局部一直擴展到全方位。今天中國的科學教育已完全與西方接軌了，在第一流的中國大學中，直接採用西方原作或者譯本作為教科書，是很普遍的。在這個明顯事實的面前，「李約瑟問題」已失去了存在的根據。

　　以上是我對於本書學術價值和意義的一些初步體認。限於精力和時間，我只能就一兩大關鍵處稍申所見，以響應作者的孤懷宏識。下面我要把我所認識的作者，他的為人與為學，介紹給讀者，稍盡一點知人論世的責任。我的介紹雖然是從老朋友的立場出發，但仍將本於史家直筆之旨，決不作虛詞溢美。

　　我最初認識方正，是由陳伯莊先生 (1893–1960) 介紹的。伯莊先生是和趙元任、胡適同屆 (1910) 的庚款留美學生。他早年讀化學工程，中年以後則轉而研究經濟學、社會理論、哲學等，因此他曾自比為斯賓塞 (Herbert Spencer, 1820–1903)，並頗以此自豪。晚年在香港，他廣泛閱讀西方人文、社會科學的最新名著，並常常邀約青年人和他一起交流讀書經驗。我便是在這種情況下成了他的一個忘年之交。一九五九年底他擬定了一

個西方名著翻譯計劃，到美國來尋求有關作者的合作，哈佛大學是他最重要的一個訪問站。他一見面就説：他要介紹一位非常傑出的小朋友給我，這位小朋友便是方正，當時他正在哈佛讀本科，大概還不到二十歲。

訂交之始，方正在我心中留下的最深刻、最難忘的印象是他一身結合了相反相成的兩種氣質：一方面他朝氣蓬勃，對於人生和學問都抱着高遠的嚮往；另一方面無論在思想或情感上他都已達到了非常成熟的境地，遠遠超過了他的實際年齡。儘管我們之間相差九歲，但卻一見如故，自然而然地成為無話不談的朋友。伯莊先生為甚麼那樣熱心地介紹我們相識，我也完全明白了。

方正早已選定了物理學作專業。但與絕大多數理科少年不同，他對人文學科一直保持着深厚的興趣。我記得他當時選修了康德知識論的課程，曾多次和我談到他的理解與心得。此外他知道我比較欣賞柯林武德的歷史哲學，也時時上下其議論。也許是由於家學的關係，他在中國文史方面也具有一定的基礎。如果我的記憶不錯，明末遺老顧亭林、黃梨洲也曾成為我們的話題之一。總之，方正年甫弱冠而竟能在科學與人文之間取得如此高度的均衡，他的心靈成熟之早，可想而知。但最能表現他的成熟的，則是他學成回香港就業的決定。他很早便和我談及畢業後的去留問題。他説，他修完博士學位以後，不擬在美國就業，寧願回到香港去從事教學與研究。五十年前物理學在美國正盛極一時，工作機會俯拾即是，因此外國學生畢業後留下來的不可勝數，方正卻偏偏要賦歸去。我問他為甚麼做出與時風眾勢適相逆反的決定？他説，他曾經細細考慮過，深感他留在美國不過是趕熱鬧，但回到香港則可以發揮更大的作

用，使最先進的科學有機會在亞洲發芽茁長。他說這話時大概剛剛進研究院，其立身處世之節概與形勢判斷之明確，於此可見一斑。

我再度與方正聚首已是十幾年後的事了。一九七三至一九七五年我從哈佛告假兩年，回到母校新亞書院工作，方正那時已在中文大學物理系任教。這次共事的機緣才使我對他獲得更全面的認識。一九七四至一九七五學年，大學在香港政府的壓力之下成立了一個「大學改制工作小組」，組員十餘人，他是其中最年輕的一位。小組每週至少聚會一次，整整持續了一年之久。方正在這一長期討論中充分展露了多方面的才能和知識。在質詢行政各部門首長的過程中，他提出的問題最為鋒銳，並且往往一針見血。這說明對於中文大學的現行結構及其運作，他平時早有深刻的觀察，因此才胸有成竹。在改制建議方面，他在口頭陳詞之外還寫過幾篇內容豐富的備忘錄，顯示了關於現代大學理念的睿見。前面說過，少年時期他在科學與人文之間的均衡發展早已使我驚異，現在他剛入中年，卻又表現出另一種均衡：即一方面能從事高深的學術研究，另一方面又能承擔起學術領導的工作。這也是兩種相反相成的氣質，相當於西方的所謂 vita contemplativa 和 vita activa，集結於一身更是難上加難。

我自信以上的認識雖不中亦不甚遠，而且方正以後的事業發展也印證了我的觀察。一九七七年香港中文大學改制以後，他成為行政部門重要的領導人之一；他選擇了中國文化研究所作為他在中大的最後一片耕耘之地，更充分體現了科學與人文的交流以及研究與領導的合一。

《繼承與叛逆》是一部體大思精的著作，我們對於它的作者多認識一分，也許便能對此書的價值與涵義獲得更深一層的理解。是為序。

2008年12月31日於普林斯頓

9

從「遊于藝」到「心道合一」

《張充和詩書畫選》序

　　《張充和詩書畫選》即將問世，我承命寫序，既興奮，又惶悚。興奮，因為這無疑是中國現代藝術史上一件大事；惶悚，因為我實在不配寫序。我說「不配」，並不是順手拈來的一句客套話，我的理由是很充足的。中國傳統的「精英文化」（"elite culture"）是在「士」的手上創造和發展出來的，在藝術方面，它集中地體現在詩、書、畫三種形式之中。這是藝壇的共識，至少唐代已然，所以「鄭虔三絕」的佳話流傳至今。我對這三種藝術的愛重雖不在人後，卻對其中任何一門都沒有下過切實的功夫。我偶然寫詩，但屬於胡釘鉸派；偶然弄墨，則只能稱之為塗鴉。從專業觀點說，我絕對沒有為本書寫序的資格，自不在話下。然則我為甚麼竟知其不可而為之呢？是亦有說。

　　宇文逌《庾信集序》云：

> 余與子山風期款密，情均縞紵，契比金蘭，欲余制序，聊命翰札，幸無愧色。

宇文逌雖貴為親王，且有文章行世，但以文學造詣言，自遠不足以望庾子山之項背。然以兩人交誼深厚之故，卒制序而無愧

色。有此例在前，我才敢大膽地接受了寫序的任務。

　　我初晤充和在上世紀六十年代初，但仰慕大名則遠在其前，因為我們之間的師友淵源是很深的。她考入北京大學在三十年代中期，所從遊者都是一時名師，其中錢賓四 (穆) 先生在十幾年後便恰巧是我的業師。所以嚴格地説，充和是我的同門先輩。一九六○年賓四師訪美，曾與充和重聚於史丹福大學，後來回憶説：

> 北大舊生張充和，擅長崑曲，其夫傅漢思，為一德國漢學家，時在史丹福大學任教。傅漢思曾親駕車來舊金山邀余夫婦赴史丹福參觀，在其家住一宿。[1]

賓四師寫回憶錄，惜墨如金，留此特筆，則對此聚之珍重可知。

　　充和與先岳陳翁雪屏也是北大舊識，復以同好書法之故，先後在北平和昆明頗有過從。有一次她給我看一本紀念冊，賓四師和雪翁的題字赫然同在。誇張一點説，我與充和可謂未見便已如故了。

　　機緣巧合，從一九七七到一九八七，我在耶魯整整任教十年，和漢思、充和成了同事。在這十年中，不但我們兩家之間的情誼越來越深厚，而且我對充和的藝術修養和藝術精神也獲得了親切的體認。

　　充和多年以來在耶魯的藝術學院傳授書法，很得師生的敬愛。大約在八十年代初，她忽動倦勤之念，閒談之中屢次談到退休的話。我當時寫了一首詩勸阻：

1　見《錢賓四先生全集》本《師友雜憶》，頁355。

充老如何説退休，無窮歲月足優遊。

霜崖不見秋明遠，藝苑爭看第一流。

詩雖打油，意則甚誠。我用「充老」，取雙關意，是説她尚未
真老，不必退休。「霜崖」、「秋明」則分指崑曲宗師吳梅
和書法大家沈尹默。在一首短詩中，崑曲和書法不過示例而
已，其實充和之於古典藝術，正如皮簧家所説，「文武崑亂
不擋。」沈尹默先生題《仕女圖》，説充和「能者固無所不
能」，這句評語一點也不誇張。

關於充和所體現的藝術精神及其思想與文化的脈絡，下面
將有進一步的分析。現在我要追憶一下我們在八十年代的兩次
藝術合作，因為這是我在耶魯十年中最不能忘懷的經驗之一。
一九八一年我寫了兩首七律祝雪翁八十初度。但我的書法不能
登大雅之堂，所以乞援於充和。她慨然允諾，於是便有了這第
一次的「詩書合作」。一兩年之後，充和有台北之行，親訪雪
翁敍舊。雪翁因為年高而眼力又弱，一時竟未認出訪者是誰。
充和笑指書房壁上的祝壽詩説：「這便是我寫的。」兩人相對
大笑，極為歡暢。我認為這是一個很美的雅事。

四年以後 (1985年)，錢賓四師九十大慶，我又寫了四首七
律祝賀，這次更是理所當然地邀她參與，因而有再度的「詩書
合作」。不用説，這兩次合作，充和的貢獻遠超過我，簡直不
成比例。特別是第二次，她運用工楷將兩百多字整齊地書寫在
一幅巨大的壽屏上面，分別地看，字字精神飽滿；整體以觀，
則全幅氣韻生動。從一張空紙上設計、劃線、劃格到寫畢最後
一個字，她所投入的精力和辛勞是難以想像的。這幅壽屏確是
書法藝術上的傑作，一直懸掛在素書樓的大客廳中，直到賓四

師遷出為止。賓四師曾不止一次告訴我：他一向欣賞充和的書法，現在雖然目盲不能睹原迹，但先後有數不清的訪客在觀賞之後，歡喜讚歎，不能自已。

充和何以竟能在中國古典藝術世界中達到沈尹默先生所說的「無所不能」的造境？這必須從她早年所受的特殊教育談起。她自童年時期起便走進了古典的精神世界，其中有經、史、詩、文，有書、畫，也有戲曲和音樂。換句話說，她基本上是傳統私塾出身，在考進北大以前，幾乎沒有接觸過現代化的教育。[2] 進入二十世紀以後，只有極少數世家——所謂「書香門第」——才能給子女提供這種古典式的訓練。

在儒家主導下的古典教育一向以人為中心。為了使人的品質不斷改進，精神境界逐步提升，古典教育同時擁抱似相反而實相成的兩大原則：即一方面盡量擴大知識的範圍，另一方面則力求打通知識世界的千門萬戶，取得一種「統之有宗，會之有元」的整體理解。唯有如此，人與學、知與行合一的理想才有真正實現的可能。以儒家而言，自孔子以下大致都主張博與約、通與專、或一貫與多聞之間必須保持一種動態的平衡。道家也大同小異。《莊子‧天下》篇斥百家之學為「多得一察焉以自好」，「不該不偏，一曲之士」，這是對刻意求「專」的嚴厲批評。《齊物論》篇論「道」，一則曰：「道通為一」，再則曰：「惟達者知通為一」。這更是將「通」的重要性推崇到了極致。綜合儒、道兩家的看法，其基本觀點也許應該概括為「以通馭專」。

由於充和早年是在這一古典教育的薰陶之下成長起來的，她在不知不覺中便體現了「以通馭專」的精神。她在古典藝術

2　詳見 Annping Chin, *Four Sisters of Hofei* (New York: Scribner, 2002)。

的領域內「無所不能」、無施不可，是因為她不肯侷促於偏隅，僅以專攻一藝自限。這當然符合孔子「博學於文」之教。但充和的能事雖多，所精諸藝卻非各不相關，而毋寧構成了一個有機整體的不同部分。以本書而言，詩、書、畫「三絕」顯然已融合為一，並且在同一風格的籠罩之下，展現出藝術創作的鮮明個性。這便是莊子所謂「道通為一」或孔子所謂「吾道一以貫之」。

「以通馭專」不僅貫穿在古典教育之中，而且也表現在中國「精英文化」("elite culture")的不同方面，如學術、思想、藝術等。現代中外學人都承認：在中國學問傳統中，文、史、哲是「不分家」的，與西方顯有不同。但這並不是說，中國的文、史、哲真的沒有分別，而是說，它們都是互相關聯的，不能在彼此絕緣的狀態下分途而孤立地追求。這一整體觀的背後，存在着一個共同的預設：種種不同的「學術」，無論是「百家」或經、史、子、集，最初都是從一個原始的「道」的整體中分離出來的。因此，在各種專門之學分途發展的進程中，我們必須同時加緊「道通為一」的功夫，以免走上往而不返、分而不合的不歸路。從《莊子‧天下》篇所憂慮的「道術將為天下裂」到朱熹的「理一分殊」都是這一共同預設的明證。這一「文、史、哲不分家」的學風，源遠流長，在後世無數文集中顯露得尤其清楚。無論作者的專業為何，文集中都收了不少有關經、史、子、詩、文等作品。即使是著名的各種專家，如天文、曆、算以至音韻、訓詁之類，也極少例外。他們顯然都接受了上述的預設：中國學問的分類雖然也不斷繁衍，但這並不影響全部學問之為一有機整體，而各部門類之間則相關相通。

　　在藝術領域中，各部門之間相關相通也早已形成了客觀的
傳統。王維「詩中有畫，畫中有詩」是藝術史上公認的美談。
白居易的《琵琶行》則説明音樂可以通過詩而表達得十分動
聽。至於張彥遠所謂「書畫用筆同法」，那更是絕對無可否認
的事實了。

　　討論至此，我們已清楚地認識到，這部《張充和詩書畫
選》是中國藝術傳統的結晶，既能推陳出新，又復能保存這一
傳統的精萃而無所走失。這當然是得力於充和早年所受到的古
典訓練。在這一意義上，本書不但直接體現了中國藝術的獨特
精神，而且也間接反映出中國古典文化的主要特色。

　　歷史學和文化人類學今天似乎已取得一個共識，即認為藝
術能將一個民族的文化精神集中而又扼要地表現出來。在這一
關節上，我要特別介紹一下充和在七十多年前關於藝術與民族
性的觀察。一九三六年她藉着評論張大千畫展的機會，首先回
顧了前一年三位書畫名家的作品。她(筆名「真如」)説：

> 經子淵先生的藝術不僅表現了「力」，而且充分的表現了
> 「德」；張善孖先生的作品始終能調和現實和理想；鄭曼青先
> 生的作品，充分表現藝術的端莊與嚴肅。從他們的藝術上，使
> 我人不得不承認東西藝術天然有種絕對不能調和的個性。[3]

這幾句話中有兩點特別值得注意：第一，充和鈎玄提要，只用
一兩個字便抓住了每一位藝術家作品的特色；她的藝術修養和
鑑賞功力這時顯然都已達到了很高的境界。第二，在概括了三
家藝術特色之後，她更進一步主張，中國藝術自成系統、自具

3　見《張大千畫展一瞥》，《中央日報‧副刊》，1936年4月22日。

個性，它和西方藝術之間存在着不可調和的文化差異。所以她接着又說：

> 自我看過張大千先生的個展以後，這種主張，簡直成了我個人的信念了。

我必須指出，這一「信念」今天看來似乎無可爭議，但在一九三六年的中國卻是非常不合時宜的，特別是在受過「五四」思潮洗禮的知識界。當時有一種相當流行的看法：中國還沒有進入現代，比西方整整落後了一個歷史階段，無論在政治、社會、經濟、文化或是藝術方面都是如此。充和之所以能掉臂獨行，發展出如此堅定的「信念」，是因為她全副藝術生命自始即浸潤在中國古典傳統之中。入道深故能信道篤，這在一九三〇年代是不可多得的。

充和與古典藝術精神已融化為一，無論在創作或評論中隨時都會流露出來。試看下面一段文字：

> 筆下流動着無限的詩思和極高的品格。……大千先生的藝術是法古而不泯於古，現實而不崇現實，有古人尤其有自己。

充和此評完全立足於中國藝術的獨特系統之內，所運用的觀點也都自傳統中來。如「詩思」即是說「畫中有詩」。「品格」也是傳統談藝者所特別強調的。藝術創作的「品格」和藝術家本人的「品格」密切相關，這是我們在中國文學史和藝術史上常常碰見的一個論題；至於如何相關，則歷來說法不同，這裏不必深究。無論如何，這是從以「人」為中心的基本立場上

發展出來的。充和似乎對張大千的作品有更高的評價，因此評語也暗示他所體現的中國藝術精神比前面提到的三位名家更為深透。

從這篇評論來看，充和早在七十三年前便已於古典藝術探驪得珠了。她品評張大千的幾句話，用在她自己後來的作品中也未嘗不大端吻合，尤其是最後一語——「有古人尤其有自己」。我曾強奪她所撫蘇東坡《寒食帖》，懸於壁上，朝夕觀賞。這幅字妙得東坡之神而充和本人的風格則一望即知。

上面我試從不同角度說明充和與中國古典藝術精神早已融化為一體。就這一方面而言，她在今天無疑是歸然獨存的魯殿靈光。正因如此，我感覺有必要稍稍擴大一下範圍，對充和所代表的藝術精神提出進一步的觀察。這裏只準備談兩點：第一，西方往往強調「為藝術而藝術」是一種最高的 (但並非唯一的) 境界。中國是不是也有類似的觀點？第二，在中國文化傳統中，對於藝術創造的精神源頭這個基本問題是怎樣看待和處理的？我相信，探究上述兩個問題有助於我們對充和的藝術造詣的認識。

程明道有一句名言：「某寫字時甚敬，非是要字好，只此是學。」這是理學家的態度，將藝術訓練納入了道德修養的途轍。藝術家則不然，無論是寫字、賦詩、或作畫，其「敬」固與理學家無異，但同時也要求「字好」、「詩好」、「畫好」。所謂「敬」，是指精神貫注的最高狀態；在這一狀態中，藝術家胸中不但沒有一絲一毫塵世的雜念，如金錢、名譽、地位之類，甚至也泯除了一切分別相，包括「藝術」本身在內。初看之下，這一精神狀態似乎即是「為藝術而藝術」的一種表現。其實不然，它來自中國「遊于藝」的傳統。這兩個

傳統都要求藝術和人 (藝術家) 最後融為一體，然而其間有一個十分微妙而又基本的分歧。「為藝術而藝術」是以藝術為主體，人則融入藝術之中；「遊于藝」的主體是人，藝術是靠人才能光大起來。我們可以肯定地說，「遊于藝」的傳統中也貫穿着「人能弘道」的精神。

孔子「遊于藝」究竟應該怎樣理解？錢賓四師《論語新解》說：

> 孔子時，禮、樂、射、御、書、數謂之六藝。人之習於藝，如魚在水，忘其為水，斯有游泳自如之樂。[4]

這大致合於孔子的本意。但這句話輾轉流傳到後世，「藝」字已逐漸脫離「六藝」的古義了。例如張栻曾提出「藝者所以養吾德性」之解，朱熹駁之曰：

> 此解之云亦原於不屑卑近之意，故恥於遊藝而為此說以自廣耳。……藝是合有之物，非必為其可以養德性而後遊之也。[5]

朱熹一則曰「不屑卑近」，再則曰「恥於遊藝」，這決不可能是指古代那麼崇高的「六藝」而言。可知張、朱兩人心中的「藝」大約即是後世所說的「藝術」，包括繪畫、書法之類。末句「藝是合有之物」云云，尤當注意。這是正式肯定藝術有其內在價值，並非為「養德性」而存在。換言之，道德與藝術都已成相對獨立的領域。

4　《全集》本，頁237。

5　《朱子文集》卷三十一《與張敬夫論癸巳論語說》。

　　「遊于藝」從古義演變為今義是一個漫長的過程；在此過程中，道家思想，特別是莊子對中國藝術傳統的形成發生了相當大的影響。這裏我只想提出一個觀察，即後世對於「遊于藝」中「遊」字的解讀大致都是通過《莊子》而來，因為這是「遊」字用得很多的一部子書。在此書中，「遊」字往往指人的精神或心靈的一種特殊活動，並假定人的精神或心靈能夠修煉到自由而超越的境界。《逍遙遊》篇便提供了最生動説明，所以支遁説：「逍遙者，明至人之心也。」篇中「神人遊乎四海之外」句，成玄英注曰：「神超六合之表。」可知《莊子》開宗明義，即揭出人心的自由和超越。此外如《人間世》篇之「乘物以遊心」和《駢拇》篇之「遊心於堅白異同之間」，則「遊心」已合為一詞，「遊」之特指心體的活動，更無可疑。通過《莊子》以解《論語》的「遊于藝」，我們於中國藝術的根本精神便「得其環中」了。

　　從「遊于藝」追溯到「心」，我們恰好可以轉入上面提出的第二個問題，即藝術創造的源頭究在何處？首先我要指出，「心」在中國精神史上佔據了極為特殊的地位，我們可以很肯定地説，中國的精神傳統是以「心」為中心觀念而逐步形成的。極其所至，則「心」被看作是一切超越性價值 (即古人所謂「道」) 的發源地；藝術自然也不可能是例外。關於這一層，後面再申説，現在應當交待一下，「心」為甚麼竟成為價值之源？

　　問題必須從春秋戰國時代諸子百家的出現説起。這是精神世界空前大轉變的時代，奠定了以下兩千多年中國精神傳統的基本形態，「心」為一切價值之源便是這一大轉變的後果之一。所謂轉變，指古代宗教信仰轉變為後世哲學思維。在殷、周信仰中，「帝」或「天」高高在上，主宰人間的吉凶禍福，

即所謂「天道」。欲知天道必須通過占卜，其事由王或天子主持，但卻必須通過巫為中介，現代考古發現的大量卜辭便是最可信的物證。

但這一套信仰到了春秋時期已開始崩潰了，即所謂「禮壞樂崩」。禮樂中原有很高的巫的成份，這時已受到諸子的懷疑和攻擊。《莊子‧應帝王》中列子之師——壺子和神巫季咸互爭的故事，便最具象徵意義。兩人四次鬥法，而神巫終於「自失而走」，這就表示哲學思維已取代了巫術在精神世界的地位。然而另一方面諸子之所以能取得勝利則是因為他們不但趁着古代「天道」思想動搖之際摧毀了「巫」的信仰，而且將「巫」傳統中某些具號召力的成份承繼了下來並加以轉化，然後納入新的思維系統之內。

現在讓我指出這一「化腐朽為神奇」的幾個要點：第一，巫的最重要功能是溝通現實的人間世界和超越的鬼神世界。諸子仍然承認有兩個世界，而且也完全肯定兩個世界之間必須保持接觸。但是他們的哲學思維卻對超越世界進行了根本的改造；它不再是人格化的鬼神世界，而是一個生生不息和無所不在的精神實體。《老子》所謂「吾不知其名，字之曰『道』」，便是指它而言。超越世界既轉化為「道」，於是兩個世界之間的關係及其溝通方式等等便一齊隨着改變了。

第二，由於超越世界的性質已變，巫失去了他們長期壟斷的中介資格。在諸子的哲學構思中，這個中介功能只能由「心」來承擔，因為「心」是人的精神的總樞紐。孟子記載了孔子關於「心」的特寫如下：「操則存，舍則亡；出入無時，莫知其鄉。」（《告子上》）朱熹認為這幾句話闡明了「心之神明不測」。不用說，這一「神明不測」的「心」可以自由自在

地「出入」那個超越的「道」的世界，因而將兩個世界納入一種新的關係之中。

　　第三，作為鬼神世界和人間世界之間的中介，巫自稱有通天法力，可使天神下降，附在他們的身上，以指示人間一切禍福休咎。但是為了迎神，巫必須先作一些重要的準備工作，如齋戒、沐浴、更衣之類。這就是說，巫必須先將自己一身打點得十分潔淨整齊，才能為神提供一個暫時居留之所。《楚辭‧九歌‧雲中君》：「浴蘭湯兮沐芳，華采衣兮若英，靈連蜷兮既留」，便是關於降神的一段描述。當時各派思想家大概已不以嚴肅的態度看待這一「神話」，但卻仍然受其暗示，因而在一個更高的精神層面上，發展出一套關於「心」的修煉功夫。扼要言之，他們以「道」代替了「神」，以「心」代替了巫，強調「心」必須淨化至一塵不染的狀態，然後「道」才留駐其中。試舉幾個例子：

　　莊子說：

　　唯道集虛。虛者，心齋也。(《人間世》)

《管子‧內業》：

　　修心靜意，道乃可得。

荀子說：

　　人何以知道？曰：心。心何以知？曰：虛壹而靜。(《解
　　蔽》)

韓非也說：

> 虛心以為道舍。(《揚權》)

以上四家，流派各異，但論「道」與「心」之間的關係，竟如出一口。總結起來，其中涵攝了兩個共同的假定：第一、「道」本來存在於一個超越的精神領域；在這一假定之下，才會發生「心」如何「得道」或「知道」的問題。第二、將「心」比作房屋，並強調要把它打掃得乾乾淨淨(「虛」)，讓「道」可以住進來。(「道舍」，或《管子·內業》所謂「精舍」。)這是假定人必須通過種種修煉功夫把超越的「道」收進「心」中。

　　但以上兩個假定又建立在一個重大的價值判斷之上：人必須與「道」保持經常的接觸(《中庸》：「道也者，不可須臾離也。」)，才能賦予他的生活以精神價值和內在意義。這是春秋以下隨着精神世界大轉變而來的新境界。以前在巫文化支配之下，如上面所已指出的，人雖也不斷地追求與「天」或「天道」溝通，但他們想從「天」、「帝」、「神」或「天道」所得的指示，主要是關於吉凶禍福之事(錢大昕說)。現代殷、周卜辭的發現大體上已證實了這一點。所以我們現在清楚地看到，諸子的哲學思維是中國精神史的一大突破，化巫之「腐朽」為道之「神奇」。收「道」於「心」，使「心」成為一切價值之源，這一基本原則便是在上述大突破的過程中建立起來的。它貫穿在近代以前的中國精神傳統中，並且在中國文化的許多方面，包括藝術在內，都有或多或少的體現。

　　今天很多人都相信「天人合一」的觀念是中國思想、甚至

中國文化的一個重要的特徵。當然，這一觀念可以有種種不同
的解釋。但是在我個人的理解中，上面討論的「道」與「心」
的關係才是「天人合一」的精義所在。「道」屬於「天」的一
邊，董仲舒「道之大原出於天」的名言相當準確地概括了春秋
以來「道」和「天」的關係。「天」指超越的領域，「道」則
是流行於其間的精神實體；二者實際上是分不開的。「心」屬
於「人」的一邊，這是不成問題的。但其中有一層曲折，必須
作進一步的澄清。前引荀子《解蔽》篇，說「心」一定要修煉
到「虛壹而靜」的狀態才可以「知道」。反過來說，則未經修
煉的「心」是無法和「道」接觸的。因此他根據當時流行的一
部《道經》提出「道心」與「人心」的分別，前者是經過修煉
之「心」，後者則否。他極力鼓勵求「道」之士去發展心體功
夫 (即《修身》篇所謂「治氣養心」)，以期達到「心與道合」
的最高境界。「心與道合」則是「道心」常作「主宰」(均見
《正名》篇)，「天」和「人」至此便完全「合一」了。

　　以上我對於「心」何以成為價值之源的緣起和演變，作了
一個提綱式的追溯。限於篇幅，其中無數複雜的轉折，都只好
一筆帶過。但是這裏還應該補充一句：上面的分析雖集中在春
秋戰國時代，我所拈出的「心與道合」(或「天人合一」) 的特
色卻貫穿在以下兩千年的中國精神傳統之中。佛教的輸入和禪
宗的興起不過加強了這一傳統，並未改變它的方向。朱熹說：

> 凡物有心而其中必虛……人心亦然。只這些虛處便包藏許
> 多道理，彌綸天地，該括古今。……心是神明之舍，為一
> 身之主宰。性便是許多道理，得之於天而具於心者。[6]

6　《朱子語類》，卷九十八。

很明顯的，朱熹的基本概念和假定都直承先秦的精神傳統而來，不過經過佛教的挑戰以後，立說比過去遠為繁複而曲折，姑不置論。這裏必須特別指出的是朱熹「道理得之於天而具於心」這一句話，把前面所說「心與道合」的觀念表達的最為清楚，「道心」何以能成為一切價值之源，至此便不言而喻了。

最後我要從中國一般的精神傳統轉到藝術世界，以結束這篇序文。藝術是整體精神傳統的一個組成部分，整體的特色也必然在其各組成部分中有所呈現。因此下面我將從「心與道合」或「天人合一」的特殊角度對中國藝術精神作一簡略的概括。

前面曾引朱熹的話，「藝是合有之物」。既是「合有之物」，則必有其「合有」之「道」或「理」；而此「道」或「理」乃「得於天而具於心」，自亦不在話下。這當然是一個十分重大的題目，不可能在此展開論證。不得已，我只能避重就輕，僅拈出中國藝術史上「心源」這一觀念，來說明我的意思。

中國傳統畫論中有一句名言：「外師造化，中得心源」。前面四個字差可與西方古典藝論中「模仿真實世界」("mimesis")相擬，但下面四個字卻在中國畫史上特別受到重視。「心源」一詞初因禪宗而流行，但移用於藝術世界，卻恰好與「道心」互為表裏，揭示了藝術價值創造的真源所在。文與可畫竹，胸有成竹，黃庭堅詩：「胸中原自有丘壑」，便是「心源」兩字的最生動的注腳。當然「造化」與「心源」是藝術的一體兩面，不容分割。不先經過「外師造化」的階段，真實世界中任何事物都不可能在藝術中呈現出來，無論是竹還是丘壑。但藝術中呈現的事物並不是「造化」的簡單重現，而是從藝術家

「心源」中流出來的新創造，此李賀所以有「筆補造化天無功」之句也。總之，中國藝論與現代一度流行的反映論絕不相容，如果僅「師造化」而不「得心源」，藝術作品中所顯現出來的事物即使與「造化」中的原型惟妙惟肖，在中國藝術家眼中也無多價值可言。此又蘇軾所謂「論畫以形似，見與兒童鄰」也。

繪畫固然離不開「心源」，作詩也是一樣。元稹論杜甫詩云：

> 杜甫天才頗絕倫，每尋詩卷似情親。
> 憐渠直道當時語，不著心源傍古人。

元詩當與他的《樂府古題序》合讀，其義始明。微之最推崇老杜能上承《詩經》「興諷當時之事」的風格，「凡所歌行，率皆即事命篇，無復倚旁。」這「無復倚旁」四字即是「不著心源傍古人」之所指。但是我們特別注意的則是「心源」兩字。推微之的用意，蓋謂老杜所寫歌行都是從「心源」中流出，故一掃倚傍古人陳言舊體之習，而運用當時活的語言，以「興諷當時之事」。因此「憐渠」以下兩句當一口氣讀下，不得分斷；「憐」者，愛羨之意，非憐憫也。細味此詩，便知詩的創作也必須「中得心源」，與畫並無不同。

前面曾說，「心源」與「道心」互為表裏，藝術創造發端於此。這不是我個人的臆說，現在我要請中國史上最傑出的文學理論家為此說作證。《文心雕龍‧原道》篇曰：

> 玄聖創典，素王述訓，莫不原道心、裁文章、研神理而設教。

又《贊曰》：

> 道心惟微，神理設教。

可見遠在一千五百年前劉勰已毫不遲疑地斷定：中國精神史上一切「創」與「述」都源於「道心」。他採用「文心」為書名，也許是因為此詞可以理解為「道心」在「文」的領域中展現。明乎此，則中國藝術千門萬戶，包括詩、書、畫在內，而無不貫穿着「天人合一」的特色，便絲毫不足驚詫了。

曲終奏雅，讓我回到《張充和詩書畫選》。

上面從「遊于藝」到「心與道合」的討論似有野馬脫韁之嫌，但其實是題中必有之義。我在承諾寫序之時，便早已決定不走省力的路，而就知解所及，將充和所體現的中國藝術精神盡量抉發出來。我希望我的一些初步觀察或可使本書的讀者在欣賞充和的絕藝之餘，窺見其深厚的文化泉源於依稀彷彿之間。充和在長期「遊于藝」的過程中，早已將心體磨煉得晶瑩澄澈。一九四四年她在重慶寫《仕女圖》，正值空襲警報大作之時。[7] 也在此時前後，她遊峨嵋山，佛光和尚一見便說她「有佛根，應皈依」。(見充和《小園即事之四》自注語) 充和是否「有佛根」，我這個「外道」無從置辭。但是我不妨大膽推測，充和的心體功夫大約已到了「睟然見於面，盎於背，施於四體」的境界，自然逃不過大和尚的法眼。

充和的「心源」如無盡藏，這部選集不過是「流落人間

7　見孫康宜《美國學生眼中的張充和》，《萬象》八卷六期，2006年9月，頁140。

者，泰山一毫芒」而已。我讀她的自書詩詞，如《結褵二十年贈漢思》、《小園即事》等，只覺一字一句都從她的「心源」中流出。如果將「憐渠直道當時語，不著心源傍古人」兩句詩借贈給充和，我以為是再恰當不過的。

2009年10月27日序於普林斯頓

10

試說科舉在中國史上的功能與意義

前　言

　　今年 (2005) 恰值中國廢止科舉制度整整一百年。《二十一世紀》決定推出一期紀念專號。早在一年之前，我已接受編者的稿約。但不料在預定撰寫期間，別有他事相擾，不克從容著筆。本文是在忙亂中擠出時間寫成的，草率謬誤之處請編者與讀者原諒。

　　如果以漢武帝在公元前一二四年創建太學，立「五經博士」和「弟子員」以及設科射策等一系列的活動當作科舉考試的發端，那麼科舉制度在中國先後持續了兩千年之久，與統一王朝體制同始同終。這樣一個源遠流長的傳統是值得回顧的，所以我決定對此制在中國史上的功能與意義作一次長程的觀察。只有先認清科舉的歷史特色，我們才能真正懂得科舉廢止為甚麼是一件劃時代的大事。

　　開宗明義地說，我認為科舉不是一個單純的考試制度，它一直在發揮着無形的統合功能，將文化、社會、經濟諸領域與政治權力的結構緊密地連繫了起來，形成一多面互動的整體。下面我將討論科舉內外的四個部分，以證成上述的觀察。本文

屬通論性質，而非學報式的專題研究，雖參考了不少原始史料與現代專著，但一概不加註釋，以便省覽。

一

從表層作描述，「科舉」可以說是統一王朝的中央政府通過公開考試的方式，向全國各地的「士」階層中選拔人才，納入整體的行政系統，擔任從地方到中央的各級職務。為甚麼「士」成為治國人才的主要來源呢？這是根據中國傳統政治理論中一個基本假定：「士」是精神修養和經典教育的產品，只有他們才能提供政治秩序所必需的道德操守和知識技能。這一假定是否可信是另一問題，這裏毋須深究；但它在中國文化傳統中根深柢固則是一個無可否認的事實。因此每一王朝為了「長治久安」之計幾乎無不把「開科取士」當作第一等大事，首先加以重視，甚至所謂「征服王朝」(如遼、金、元) 也不得不在一定限制下加以仿效，雖然其重要性不能與漢族王朝的科舉相提並論。

如果想了解科舉為甚麼早在公元前二世紀便已在中國萌芽，而且先後延續了兩千年之久，我們不能不從「士」的起源和流變說起。在西周的「封建」制下，「士」是古代貴族中最低的一級，但從春秋時期起，「封建」制逐漸解體。一方面，上層貴族有下降為「士」的；另一方面，下層的「庶民」也有上升為「士」的，於是「士」的數量開始激增。與此同時，「士」的性質也發生了重要的變化：從古代文武不分的「士」轉變為研究「詩、書、禮、樂」的「文士」，相當於社會學家所謂「文化事務的專家」("specialists in cultural matters")。這一

社會變動至戰國時期完成，「士」作為一個特殊的社會階層正式登上中國史的舞台，最先興起的儒、墨兩大學派便代表了「士」的原型。

儒、墨兩家在思想上雖有分歧，但卻同以政治秩序的建立與維持為「士」階層的最重要的任務。孔子「士志於道」的名言已對於「士」的社會功能作了明確的規定：他們必須擔當起變「天下無道」為「天下有道」的重任。子夏「學而優則仕」一語在今天已成人人指責的話柄，但在當時則顯然是在發揮孔子「士志於道」的涵義，與曾參所謂「士不可以不弘毅，任重而道遠」在精神上是互相補充的。墨子處身於戰國初期，「士」在政治上已遠比春秋時代為活躍，所以他更進一步要求各國國君「尚賢」和「親士」。在積極方面，他強調「賢良之士」是「國家之珍，社稷之佐」，因為他們「厚乎德行，辯乎言談，博乎道術」；君主必須對他們「富之、貴之、敬之、譽之」。在消極方面，他更發出警告：「緩賢忘士，而能以其國存者，未曾有也。」

社會結構的轉變和儒、墨的倡導終於引出了一個相當普遍的國君「禮賢」運動。從西元前五、四世紀之交起已有魏文侯受「經藝」於子夏和魯繆公敬禮子思的記載。西元前四世紀中葉齊宣王重建稷下學宮，網羅「學士且數百千人」，則是戰國時期規模最大、持續最久的一個「禮賢」機構。自此以後各國為了變法圖強，無不以「招賢納士」為當務之急，而政治舞台也完全操縱在「士」的手中。但當時的「士」都是所謂「游士」，不受「國」界的限制；他們人數十分龐大，復經常流動於各「國」之間，形成了一股舉足輕重的「國際」性的勢力。正因如此，當時衡量一「國」或一個政治集團 (如齊、趙、楚、

魏「四公子」及呂不韋等)的實力，「士」的高下與多寡竟成為
一項最重要的指標。「得士者昌，失士者亡」這句政治格言廣
泛地流傳於戰國晚期，決不是偶然的。

　　以上的概括足以說明：「士」作為一個專業的社會階層，
在戰國中晚期已正式形成。這一新興階層具有兩個最重要的特
色：第一，「士」從古代貴族的最低一級轉變為新社會結構中
的「四民之首」。《春秋‧穀梁傳》中有一句話最能說明這一
轉變：

　　上古者有四民：有士民、有商民、有農民、有工民。(成公
　　元年條)

　　「上古」不過是「託古改制」的說法，事實上這句話確切
反映了戰國時代的社會實況。士、商、農、工是專業分類，士
和商則無疑是當時最活躍的兩大階層。「士為四民之首」的
觀念便從此凝固了下來 (至於後世四民的次序為士、農、工、
商，則是因「重農輕商」而修改的)。第二，由於受過精神訓
練和經典教育，「士」的專業主要在擔任政府中各方面和各層
級的領導工作；這一點至戰國末期也已取得社會的共識。因此
「士」與「仕」在當時的語言中是不可分的一體兩面。孟子早
就說過一句很有意義的話：「士之仕也，猶農夫之耕也。」這
明明是承認「士」以「仕」為專業，同時也肯定了四民的社會
分工。後來荀子更鑄造了「仕士」這個名詞，特指出任官吏的
「士」，以與「處士」的概念作對比。

　　「士」階層的形成及其巨大的社會動力正是漢王朝不得不
將政權向「士」開放的根本原因。我們都知道，漢高祖劉邦出

身「無賴」而得天下，最初完全不把「士」看在眼裏；他公開說道：「迺翁馬上得天下，安事詩、書？」但他做了十一年皇帝之後，忽一改故態，竟然想仿效周文王、齊桓公，下詔「招賢」了。這就表示：他已領悟到「馬上得天下，不能馬上治之」的道理。詔書坦白承認：為了「長久世世奉宗廟亡絕」，他願意「尊顯」所有「肯從我游」的「賢士、大夫」。但是為甚麼要遲至七十年後漢武帝才正式建立制度，開闢「士」的入「仕」途徑呢？這也是「士」階層的勢力一步步逼出來的。漢高祖為了鞏固劉家的天下，建立了許多獨立的世襲王國和侯國，由劉氏子弟分別統治。春秋戰國的政治格局幾乎又重現於統一帝國之內。《漢書・鄒陽傳》記述得很明白：

> 漢興，諸侯王皆自治民聘賢，吳王濞招致四方游士。

可知政治中心的多元化也造成了「游士」風氣的復活。戰國末期「士」的隊伍已極為壯觀，但一般而言，他們是「久處卑賤之位，困苦之地」(李斯語，見《史記》本傳)，不得不奔走各「國」之間以求「仕進」，因為這是他們唯一的謀生專業。漢初「士」的處境仍然如此，所以在漢武帝推行「削藩」政策 (公元前128年) 之前，他們又以「游士」的身份活躍在各獨立王國的小朝廷之中，在大一統的局面下為分裂的勢力推波助瀾。景帝時吳、楚七國之亂是和「游士」的政治活動分不開的。這一情勢甚至一直延續至武帝初年未變。《鹽鐵論・晁錯》記：

> 日者淮南、衡山修文學，招四方游士。山東儒、墨咸聚於

江、淮之間，講議集論，著書數十篇。然卒於背義不臣，謀叛逆，誅及宗族。

　　抓住了這一具體的歷史背景，我們便真正懂得為甚麼漢武帝緊接着「削藩」之後，一方面在中央設立太學，一方面又令州郡察舉孝廉、秀才了。在董仲舒、公孫弘等儒生的影響之下，他深知只有廣開入仕的途徑才能將「游士」盡量引進大一統帝國的體制之內，變離心力為向心力。

　　總之，「四民之首」的「士」階層的出現及其在政治上所表現的力量是漢代統一帝國不得不「開科取士」的重要原因之一。科舉制的發端如此，它在後世統一王朝下持續發展也是如此。漢武帝以後，「士」已脫離了「游士」的階段，一方面，與宗族、親戚、鄉黨等人群建立了愈來愈密切的關係，另一方面則開始「恆產化」，在鄉土定居。這樣一來，「士」以雄厚的社會經濟基礎為憑藉，在所居郡縣往往具有很大的影響力。由於「士」的影響力從文化與政治領域逐漸推展至社會、經濟各方面，而且盤根錯節，牢不可拔，他們作為「四民之首」的領導地位也愈往後而愈為鞏固。漢以後的統一王朝為了「創業垂統」打算，首先便不能不考慮怎樣與「士」階層建立起一種合作的關係。隋、唐以下所重新建構的科舉制度必須從這一角度去理解。南朝後期以來，「士」階層中所謂「寒人」開始抬頭，他們要突破門閥的政治壟斷，爭取入「仕」的機會。這是新科舉取代九品中正制的歷史背景。唐代是門閥貴族逐步衰落的時期，中、下層的「士」通過科舉在政治上則逐步上升。所以「進士科」的重要性也愈往後愈顯著。但門閥的徹底衰亡發生在五代北宋之際，因此從宋代開始，所謂「四民社會」才普

遍成立。「士」仍然是「四民之首」，但與其他三「民」——
農、工、商——之間的社會流動則已進入一個全新的時代。一
方面，「士」已不能世代保持其地位，隨時可以降為農、工、
商。所以宋代士大夫如陸游、袁采等都關心後世子孫不能為
「士」時應如何擇業的問題。另一方面，農、工、商也不是固
定的世襲職業，同樣有上升為「士」的機會，所以熙寧二年
(1069) 蘇轍〈上皇帝書〉說：

> 凡今農、工、商賈之家，未有不捨其舊而為士者也。

這一句話便足夠證明「士」的社會基礎已比唐代遠為擴大
了。蘇轍〈書〉中的「士」即指科舉的參與者而言；這是中國
社會史的新動向，下面將略作補充，此處不詳論了。總之，
唐、宋以後科舉制度已成為傳統帝國系統的一大支柱，無論是
對「士」懷着很深敵意的朱元璋或異族入主的滿清王朝，都不
能不借重科舉的統合功能了。

二

為了進一步說明科舉的統合功能，我想談兩個問題：第一，
人才的地區分布；第二，科舉如何適應社會流動，但都只能大題
小作。

人才的地區分布問題早在東漢中期即已出現。東漢郡縣向
中央推舉「孝廉」，名額愈來愈多，已不得不加上種種限制。
首先所謂「孝廉」事實上包括兩個主要範疇，一為「諸生」，
即入太學；二為「文吏」，即擔任法律、文書之類的職務。這

大概是參照西漢太學考績分甲、乙科，補「郎」、「吏」的辦法逐漸演變而成的。順帝陽嘉元年 (公元132年) 尚書左雄又加上兩條限制：第一，「孝廉」限年在四十以上；第二，「孝廉」在地方官薦舉後，至京師還必須通過考試：「諸生試家法，文吏課牋奏」。這是一次很重要的制度上的改動，已具備隋、唐以下科舉制的基本形式。明、清時代社會上都稱「舉人」為「孝廉」，即由此而來，因為東漢「孝廉」只有通過中央考試以後才能取得與後世「進士」、「明經」相等的地位。漢代設「孝廉」一科，顧名思義，自然是以道德操行為重，但道德操行是無法由考試來決定的，因此最後只能轉而以知識才能為去取的唯一客觀標準了。這也是後世科舉所遇到的兩難問題。

但東漢對「孝廉」制所加的限制，以推舉名額必須與人口成比例一項最值得注意。這件事發生在和帝時代 (公元89–105年)，當時很有爭論，最後則決定二十萬人口以上的地區每年可舉「孝廉」一名。例如大郡百萬人口每年可舉五名，小郡不滿二十萬人口則每兩年舉一名，餘可類推。這一條地區的名額限制明顯地表示科舉制的意義並不僅僅在於網羅最優秀的「士」參加政府，其更深一層的用心則是全國各地區的「士」必須平均而不斷地進入統一帝國的權力系統，使「孝廉」的察舉成為政府與整體社會之間的一條通道。具體言之，此制對統一帝國有政治與文化兩方面的重要性。在政治上，「孝廉」每年從各地走進政府，一方面可以使朝廷在重大決策方面不致過於偏向某些地區的利益，另一方面每一地區的特殊困難和要求也可以由所舉「孝廉」直接反映於朝廷之上。在文化上，「孝廉」制的運作則把大傳統中的基本價值傳播到各地，特別是文化、經濟較落後的邊遠地區，使大傳統與各地小傳統互相交流，以取

得全國性的文化統合的效用。這正是漢代經師所共同嚮往的境界，所以西漢宣帝時(公元前73–前49年)王吉上疏説：

> 春秋所以大一統者，六合同風，九州共貫也。(《漢書》
> 木傳)

這裏説的是文化「大一統」，與漢代的政治「大一統」互為表裏。東漢以「孝廉」制與人口直接掛鈎，即着眼於此雙重的「大一統」。永元十三年(公元101年)詔書云：

> 幽、并、涼州戶口率少，邊役眾劇；束脩良吏進仕路狹。
> 撫接夷狄，以人為本，其令緣邊郡，口十萬以上歲舉孝廉
> 一人；不滿十萬，二歲舉一人，五萬以下，三歲舉一人。
> (《後漢書·和帝紀》永元十三年條)

這是對上述內郡二十萬口舉孝廉一人的規定作補充，將邊郡減至十萬口。詔文一方面表示朝廷對邊郡的特別關懷，以爭取邊郡人民的政治向心力；另一方面則透露出「孝廉」制在文化傳播方面的功能：「孝廉」體現了中國大傳統的基本價值，可以發揮「撫接夷狄」的文化影響。和帝時關於「孝廉」名額與人口比例的規定是「公卿會議」集體討論的結果(見《後漢書·丁鴻傳》)，其中所涵攝的政治上與文化上的雙重統合功能，顯然是當時參與「會議」者精心設計出來的。所以宋以後的科舉制度仍然不得不繼續採用此規定的基本原則。

唐代科舉制度雖與「寒人」在政治上要求抬頭有關，但由於門閥勢力仍然佔據着支配性的地位，因此「進士」或「明

經」的名額是否應該根據地區作公平分配的問題，自始至終都沒有受到注意。事實上，唐代科舉名額甚少，「明經」平均每屆不過百人，更重要的「進士」則僅二十餘人。以福建一地而言，直到韓愈時代 (768–824) 才出現第一個「進士」，所以根本談不到地區分配的問題。但是到了北宋，「西北之士」與「東南之士」在科舉制度中嚴重失衡便成為當時一最大的爭論。西北地區自唐末五代以來已殘破不堪，中國的經濟、文化中心已逐漸轉移到東南地區。科舉考試中南北失衡便是這一狀態的反映。根據歐陽修的觀察：「東南俗好文，故進士多；西北人尚質，故經學多。科場東南多取進士，西北多取明經。東南州、軍進士取解，二三千人處只解二三十人，是百人取一。……西北州、軍取解，至多處不過百人，而所解至十餘人，是十人取一；比之東南，十倍假借之矣。」「進士」每出於東南，而「明經」則每來自西北，這是學術上南勝於北的顯證。我們都知道，自唐以來「進士」的地位便遠高於「明經」，至宋更甚，因為「明經」考試以記誦經文為主，而「進士」除重文辭之外尚須發明經文的涵義（「經義」），二者之間難易不可同日而語。但歐陽修堅決主張「國家取士，唯才是擇」的原則，這當然也因為他是南（江西）人的緣故。所以他還抱怨西北士人的機會高於東南士人十倍。後來王安石改革科舉，廢去「明經」，併為「進士」一科，考試一律以「經義」為主（他自己所撰的《三經新義》）。這一改制更不利於西北士人，因而引起爭議。但他自己卻辯解說：「西北人舊為學究，所習無義理，今改為進士，所習有義理。……今士人去無義理就有義理，脫學究名為進士，此亦新法於西北士人可謂無負矣。」「學究」即「學究一經」的簡稱，指「明經」而言。然

而這樣一改，「西北士人」在科舉考試中的機會更少了，他們是不可能接受這一辯解的。當時為「西北士人」說話的是司馬光（陝西人），他強調：「古之取士，以郡國戶口多少為率。今或數路中全無一人及第，請貢院逐路取人。」「全無一人及第」的當然是西北諸路。他是史學家，熟悉東漢和帝時期「孝廉」與人口成比例的規定，因此援以為據，重新提出「逐路取人」的原則。他在元祐主政期間，盡除王安石的「新法」，終於為「西北士人」爭取到科舉制中的名額保障：哲宗以後，齊、魯、河朔諸路都與東南諸路分別考試。歐陽修「國家取士，唯才是擇」的原則從此便被否定了。

明、清進士考試分南、北、中卷，或分省錄取，大體即沿續了司馬光「逐路取人」的傳統。明初開科取士並無南北之分，但洪武三十年（1397）所取「進士」五十三名中，絕大多數是南人，北方舉子下第者都抱怨取士不公。這件事引起了明太祖的關注，下令重閱落卷，增加了六十一名，多為山東、山西、河南、陝西舉子，使南北取士得到了平衡。到仁宗洪熙元年（1425）「進士」會試正式建立了南北卷分別錄取的規定，十名之中南卷取六人，北卷四人。北方的「進士」名額從此有了制度性的保障。但不久之後，南北卷又修改成南、北、中三卷；其百分比是南卷取五十五名、北卷三十五名、中卷十名。所謂「中卷」主要包括邊遠諸省，四川、廣西、雲南、貴州。這和東漢和帝降低邊郡「孝廉」的人口比例，先後如出一轍。地區的平均分配不但是「進士」會試的最高指導原則之一，而且也同樣應用在「舉人」鄉試上面；因此各省名額大致根據人才多寡而有不同，但即使文化、經濟最落後的省份，也依然有最低的名額保證。清代大體沿用明制，不必贅述。但有一件事

應該特別指出：康熙五十一年 (1712)，「進士」會試所取各省人數多寡不均，邊省且有遺漏的情況。於是朝廷決定辦法，採分省錄取之制。這可以說是司馬光「逐路取人」原則的充分實現，由此更可知地區統合在科舉制度中所佔據的樞紐位置。

我在前面曾指出，科舉不僅僅是一種單純的考試制度；它更不能與現代所謂文官考試制度等量齊觀，「逐路取人」便提供了一條最有力的證據。如果科舉真是為了通過考試以選拔最優秀的治國人才，則它只能以歐陽修的「取士唯才是擇」為最終極的根據，不應再加一道地域性的限制。現在我們看到：無論是東漢「孝廉」還是宋、明、清「進士」，都是在各地區均衡分配的大原則下產生的。而且地區分配的要求來自「士」階層的內部，也不能歸之於皇權的片面操縱。東漢「孝廉」與人口成比例出於「公卿會議」；北宋「逐路取人」則經過南北士大夫長期爭論而獲致；明代分南、北、中卷也起源於洪武時北方落第舉人的抗爭。所以科舉制自始便兼涵一種地方代表性，各地「孝廉」或「進士」往往在政府中為自己地方的利害説話。這當然談不上是代議制，但不能否認科舉制有時也發揮了一點間接的代議功能。在統一王朝的所謂「盛世」，中央與各地方之間隔閡較少而予人以「政通人和」的印象，科舉制至少在其間發揮過一定程度的溝通和調節作用。韋伯 (Max Weber) 論近代官僚系統的建立，由於行政官吏的任用採取了客觀的標準，因而打破了貴族的壟斷和私人的關係，其結果是使被統治的人民在政體 (即使是專制政體) 面前趨向平等。他引西方近代文官考試制的發展為論證的根據，並稱之為「消極的民主化」("passive democratization")，但值得注意的是他的史例之中竟包括了中國的科舉制度，並特別指出：中國的制度至少在理論上

更為嚴格。無論我們是否接受他的論斷，他的眼光確是很銳利的，因為他早已看出：科舉的深層意義遠非其技術層面關於考試的種種設計和改進所能盡。

三

現在我要通過社會流動來看科舉制度的彈性。關於科舉與社會流動 ("social mobility") 的關係，近數十年專著甚多，尤以西方漢學界為盛。但是這裏不能涉及社會流動問題的本身，因為其中細節方面的爭論太多，且與本文的主旨無大關係。據我平時閱覽所得的印象，自宋以後，特別在明、清時期，科舉有愈來愈向一般的「民」開放的趨勢，是無法否認的。仕宦、「詩禮」、富商之家的子弟在科舉競爭中常常佔有很大的優勢，這是不必說的。即使今天所謂民主社會中的選舉，優勢也往往屬於有錢有勢又有家世背景的候選人。但從整個歷史進程看，至少明、清科舉已非任何特權階層所能壟斷。顧炎武論明末科舉取士的情況，曾感慨繫之地指出：「科舉所得，十人之中八九皆白徒。一舉於鄉，即以營求關說為治生之計。」可見當時舉人中以「白徒」佔絕大多數；他們的家境也非富有，因此一中舉後即汲汲於營生。無論如何，一般農家出身的子弟，如果得到本族「義莊」的幫助，是有可能在科場得手的。儘管比率也許很低。事實上，自宋至明、清頗不乏具體的例證，但此點非本節所重，姑置不論。

我在這裏所要特別討論的社會流動是指商人大量上升為「士」，以至使社會結構都發生了一定程度的變更。這是出現在十五、十六世紀的一股新動力，科舉制度首當其衝。唐代法

律根本不許商人及其子弟參加科舉考試，我也還未能在唐代史料中發現反證。但至北宋，由於商業更為活躍，商人與科舉的關係開始變得密切了，前引蘇轍「凡今農、工、商賈之家未有不捨其舊而為士者」那句話，已是明證。然而更重要的是慶曆四年 (1044) 三月所重訂的「貢舉條例」。「條例」中有一條說：「身是工、商雜類及曾為僧、道者並不得取。」這一新規定明白禁止正在經營的商人參加考試，但商人的子弟已不在禁止之內，若更進一步分析，「身是工、商」與「曾為僧、道」的法律語言不同，可知「曾為工、商」，現已放棄經營，則仍可通融。洪邁 (1123–1202)《夷堅志》中便有棄商中進士的故事。至於商人子弟在科場中得志，則更有實例可證。王闢之《澠水燕談錄》便記述了一位山東曹州富商，設立私學教族中子弟，後來其子與兩侄都考中「進士」。王闢之是山東人，治平四年 (1067) 進士，所記鄉邦事，自屬可信；且以時間推斷，此事恰可證實上引一〇四四年「貢舉條例」確已認真實行。

　　商人子弟在法律上取得科舉的參加權雖早始於北宋，但商人作為一個階層的社會地位要到明中葉以下才在科舉制度中明顯上升。這裏必須先介紹一下明代科舉的特色。

　　明代科舉制度中有兩條途徑可以讓「士」獲得任官的資格：一是通過「鄉試」，成為「舉人」，再通過「會試」與「殿試」，取得「進士」的名位。一般而言，「舉人」已可任職，不過地位較低，未來的升遷也受限制；「進士」才是科場中人人爭取的最高目標。另一條路則是「貢舉」，即由地方 (府、州、縣) 學校「生員」(俗稱「秀才」) 中選拔學行最優和資格最深的，「貢送」至國子監 (即「太學」)，成為「監生」(「太學生」)；取得「監生」資格之後，他便可出任地方政府中六品以下官員。

　　這裏應該特別對「生員」稍作解釋，因為這是明代的創制。明代正式設府、州、縣學，相當於一種地方學校。府學置教授，州學置學正，縣學置教諭，各一員，並置訓導教員以佐之。最初規定府學設「生員」四十名，州學三十名，縣學二十名，都由政府供給廩食，均稱之為「廩膳生員」。後來因名額不足應付，而有「增廣生員」、「附學生員」兩類的增添。根據十六世紀初葉的一個估計，當時全國「生員」總數已有三萬五六千名了(見王鏊《震澤長語》卷上)。

　　明代為甚麼要設府、州、縣學並增加了「生員」這一道關口呢？除了上一節所指出的地區平均分布的原因外，朝廷方面還有一層考慮，即對上述科舉中兩條入仕的途徑作更有效的控制，以保證「鄉試」和「貢舉」的品質不致下降。「生員」必須參加不斷的考試：首先是「歲考」(兩年一次)，優劣分六等；一、二等有賞，三等無升降，六等則黜革。其次，「歲考」之後，繼取一、二等為「科舉生員」，參加「科考」；「科考」也分六等，只有一、二等可取得「鄉試」的資格，三等即不得應「鄉試」。因此「科考」只有極少數生員入選，絕大多數都置於三等。這是對於「鄉試」的品質控制。至於每年「貢舉」入太學為「監生」，至十六世紀初已成為一條很艱難的道路，因為不但名額極少，而且「廩膳生員」必須依年資依次「升貢」，所以韓邦奇 (1479–1556) 說：「歲貢雖二十補廩，五十方得貢出，六十以上方得選官，前程能有幾何？」文徵明 (1470–1559) 也說：「有食廩三十年不得升貢者。」可知從「廩膳生員」到「升貢」要等待三十年，是當時的常態。最後，還應該補說一句關於怎樣取得「生員」資格的問題。這也要通過考試，即所謂「童試」。凡未入學為「生員」者，通稱

「童生」；「童試」也不是很容易過的，四五十歲仍然是「童生」的，在明、清筆記中時有所見。

以上是明代科舉制度的一個大概輪廓；有了這個輪廓，我們才能進一步說明從「商」升為「士」的社會流動中，科舉制度究竟發揮了甚麼樣的功能 (由於清代大體上沿襲了明制，本節將不涉及兩代制度上相異的細節，請讀者諒察)。

首先，明、清科舉制中增加了「生員」這一新範疇，由「童試」決定去取，等於在「士」與其他三「民」(農、工、商) 之間正式劃下了一道法律上的界線。近幾十年來西方研究科舉制與社會流動 ("social mobility") 的關係，主要注目於「進士」、「舉人」中的商人背景。這是為史料所限，不得不如此，因為進士題名錄、鄉試錄之類的文件傳世者尚多，可據以進行一定程度的量化分析。這些現代的量化研究已取得很大的成績，人所共見。這裏我只想提出一個意見：從科舉制看「商」上升至「士」的社會流動，最重要的關口便是「生員」。「童生」通過了「童試」，成為「生員」，才能參加府、州、縣學的「歲考」和「科考」；「科考」列名第一、第二等則正式取得「鄉試」的資格。因此「童生」與「生員」中有多少人來自商人家庭，顯然應該是研究社會流動所必須首先追尋的問題。可惜由於大量「生員」(「童生」更不必說) 的家世背景在資料上完全是一片空白，這一領域中的量化研究根本不可能開始。但是我們還是可以旁敲側擊，試作一點推測。

明末小說《型世言》第二十三回說：

　　一個秀才與貢生何等煩難？不料銀子作禍，一竅不通，才丟去鋤頭扁挑，有了一百三十兩，便衣冠拜客，就是生

員：身子還在那廂經商，有了六百，門前便高釘貢元扁
額，扯上兩面大旗。

這裏說的是「生員」和「貢生」(即「監生」或「太學生」)
都可以用銀子買到。買「生員」的包括農家(「鋤頭」)和商販
(「扁挑」)，買「貢生」的則主要是「經商」的人。明、清兩
朝在財政困難時期依靠「捐納」(即出賣「生員」和「監生」)
的方式來籌款，這是我們都知道的事實。明、清國子監制度中
本設有「捐資入監」一條，稱為「例監」，而「貢監」中也有
「納貢」一項。據近人研究，如道光一朝 (1821–1850) 由「捐
納」而來的「監生」即超過三十萬人，平均每年一萬名。明末
「生員」人數也激增，大約有五六十萬之多，其中由「捐資」
得來的必佔了一個很高的比例。所以《型世言》雖是小說，卻
從側面透露出科舉制因商人勢力上升而發生的變動。

除了捐納為「監生」、「生員」之外，商人子弟以「童
生」考入府、州、縣「廩膳」、「增廣」、「附學」等「生
員」的當然也不在少數，因為他們一般都很重視子弟的教育。
至於與政府關係密切的大商人，政府還為他們特設「生員」名
額，以保障其「鄉試」的資格，如明萬曆 (1573–1619) 中鹽商
子弟的保障名額便附入揚州府學。湛若水 (1466–1560) 的揚州
甘泉書院更是由大鹽商捐錢所建，揚州和儀真的鹽商子弟來從
學者不少。這當然也是為科舉考試作準備的。所以商人子弟走
正規科舉這條路的，在明、清時期已成一普遍風氣。清代沈垚
(1798–1840) 斷言：「非父兄先營事業 (按：即經商) 於前，子
弟即無由讀書以致身通顯。」這一觀察相當準確，有無數實例
可證。明、清「進士」和「舉人」名錄中以來自「民」籍者佔

絕大多數，這是因為當時填報家世時根據戶籍的分類，如軍、民、匠、灶 (即鹽商) 之類。事實上，戶籍劃分愈到後來便愈欠嚴格，因此所謂「民」之中必然包括了商人在內，不過從名錄中看不出來而已。如果將明、清與宋代作一比較，我們可以肯定地說，至少十六世紀以後科舉制度中「士」的商人背景已大幅度地加重了。

社會流動的結果使十六世紀以後的社會結構也發生了變動，不但士、商之間的界線已混而難分，而且整個帝國系統 (“imperial system”) 也不得不有所調整，以照顧到商人階層的利益。商人子弟無論是通過「捐納」以取得「監生」的身份或由正途出身以進入官僚系統，都自然不免對商業世界抱着一種同情而又理解的態度。我過去研究明清「士商互動」的歷史，曾獲得兩點清晰的認識：第一，商人子弟入太學為「監生」並不必然是為了仕宦，而毋寧是借着「監生」的身份與官方往來，對家中的商業運作起一些保護作用。第二，由正途出身而踏進宦途的也有人寧願在戶部或稅關任職，以便在行使職權時發生某些「寬商」的效應。至於在朝士大夫為商業發展 (包括海外貿易) 的正當性辯護之事則更是屢見不鮮。萬曆時御史葉永盛便曾為浙江鹽稅力爭，得免歲徵十五萬兩。但他之所以能如此則完全得力於歙縣一位「生員」汪文演提供的資料。這個例子最能說明「商」通過科舉制度上升為「士」之後怎樣能影響到中央政府的基本政策，使商人階層得到一定程度的照顧。這位歙縣「生員」是為徽州鹽商爭取權益而出頭說話，這是極明顯的。在朝士大夫的商業取向有時甚至會引起皇帝的不滿。如咸豐時戶部侍郎王茂蔭論鈔法，主張「通商情」，皇帝便「斥其為商人指使」。他的祖父是徽商，難怪引起咸豐帝的疑心了。王茂

蔭的鈔法改革當時是極有名的，甚至馬克思《資本論》討論這件事時也特別把他的名字提了出來。

　　科舉制度是帝國系統中最為敏感的一架調節機器，從以上關於商人社會流動的檢討中已完全顯露出來了。

四

　　最後我想談談科舉制度所採用的文本的問題，因為這是帝國系統的精神基礎，不容置之不論。

　　依照今天流行的觀點，兩千年科舉考試都在儒家思想的籠罩之下。如果以考試所依據的文本為分期的標準，科舉史又可劃分為兩個階段。第一階段始於漢武帝接受了董仲舒「罷黜百家，獨尊儒術」的建議，立「五經博士」於太學。從此「五經」定為考試的基礎文本 (按：戰國時原有「六經」，因「樂」的原始文本至漢已佚，故稱「五經」)。以「五經」試「士」一直延續到宋代。第二階段始於元代，改以「四書」試「士」，所依據的基礎文本則是朱熹的《四書集註》。這個新規定為明、清兩代所繼承，於是程、朱一派的「道學」成為欽定的儒家正統。正如漢代「罷黜百家」一樣，程、朱「道學」定於一尊之後，宋代新儒學中其他各派也遭到了「罷黜」的命運，特別是「陸、王心學」。

　　這個現代論斷表面上似持之有故，但若進一步分析，則似是而非，且不免明察秋毫而不見輿薪之弊。讓我先從漢代立「五經博士」的問題說起。董仲舒建議原文說：

諸不在六藝之科、孔子之術者，皆絕其道，勿使並進。
（《漢書》本傳）

「六藝」即「六經」(不可與「禮、樂、射、御、書、數」相混)。這是專指太學立「博士」講座，專門傳授「六經」，其他諸子百家則不得進入太學的講授系統，與「六經」享受同等的待遇。我們必須牢記這裏講的是太學制度，便不致誤會董仲舒主張以政府的力量來禁止「百家」在社會上流通了。

董仲舒為甚麼給予「六藝」與「孔子之術」這樣特殊的地位呢？要解答這個問題，我們必須回到漢代的觀念，不能用後世的眼光來看待他這句話。從戰國到漢代，「六經」早已取得公認的「聖典」("sacred books")身份，遠非其他書籍所能相提並論。所以劉歆《七略》(收入《漢書・藝文志》)把「六藝」歸為一個特殊的類，列在一切其他類之前，「六藝」之下才是「諸子」、「詩賦」等。所謂「聖典」是指「六經」(或「六藝」)並非任何私人的著作或言論，而是「古聖先王」(堯、舜、禹、湯、文、武、周公)治理天下的實際成績，由一代一代的「史官」記錄了下來。清代章學誠提出「六經皆史，皆先王之政典」之說，真是一語破的，把「六經」的「聖典」性質扼要地點出來了。

由於「六經」是「聖典」，所以「詩、書、禮、樂」在春秋時已成為貴族教育的基本讀物。趙衰向晉文公推薦郤縠為「元帥」人選，其最主要的理由是其人「說(悅)禮、樂而敦詩、書」(《左傳》僖公二十七年)。孔子與「詩、書、禮、樂」的關係，有《論語》為證，可不必說。墨子也出於同一教育背景，故其書中引詩、書極多，後世且傳說他最初「受儒

者之業」(《淮南子》〈主術訓〉、〈要略〉)。這些實例證明
《禮記・王制》説古代「順先王詩、書、禮、樂以造士」的話
確是有根據的。董仲舒主張太學為專門講授「六藝」之地,不
雜以戰國新起的「百家」之學,正是要回到古代「聖典」的教
學傳統。這是他「復古更化」的整體構想的一個組成部分。

董仲舒為甚麼在「六藝」之下加上「孔子之術」四個字
呢?這完全是因為孔子與「六經」的特殊關係。漢代人都相信
孔子整理了「六經」,用為教學的基礎文本,這才使「六經」
得以完整地保存了下來,這一偉大的功勳使他成為周公之後的
第一人。所以《史記・孔子世家》説:「孔子以詩、書、禮、
樂教,弟子蓋三千焉,身通六藝者七十有二人。」換句話,
「孔子之術」在於「述而不作,表章六藝,以存周公之舊典」
(章學誠語)。漢代特尊孔子並不是因為他是所謂「儒家」的創
始人。

相反的,「儒」作為一「家」在漢代是「百家」之一,因
此漢武帝以後也同在「罷黜」之列。劉歆《七略》另立「儒
家」之目,但列於「諸子」之首,與「六藝」分開。這也是
漢代通行的觀念,可以上溯至司馬談「論六家要旨」(見《史
記・太史公自序》)。「儒家」一類包括了後世流傳最廣的《孟
子》和《荀子》。《孟子》在漢文帝時曾立「博士」,但武帝
設太學也同時被「罷黜」了。由此可知戰國以來「六經」與
「百家」之間存在着一道不可踰越的界線。界線在何處呢?
即在「六經」是「聖典」,是「古聖先王」治天下的記錄,而
「百家」則是戰國以下諸子的私家言論。我們再看《七略》
「六藝」類中所列孔子名下的三部書,問題便更清楚了。《春
秋》據説是孔子在「史官」失職以後,根據魯國官方檔案「筆

削」而成的一部「史」，其地位可與《尚書》相擬，因此取得「經」(即「聖典」)的身份。這件事只有孔子一人可以作，他的弟子輩也不敢「贊一辭」。太學中只有專治《春秋》的「博士」，卻未為《論語》、《孝經》立「博士」。為甚麼呢？因為這兩部書在漢代雖極其重要，但畢竟是孔子的私家言論。「六經」與「百家」在戰國、秦、漢間分別之嚴是各家各派都共同接受的。所以《莊子・天下》篇總論古代思想的流變，首先指出：「其在詩、書、禮、樂者，鄒、魯之士、搢紳先生多能明之。」這正是指孔子及其門人後學對「六經」的傳承與整理。王安石評這句話說：「先六經而後各家，莊子豈鄙儒哉！」可證〈天下〉篇作者也謹守「六經」與「百家」之間的界線，與劉歆《七略》之劃分「六藝」與「諸子」，若合符契。這是董仲舒建議的學術背景。自漢代太學立「五經博士」，科舉考試必以傳世久遠並且已獲得學術界公認的原始「聖典」為基礎文本，這一大原則從此便牢牢地建立起來了。

元、明、清以下科舉中採用「四書」為核心文本也是根據同一原則而來。唐代以「進士」、「明經」兩科最為重要，「明經」考試全以「九經」(《詩》、《書》、《易》、「三禮」、「春秋三傳」)為主，固不待言。「進士」科雖說重詩、賦、策，但高宗時 (650–684) 已加試「經」，德宗時 (780–805) 並增口問經義。李唐因為以老子後代自居，《道德經》也常常出現在「進士」試中，玄宗且有御註，但這仍然不出以原始「聖典」為基礎文本的範圍。更值得注意的則是「經」的觀念在不斷擴大中，《論語》與《孝經》在唐代已正式取得「聖典」的地位，無論是「明經」或「進士」科，這兩部「經」也是必須「兼通」的。

　　宋代科舉仍沿唐制，以「經」為重，但更重視「經義」，王安石《三經新義》（《詩》、《書》、《周禮》）便是特別為進士試而編寫的。《孟子》在北宋也上升為「經」，王安石又特重孟子，所以自熙寧時期 (1068–1078) 始，《論語》和《孟子》在「進士」試中與「五經」並重，各佔一道試題，此後便成為定制。〈大學〉與〈中庸〉原為《禮記》中的兩篇，早已具有「經」的身份了。但至北宋初期這兩篇文字則受到朝廷的特別重視，因而單獨印布，賜給新及第進士。天聖五年 (1027) 仁宗首次賜進士〈中庸篇〉，進士唱名時並命宰相張知白當場進讀與講陳。三年之後 (1030) 仁宗則改賜〈大學篇〉，以後與〈中庸〉輪流「間賜」，著為定例。這是〈大學〉與〈中庸〉在科舉中一次突破性的發展。事實上，早在真宗大中祥符八年 (1015) 范仲淹考進士「省試」(指禮部試，因放榜在尚書省，故通稱「省試」)，題目即出自〈中庸〉的「自誠而明謂之性」。可知科舉考試特重〈大學〉、〈中庸〉，十一世紀初年已然。康定元年 (1040) 范仲淹勸張載讀〈中庸〉，即本於自己的考試經驗而現身說法。一般的理解以為定〈大學〉、〈中庸〉、《論語》、《孟子》為「四書」是「道學家」二程兄弟的特殊貢獻。現在我們看到，「四書」取士早已先在科舉中實現了。宋代是考試重點從「五經」移向「四書」的過渡時代。「聖典」(「經」) 的觀念隨着時代而不斷擴大與改變，學術界經過長期的醞釀，終於逼出了「四書」的觀念。這不是少數人的私意所能左右的。

　　「四書」絕不是宋代程、朱「道學」(或「理學」) 的私產，而早已成為當時學術界公認的「聖典」。關於這一點，我們只要稍稍回想一下陸象山論學的重點便完全清楚了。他是

「心學」的創始人，與朱熹針鋒相對，但是他的「心學」也是「讀《孟子》而自得之」，因此堅持孟子的「先立其大」，他所謂「大」又相當於「尊德性」，這又是〈中庸〉的語言了。試讀他的文集和語錄，即可知他的經典根據主要即在「四書」。明代的王陽明也是如此，他的「致良知」出於《孟子》，他力攻朱熹關於「格物」、「致知」的解釋，則集中在〈大學〉一篇，最後且有〈大學問〉、〈大學古本〉之作。陸、王對於〈大學〉、〈中庸〉、《論語》、《孟子》成為宋以下的新「聖典」是絕對肯定的，他們與朱熹之間的分歧僅僅在於文本的解釋方面。

澄清了這一歷史背景，我們才能完全明白元、明兩代開科取士為甚麼都採用朱熹的《四書集註》為基礎文本。元代皇慶二年 (1313) 初定科舉程式，即規定考試在《四書集註》中出題。元初程、朱學者在朝廷上最有影響力，這一決定與之有關，自是事實。但考試文本的主體是「四書」本身，而不是朱「註」，這是我們必須首先強調的一個論點。前面已提及，「四書」在北宋早已分別是科舉中的基礎文本，不過沒有變成一個獨立單位而已。經過南宋的學術發展，特別是朱熹個人的努力，「四書」的概念已為學界所普遍接受。元代袁桷已指出，「自宋末年尊朱熹之學，唇腐舌弊，止於四書之註。」所以元代重建科舉，以「四書」取士，完全是順理成章的事。「四書」進入科場既不可避免，朱熹《集註》隨之而至也是必然的。《集註》是朱熹一生精力之所聚的大著作，臨死前還在改定〈大學〉「誠意」章。今天我們也依然承認《集註》本身即是經典，何況在宋、元之際，它還是唯一貫通全部「四書」的註本。陸象山的「心學」在元初也不是沒有知音，如

吳澄、湯中等人都有過調和「朱、陸異同」的嘗試。但象山不
屑註書，自然無法在科舉中與朱熹一爭高下。所以僅憑考試用
《四書集註》一事，我們並不能輕率地得出「程、朱道學」從
此主宰了科舉的結論。再以「五經」而言，《詩》、《書》、
《易》雖以程、朱等人的註解為主，但仍「並用古註疏」。我
們可以說程、朱一系的「道學」佔了註釋「聖典」的便宜，在
元、明、清科舉中取得比其他學派更大的空間。這正像漢代的
「儒家」沾了「六藝」的光，在太學制度中取得「獨尊」的地
位一樣。但從整體來看，元以下的考試仍以原始「聖典」為基
礎文本，這個原則並未改變。

　　但「聖典」有解釋的問題，程、朱「道學」既在科舉中取
得「正學」的地位，那麼「道學」（或「理學」）是否因此而在
元、明、清三代「定於一尊」了呢？其他「邪學」（如陸象山
「心學」）是否真的遭到「罷黜」的命運呢？這些問題非常複
雜，此處無法展開。但根據人人看得見的歷史常識，答案只能
是否定的。以明代而論，正是因為反抗程、朱「正學」，王陽
明才能將陸象山的「心學」發展到登峰造極的地步。這還是指
科場以外而言。在科場之內，王學士大夫如徐階 (1503–1583) 入
閣為次輔之後，掌握了考試大權，試官出題便改用陽明的新說
了。我們必須了解，科舉的規定是一事，主持的試官則是另一
事。試官每屆變更，未必人人都是欽定「正學」的信徒。在一
定的範圍內他們往往隨時代學風而調整其取捨的標準。朱熹回
憶他考試時發揮一位禪師的意思，適為試官所喜，遂得中試。
這更是一個極端的例子。漢代太學立「五經博士」的情形也大
同小異。「儒家」不僅沒有定思想界於一尊，「五經」反而受
到其他各「家」的嚴重侵蝕。《春秋》為「斷獄」之書，則已

與「法家」合流；京房之流專說災變，則《易》學已走上「陰陽家」的路數。在太學內部「博士」講座也不得不隨時增添，以容納對於「五經」解釋互異的各種「家法」。所以到了東漢初年，「五經」已擴大到十四位「博士」了。

　　總之，通觀前後兩千年考試中基礎文本的持續與變遷，科舉制度的統合功能及其彈性也同樣表現得非常清楚。以原始「聖典」為基礎文本，科舉考試建立了一個共同的客觀標準，作為「造士」與「取士」的依據。漢代的「五經」、宋以下的「四書」都是當時的「士」共同承認的「聖典」。這是科舉在學術思想領域中所發揮的統合功能。但「聖典」的解釋必然是多元的、隨時變動的，不可能統一於任何「一家之言」。因此，如上面所說，科舉制度在實際運作中往往生出一種自我調適的機能，使欽定的「正學」不致與科場以外學術與思想的動態完全陷於互相隔絕的狀態。這是科舉的彈性的一面。

　　為甚麼科舉制度會有自我調適的彈性呢？我們必須認識到：科舉制度從最初設計、考試文本的選定、到實際運作，畢竟操縱在「士」的手中。「士」對科舉的期待與皇權所持的立場有同有異，未必盡合。唐太宗看到許多士子來參加進士試，發出「天下英雄盡入我彀中」的喜悅，這句名言大致代表了皇權的基本態度，即以科舉來牢籠天下之「士」，使盡為我用。宋太宗也公開說道，科舉取「士」，足以為「致治之具」。皇權視科舉為製造王朝統治所必需的工具，這是很清楚的。但「士」作為一個群體而言，則往往以政治主體自居，他們是要與皇帝「共治天下」的。科舉考試則為「士」提供了「共治天下」的合法途徑。主持各層考試的官員都出身科舉，他們來自民間，也時時受學術與思想新動態的衝擊，他們的視野自然要

比皇權方面的人 (包括皇帝在內) 廣闊得多。科舉中雖有欽定
「正學」，他們在執行各級考試時仍有靈活運用的餘地。從
「共治者」的立場出發，「直言極諫」是一個十分重要的價
值。因此雖以明代皇權的專橫，試官出題還不免有故意引發舉
子直率批評朝政的事件。嘉靖二十二年 (1543) 山東鄉試，主
試官葉經用《論語》出題：「無為而治者，其舜也與！夫何為
哉，恭己正南面而已矣！」考生中有一卷答曰：「繼體之君未
嘗無可承之法；但德非至聖，未免作聰明以亂舊章。」嘉靖帝
大怒，以為是譏諷他的話，試官與考生都受「廷杖」而死。天
啟四年 (1624) 八股文名家艾南英參加江西鄉試，在試卷中有批
評宦官干政之語 (其時魏忠賢當權)，也被逐出考場。這一類科
場事件明、清兩代層出不窮，所以我們不能一概而論，認定科
場試卷全是一片「頌聖」之辭，與試舉子人人都在「正學」薰
陶下成了皇權的馴服工具。科舉的彈性，其源在此。

結　語

上面我選擇了與科舉密切相關的四個方面，分別作了檢
視，以闡明這個制度在中國歷史上的功能與意義。站在史學研
究的立場上，我僅僅視科舉為一長期存在的歷史現象。為了理
解何以中國史上出現了這一特殊現象，本文主旨僅在於揭示造
成此現象的歷史動力與客觀條件。所以本文完全不涉及主觀評
價的問題，既不為它辯護，也不施以譴責。我的基本看法是：
科舉是傳統政治、社會、文化整體結構中的一個部分，甚至可
以說是核心部分。所以光緒三十一年 (1905) 科舉廢止後，持續
了兩千年的帝國體制也隨即全面崩解了。

　　當時朝臣奏罷科舉的一個主要理由是說它「阻礙學堂」，可知以現代學校取代科舉已是「士」階層的共識。上面已指出，科舉的起源與持續出於「士」階層的要求，制度的設計與改進也操在「士」的手上。現在我們更看到，它的廢止也是由「士」階層決定的，清末皇權在這一方面完全處於被動的地位。晚清的「士」階層，無論在政治取向上是漸進的或急進的，都知道傳統體制已絕不足應付「三千年未有之變局」。因此他們「求變、求新」的方案，彼此之間雖相去甚遠，但在以現代學校取代科舉這一具體問題上，卻早已得到一致的結論。我曾指出：

> 從社會結構與功能方面看，從漢到清兩千年間，「士」在文化與政治方面所佔據的中心位置是和科舉制度分不開的。通過科舉考試 (特別如唐、宋以下的「進士」)，「士」直接進入了權力世界的大門，他們的仕宦前程已取得了制度的保障。這是現代學校的畢業生所望塵莫及的。着眼於此，我們才能抓住傳統的「士」與現代知識人之間的一個關鍵性的區別。清末廢止科舉的重大象徵意義在此便完全顯露出來了。[1]

　　我所說的「知識人」便是 "intellectual"，通常譯作「知識份子」。一九〇五年的科舉廢止在中國傳統的「士」與現代知識人之間劃下了一道最清楚的界線。

2005年4月29日於華府

1　《士與中國文化》〈新版序〉(上海：上海人民出版社，2003)。

11

俠與中國文化

　　「俠」是中國文化的獨特產品。這一論斷當然不是否認其他文化中也有和「俠」相似的現象。最明顯的如西方的「武士」(Knight-hood) 或「騎士」(Chivalry) 確足與中國的「俠」相互參證。事實上，武士階層在世界各大文化中都先後扮演過重要的角色，而且其道德規範也大同小異。但比較文化史特別引人入勝之處則不在其「大同」的一面，而在其「小異」的部分。祇有着眼於「異」，我們才能超越武士階層的世界通性，以進而彰顯「俠」的中國特性。本文將着重於「俠」在中國文化、社會史上的流變。這是因為「俠」的觀念在中國史上經歷了好幾個變遷階段，不容「一言以蔽之」。通過探源和溯流的研究方式，我們才能比較準確地劃定「俠」在整個文化系統中的位置。

一、俠的起源及其中國特性

　　近代學人關於「俠」的起源討論較多。大體言之，他們認為「俠」是從古代「士」階層中逐步演變出來的，而古代的「士」則都是武士。事實上，商、周的「士」大致是文武兼資

的，到了春秋以後才開始有文武的分化。下逮戰國時代，文士與武士已形成兩個截然不同的的社會集團了。顧頡剛《武士與文士之蛻化》説：

> 然戰國者，攻伐最劇烈之時代也，不但不能廢武事，其慷慨赴死之精神且有甚於春秋，故士之好武者正復不少。彼輩自成一集團，不與文士溷。以兩集團之對立而有新名詞出焉：文者謂之「儒」，武者謂之「俠」。儒重名譽，俠重意氣。……古代文武兼包之士至是分歧為二，憚用力者歸「儒」，好用力者為「俠」，所業既專，則文者益文，武者益武，各作極端之表現耳。[1]

這一論斷大體是合乎歷史實況的。其中唯一可以斟酌之處是「俠」是否能看作「武士」的專名。《韓非子‧五蠹》云：

> 儒以文亂法，俠以武犯禁，而人主兼禮之，此所以亂也。

這大概便是顧氏立説的根據。但是我們似乎祇能説俠出於武士階層，而不能説凡是武士都可以稱作俠。嚴格言之，俠是武士中最具典型性並將武士道德發展至最高水平的人。《史記‧游俠列傳》云：

> 今游俠，其行雖不軌於正義，然其言必信，其行必果，已諾必誠，不愛其軀，赴士之厄困，既已存亡死生矣，而不矜其能，羞伐其德，蓋亦有足多者焉。

1　顧頡剛《史林雜識》，初編《香港：中華書局，1963)，頁18–89。

司馬遷這一段關於「俠」的描寫不但抓住了古代「俠」的真精神，而且也為後世仰慕「俠」行的人樹立了楷模。根據這一標準，大概祇有武士中之出類拔萃者才能稱之為「俠」，一般武士是不夠格的。

「俠」既淵源於武士階層，則其出現的歷史過程大致與文士相同，也就是說，「俠」起於古代「封建」秩序的解體。文武兼包的「士」在周代「封建」制度中原是最低層的貴族。但到了春秋以後原有那種固定的封建等級制度已不能維持了，於是發生上下流動的現象。有些高層的貴族下降為「士」，更有不少平民上升到「士」的階層。一方面，「士」開始文武分化；另一方面，「士」的隊伍也在不斷擴大之中。齊思和《戰國制度考》指出：

> 平民既成為戰鬥之主力，於是尚武好勇之風遂傳播於平民，而游俠之風興焉。慷慨赴義，盡忠效死，本為封建時代，武力之特殊精神。……惟春秋之俠士刺客，猶限於貴族。至戰國則舉國皆兵，游俠好勇之風，遂下被於平民。於是抱關擊柝，屠狗椎埋之流，莫不激昂慷慨，好勇任俠，以國士自許。而當時之王公大人，或用之以復仇，或資之為爪牙，往往卑禮厚幣，傾心結納。嚴仲子以萬乘之卿相，而下交於聶政；信陵君以強國之公子，而屈禮於侯生。此種泯除貴賤之態度，實封建時之所未有。而俠客亦遂激於寵禮，慷慨圖報；一劍酬恩，九死無悔。[2]

平民上升為「士」（包括武士）是戰國時候最重要的變動之

2　齊思和，〈戰國制度考〉《燕京學報》第二十四期 (1938年12月)，頁194。

一。這便說明，中國的「俠」在歷史舞台上初出現時即包括了平民在內，而非貴族階層所獨佔。這是「俠」與西方「騎士」之間最顯著的文化差異之一。西方中古的騎士必然是貴族，故不僅有莊嚴的授爵典禮 (dubbing)，而且還有正式的組織 (orders)。中國古代的「士」在春秋以前也是貴族並且也有成「士」之禮(如「冠禮」)，但是至少在戰國時代士、庶之間的界線已趨於模糊，而且有關「士」的禮儀似乎也鬆弛了。今天傳世的禮書大致祇能代表古代禮制的理想化，不足以說明戰國以下的實際狀況。在「禮壞樂崩」以後，「士」的資格的取得是否必須通過形式化的禮儀，如西方中古的騎士之例，至少在史籍上是找不到明確記載的。

從一般武士的情況推到「俠」的問題，則中西文化的差別更為清楚。「俠」之名在春秋時代尚未出現。所以中國的「俠」從一開始即不限於貴族，而包括了許多平民在內。《史記·游俠列傳》云：

> 古布衣之俠，靡得而聞已。近世延陵、孟嘗、春申、平原、信陵之徒，皆因王者親屬，藉於有土卿相之富厚，招天下賢者，顯名諸侯，不可謂不賢者矣。比如順風而呼，聲非加疾，其勢激也。至如閭巷之俠，脩行砥名，聲施於天下，莫不稱賢，是為難耳。然儒、墨皆排擯不載。自秦以前，匹夫之俠，湮滅不見，余甚恨之。

在這段文字中，司馬遷一連用了「布衣之俠」、「閭巷之俠」和「匹夫之俠」三個名詞，顯然都指平民而言，並持以與戰國四公子之輩相對照。在他的觀念中，戰國時代的「俠」顯

然可分兩類：一為貴族 (卿相) 之俠，一為平民之俠，而後者更為可貴。這一點在《漢書‧游俠傳》中說得更明白：

> 陵夷至於戰國，合從連橫，力政爭疆，繇是列國公子，魏有信陵，趙有平原，齊有孟嘗，楚有春申，皆藉王公之勢，競為游俠，雞鳴狗盜，無不賓禮。

可見班固正是把四公子劃為「游俠」一類。至於《史記》中的「延陵」，據顧炎武《日知錄》卷二十八〈史記註〉條云：

> 延陵謂季札，以其徧游上國，與名卿相結，解千金之劍而繫冢樹，有俠士之風也。

顧氏以「延陵」為春秋時代的吳季札。此說可信與否在此無關緊要。值得注意的是他顯然也認為司馬遷所述延陵等五人是屬於「卿相之俠」，而與「布衣之俠」不同科。

司馬遷一方面指出「俠」有貴族與平民之別，另一方面則對平民之「俠」特加推重，故曰：「自秦以前，匹夫之俠，湮滅不見，余甚恨之。」這一點反映了漢初的「俠」大致已發展到以平民為主體的階段。這是一個很重要的歷史事實，足以說明為甚麼「俠」和古代作為貴族最低層的「士」已大為不同，即「俠」並不需要通過一套形式化的「禮」而存在。前面所引司馬遷關於「游俠」的描寫，如言必信、行必果、諾必誠⋯⋯等等祇是行為的表現，而不是「禮」。從這一點來觀察，「俠」和西方中古騎士的差異更是涇渭分明了。西方騎士之正

式取得並維持其資格必須通過許多繁複的禮儀，如上面提到的授爵禮和各種定期的武藝比試 (tournaments)。這大概有些像中國古代的「士」的「冠禮」、「大射禮」、「鄉射禮」之類，因為騎士和中國春秋以前的「士」同是世襲的貴族。西方騎士的家世背景是極其嚴格的，如果偶有一個平民被誤授以騎士的身份，所有參與授爵典禮的人都要受到嚴厲的處罰。[3]《管子‧小匡》篇所載「士之子常為士」的原則在西方騎士史上確是信而有徵的。由於「俠」自始即包括了貴族和平民兩種社會成員，而且平民的比重還越來越高，所以「俠」的發展並沒有帶來一套「禮」的規定。這也許是因為「禮不下庶人」的緣故。總之，以「俠」與西方騎士相對照，我們會發現「俠」的主要憑藉是一種無形的精神氣概，而不是形式化的資格。中國史籍上充滿了「俠風」、「俠氣」、「俠節」之類的名詞，但卻未見有「俠禮」之稱。

　　「俠」雖然主要指一種特殊的精神狀態，這一精神卻也不能完全沒有社會基礎。這就涉及在戰國秦漢之際，甚麼樣的人才能被稱為「俠」的問題了。錢穆〈釋俠〉指出：

> 史公特指孟嘗、春申、平原、信陵為俠。至其所養，則轉不獲俠稱。……故孟嘗、春申、平原、信陵之謂卿相之俠，朱家、郭解之流謂閭巷布衣之俠，知凡俠皆有所養，而所養者非俠。此義，又可徵之於《淮南》之〈氾論訓〉。其言曰：「北楚有任俠者，其子孫數諫而止之，不

3　見 Maurice Keen, *Chivalry* (New Haven: Yale Universiy Press, 1984), p. 144。關於歐洲騎士起源的簡明討論，可看France Gies, *The Knight in History* (New York: Harper & Row, 1984), Chapter 2, pp. 8–20。

聽也。縣有賊，大搜其廬，事果發覺，夜驚而走。追道及
之，其所施德者皆為之戰，得免而遂返。語其子曰：『汝
數止吾為俠，今有難，果賴而免身。』」此任俠為有所養
之證也。至其所施德為之戰者，則轉不得俠稱。[4]

　　錢先生此處的觀察十分敏銳，所引《淮南子》中「任俠」
的故事尤其能說明問題。依照這一解釋，古代的「俠」還不是
指言必信、行必果、諾必誠、存亡死生⋯⋯的個別武士，而是
指這些個別武士的領袖，也就是贍養着這些武士的人。如貴族
中孟嘗君之流和平民中朱家、郭解等人。他們平時都對大批武
士予以財力的支持以及政治的庇護，因為這些武士中頗多犯法
的「亡命」之徒。韓非所謂「俠以武犯禁」，正指這種情況而
言。這一「俠」的文化特色更是在西方中古騎士身上完全找不到
痕迹的。換言之，西方騎士是合法的正式組織，而中國的「俠」
則是非法的結合。「俠」在戰國秦漢之際所以成為一股很大的社
會勢力便是因為「任俠」的人手下有大批武士，可以在危急時為
他出死力，如上引《淮南子》中「北楚有任俠者」之例。
　　《史記・季布傳》「任俠」一詞，據如淳注云：

　　相與信為任；同是非為俠。所謂「權行州里，力折公侯」
　　者也。

　　過去的注家曾對「任」字、「俠」字提出各種訓詁上的解
釋，這裏毋須深究。如淳注的重要性首先在於指出了「任俠」
是一種團體，不但互相信任，而且有共同的是非。其次，更重

4　收在錢穆《中國學術思想史論叢 (二)》(台北：東大，1977)，頁368。

要的則是它扼要地揭示了「俠」的社會結合的本質：「權行州里」指「俠」的地方勢力而言；「力折公侯」則指這種勢力和政治權威處在對抗性的地位。如淳是曹魏時代的人，他對於「任俠」的理解大致可以說明漢代的狀況。關於這一點，下面將另有討論。十七世紀的方以智在《曼寓草‧任論》中也說：「蓋任俠之教衰，而後游俠之勢行。」楊聯陞先生解釋此語說：

> 方以智認為任俠游俠，應有區別。……大意似以孟嘗信陵朱家郭解等能養士結客，有許多人依附者為任俠，單身或少數的俠客劍客，則為游俠。[5]

可知方氏也強調「任俠」的社會集團的性格，這和上引錢先生的看法大體相合。這一解釋在戰國秦漢之際的史料中是能夠得到印證的。

二、俠與古代思想

最後，關於「俠」的起源，我們還要澄清它和古代各派思想之間的關係的問題。近代學者先後至少提出過三種看法。第一是章炳麟的俠源於儒說。《檢論‧儒俠》云：

> 漆雕氏之儒，不色撓，不目逃，行曲則違於臧獲，行直則怒於諸侯。其學廢而閭里游俠興。俠者無書，不得附九

5　楊聯陞，《中國文化中報、保、包之意義》(香港：中文大學出版社，1987)，頁10。

流，然天下有亟事，非俠士無足屬。……世有大儒，固舉
俠士而並包之。徒以感慨奮屬，矜一節以自雄，其稱名有
異於儒焉耳。[6]

這是説漆雕氏之儒即是古代的俠，其學既廢才有「俠」的
繼起。但是即使在後世，「儒」仍然可以包括「俠」。

第二是墨出於俠説。馮友蘭〈原儒墨〉説：

貴族政治崩壞以後，失業之人乃有專以幫人打仗為職業之
專家，即上述之俠士。此等人自有其團體，自有其紀律。
墨家即自此等人中出；墨子所領導之團體，即是此等團
體。[7]

第三是「俠」與黃老道家有關説。勞榦《論漢代的游俠》
注意到漢初游俠似與黃老有關涉，如鄭當時、汲黯諸人一方面
喜「任俠」，另一方面又好黃老之言。勞先生所提出的假設性
解釋是二者都同屬於平民階級。勞先生更進一步説：

《史記‧游俠傳》序稱：「儒墨皆排擯不載」，可見游俠
既非儒亦非墨。亦即是游俠的行動不要任何學術或思想做
基礎。所謂或以為韓非言「儒以文亂法，俠以武犯禁」，
而認為墨出於俠，是並無根據的。不過俠雖與道家並非思
想上相承之序，卻有若干思想上溝通之處。因為游俠本是
一種傳奇式的行動，出發點是任情適性，而不是在清規下

6　《檢論》卷三，章氏叢書本，頁15–16a。
7　馮友蘭，《中國哲學史補》重印本(香港：太平洋圖書公司，1970)，頁32。

的嚴肅生活，所以與儒墨俱不類，只有在道家之中可以適
合。[8]

這三說之中，尤以墨出於俠的觀念流行較廣。但按之史
實，這三種說法都缺乏堅強的論據。西方的騎士雖然也起源於
古代俗世社會中的武士階級，特別是條頓民族的英雄傳統，但
自十字軍東征以後，騎士便和基督教匯流，從此騎士階級至少
在理論上已成為教會的捍衛者。所以一般專家承認「騎士」精
神是由尚武、貴族和基督教三種成份混合的結果[9]，甚至最嚴
謹的史家也不能否認騎士的仁慈、忠誠、正義等道德觀念確有
宗教的淵源。[10] 中國的「俠」則不然，它並非源於任何一派思
想，也沒有發展出一套系統的思想，更沒有和任何學派合流。
這又是「俠」與「騎士」的重要文化差異之一。

概括言之。俠祇有社會譜系可說，其直接系統出自武士階
層，而武士則又由古代文武兼包之士分化而來。漆雕氏之儒和
「赴火蹈刃」的墨者 (見《淮南子・泰族訓》) 都不過是古代
文武兼包之士之蛻化未純者，因此和「俠」有幾分表面上的相
似。如果僅據此而斷言「俠」與儒、墨之間有譜系關係，則未
免過於輕率。司馬遷說「閭巷之俠……儒墨皆排擯不載」，這
一句話便是以否定「俠」和儒、墨有譜系關係的斷案了。而且
司馬遷此處所用「儒墨」一詞已是「文士」的泛稱，並不專指

8　收入《勞榦學術論文集》，甲編 (台北：藝文印書館，1976)，下冊，頁
　　1025。

9　Maurice Keen, 注3所引書，p. 16; Sidney Painter, *French Chivalry* (Ithaca: Cornell
　　University Press, 1940), chaps. II and III.

10　John Huizinga, *The Waning of the Middle Ages* (Garden City: Anchor Books, 1954),
　　p. 78.

儒、墨兩家。這在漢代文獻中是常見的情形。例如《淮南子‧
氾論訓》說：「總鄒魯之儒墨，通先聖之遺教」和《鹽鐵論‧
晁錯》篇說：「山東儒墨咸聚於江淮之間，講論集議。」這兩
處「儒墨」的用法都衹能解為一般文士的代稱。墨者是文士而
不是武士，這是戰國秦漢時代的通解。至於道家不同情「俠」
的行為，證據也是十分明顯的。《淮南子‧氾論訓》在引述了
「北楚有任俠者」的故事之後，接着評論道：

> 知所以免於難，而不知所以無難，論事如此，豈不惑哉！

　　《淮南子》是漢初道家思想的總匯。此處評語顯然是以
「任俠」為多事，不合黃老「清靜無為」的宗旨。我們又如何
能說「俠」和「黃老」在思想上有所契合呢？總之，上引章
炳麟《儒俠》篇中「俠者無書，不得附九流」一語已道盡了
「俠」的底蘊，我們實在沒有必要為「俠」尋找任何古代學派
的淵源了。

三、俠的新階段──社會基礎與政治勢力

　　游俠起於戰國，但至漢代而進入一個新的階段。戰國時代
的「俠」常接受有權有錢者的招致，周游各國。這是「游俠」
一詞的由來。如《史記‧孟嘗君列傳》之末太史公曰：

> 吾嘗過薛，其俗閭里率多暴桀子弟，與鄒、魯殊。問其
> 故？曰：「孟嘗君招致天下任俠、姦人入薛中，蓋六萬餘
> 家矣。」

這六萬多家包括了「任俠」者和他們所養的死士（「姦人」）。這些「游俠」當然都是從各地應召而來的。《淮南子‧人間訓》記「鳶墮腐鼠，而虞氏以亡」的故事：

> 虞氏，梁之大富人也，家充盈殷富，金銀無量，財貨無
> 貲。升高樓，臨大路，設樂酒，積（擊）博其上，游俠相隨
> 而行樓下。博上者射朋張，中反兩而笑，飛鳶適墮其腐鼠
> 而中游俠。游俠相與言曰：虞氏富樂之日久長，而常有輕
> 易人之志。吾不敢侵犯，而乃辱我以腐鼠。如此不報，無
> 以立務（注：務、勢也。）於天下。請與公僇力一志，悉率
> 徒屬而必以滅其家。

這也是戰國時代的故事（亦見《列子‧說符篇》）；故事中的「游俠」和他們的「徒屬」無疑也是從各地來投效梁之虞氏的。

我曾指出，文士從戰國到秦漢經歷了一個重大的變化，即從周游列國的「游士」轉變為具有社會基礎的「士大夫」。漢初數十年中雖有「游士」的活躍，但已不過是一種迴光返照而已。此一變化的主要關鍵即在於大一統的政治秩序不能長期容忍「游士」的離心活動。文士如此，武士亦然。「游俠」進入漢代以後，其社會性格也發生了類似的變化。所不同者，「游士」經過「士族化」和「恆產化」之後，成為漢代政治社會秩序的主要支柱，而「游俠」的新發展則反而對此秩序構成更嚴重的威脅，因此終西漢之世，「游俠」都是皇權打擊的一個主要對象。

漢代的「俠」已趨向本土化。《漢書‧游俠傳》說：

布衣游俠劇孟、郭解之徒馳鶩於閭閻，權行州域，力折公侯。

「閭閻」、「州域」都是指「俠」的本鄉而言。所以《史記》、《漢書》記述「俠」的活動無不標明他們的地望。讓我們舉幾個例加以說明。《史記·游俠列傳》：

魯朱家者，與高祖同時。魯人皆以儒教，而朱家用俠聞。……自關以東，莫不延頸願交焉。

朱家雖是名聞天下的「俠」，但他的基礎畢竟在東方，所以「自關以東」的豪傑才對他特別景仰。同書又說：

而雒陽有劇孟。周人以商賈為資，而劇孟以任俠顯諸侯。吳、楚反時，條侯為太尉，乘傳車將至河南，得劇孟。喜曰：「吳、楚舉大事，而不求孟，吾知其無能為已矣。」天下騷動，宰相 (按：《漢書》作「大將軍」) 得之，若得一敵國云。

劇孟的勢力在以洛陽為中心的河南境內，所以周亞夫 (條侯) 才如此說。《資治通鑑》卷十六不載劇孟事，因為司馬光不信劇孟的勢力如一「敵國」。《通鑑·考異》曰：

按孟一游俠之士耳，亞夫得之何足為輕重！蓋其徒欲為孟重名，妄撰此言，不足信也。

司馬光以宋代人的眼光看待「游俠」，似未注意漢代「游

俠」的地域勢力，未免過於謹慎了。《史記》又說：

> 及劇孟死……而符離人王孟，亦以俠稱江、淮之間。是時濟
> 南瞯氏、陳周庸、亦以豪聞。景帝聞之，使使盡誅此屬。
> 其後代諸白（《索隱》：代、代郡人，有白氏豪俠非一，故
> 言「諸」）、梁韓無辟、陽翟薛兄、陝韓孺，紛紛復出焉！

又說：

> 自是（郭解）之後，為俠者極眾，敖而無足數者。然關中長
> 安樊仲子、槐里趙王孫、長陵高公子、西河郭公仲、太原
> 鹵公孺、臨淮兒長卿、東陽田君孺，雖為俠，而逡逡有退
> 讓君子之風。

這些「俠」雖然都霸一方的人物，所以必須一一標明其勢
力範圍。《漢書·游俠傳》曰：

> 萬章字子夏，長安人也。長安熾盛，街閭各有豪俠，章在
> 城西柳市，號曰：「城西萬子夏」。

可見長安一城之內，「俠」即分成許多小區域，互不相
犯。萬章的勢力限於城西柳市一帶，因此才獲得「城西萬子
夏」的稱號。這種情況和現代大城市中黑社會的分區統轄，幾
乎如出一轍。不但如此，各地區的「俠」互相尊重彼此的勢力
範圍在漢代也已是約定俗成。《史記·游俠列傳》曰：

雒陽人有相仇者，邑中賢豪居間者以十數，終不聽。客乃
見郭解，解夜見仇家，仇家曲聽解。解乃謂仇家曰：「吾
聞雒陽諸公在此閒，多不聽者。今子幸而聽解，解奈何從
他縣奪人邑中賢大夫權乎？」乃夜去，不使人知。曰：
「且無用待我。待我去，令雒陽豪居其閒，乃聽之。」

這個故事最足以說明「俠」的地域背景。郭解雖是名聞天
下的大俠，但他是河內軹人，洛陽不是他的勢力範圍。他不得
已而調解了洛陽的仇家，卻不願居功，而仍要暗中以此功歸之
於洛陽的「賢豪」。他的理由是「解奈何從他縣奪人邑中賢大
夫權乎？」也就是說這個調解之「權」本是屬於洛陽本邑之
「俠」的。從萬子夏和郭解的例子，我們可以完全證實漢代的
「俠」確是「馳騖於閭閻，權行州域」的。

「俠」和「士」一樣，在漢代首先是和宗族的力量結合了
起來。《史記・游俠列傳》中所說的「濟南瞷氏」便提供了一
個最突出的例證。《漢書・酷吏傳》云：

濟南瞷氏宗人三百餘家，豪猾，二千石莫能制，於是景帝
拜 (郅) 都為濟南守。至則誅瞷氏首惡，餘皆股栗。

可見瞷氏的社會勢力主要便建立在這三百多家的「宗人」
上面。《漢書》卷七十六〈趙廣漢傳〉云：

新豐杜建……素豪俠，賓客為姦利，(趙) 廣漢聞之，先風
告。建不改，於是收案致法。中貴人豪長者為請無不至，
終無所聽。宗族賓客謀欲篡取。

　　杜建之例則説明宗族和賓客是他的群眾基礎。此外如姻戚、鄉黨、故人等當然也都包括在內。《漢書·游俠傳》記齊人樓護「過齊，上書求上先人冢，因會宗族、故人，各以親疏與束帛，一日散百金之費。」即是一例。《史記·游俠列傳》記御史大夫公孫弘議郭解「布衣為任俠行權，以睚眦殺人」，終以「大逆無道」的罪名誅其族。這也是因為郭解的勢力來自宗族。

　　由於漢代「俠」的巨大的社會勢力，他們在政治上也有舉足輕重的作用。班固《漢書·游俠傳》説：

> 自魏其、武安、淮南之後，天子切齒，衛、霍改節。然郡
> 國豪桀處處各有，京師親戚冠蓋相望，亦古今常道，莫足
> 言者。惟成帝時，外家王氏賓客為盛，而樓護為帥。及王
> 莽時，諸公之間陳遵為雄，閭里之俠原涉為魁。

　　從這一段簡要的敍事中，我們可以認識到西漢一代「俠」在政治上的消長。現代史學家往往強調漢代游俠的平民性，這一點自有根據。但是我們同時也必須指出：司馬遷所謂「布衣之俠」、「匹夫之俠」或「閭巷之俠」乃是相對於周代「封建」貴族而言；漢代的「俠」卻並不是普通的「布衣」、「匹夫」。戰國的舊貴族到了秦漢時代基本上已消失了，但新貴族則開始形成，此即趙翼所謂「布衣將相」(《廿二史劄記》卷二)。漢代游俠的勢力不僅遍及民間，而且和新貴族互相援引，甚至有些「俠」本身也參加了新貴族的行列。[11] 我們試以魏其

11　參考宮崎市定，「游俠に就こ」，收在《アシソア史研究》第一 (京都，1957)，頁148–49。

侯竇嬰與灌夫的例子來說明「俠」與新貴族之間的關係。《史記‧魏其武安侯列傳》云：

> 灌將軍夫者、潁陰人也。夫父張孟，嘗為潁陰侯嬰舍人，得幸，因進之至二千石。故蒙灌氏姓，為灌孟。……夫不喜文學，好任俠，已然諾。諸所與交通，無非豪桀大猾，家累數千萬，食客日數十百人。陂池田園，宗族賓客為權利，橫於潁川。……灌夫家居雖富，然失勢，卿相、侍中、賓客益衰。及魏其侯失勢，亦欲倚灌夫，引繩批根生平慕之後棄之者，灌夫亦倚魏其、而通列侯、宗室為名高，兩人相為引重，其游如父子然。相得驩甚，無厭，恨相知晚也。

灌夫的父親張孟是灌嬰的「舍人」，後並改從灌姓，其本來社會身份之低微可知，灌夫本人則因灌嬰的提拔而歷任郎中將、淮陽太守、太僕等要職，顯然已成為漢初新貴族中一分子。但據上引傳文，灌夫其實是一個典型的「游俠」。他和魏其侯竇嬰之間一方面是互重義氣，另一方面則是彼此以勢力相援引。竇嬰看重灌夫所擁有的宗族、賓客、田園等等「權利」；灌夫也需要竇嬰所擁有的列侯、宗室等政治關係。前引班固語，說「及王莽時，諸公之間陳遵為雄，閭里之俠原涉為魁。」事實上，這兩類的「俠」在漢代初期即已存在。陳遵在哀帝時已因軍功封侯，至王莽時先後出任河南太守、九江及河內都，「凡三為二千石」。他居長安時，史言「列侯、近臣、貴戚皆貴重之。牧守當之官及國豪桀至京師者莫不相因到遵門。」(見《漢書‧游俠傳》) 他的經歷和灌夫極其相似，都可

以稱之為「俠而優則仕」的一型。由於灌夫捲入了魏其、武安兩派政治鬥爭的風暴中心，所以司馬遷將他的事迹附在此兩人傳記之內（《漢書》亦然），否則他也應該是〈游俠列傳〉中的人物。

「游俠」的勢力如此浩大，社會根基又如此深厚，他們自然是在朝的新貴族所必須爭取的對象。但「游俠」的活動加深了王、侯、將、相之間的黨派分裂，極不利於統一皇權的伸展。所以班固特別指出「自魏其、武安、淮南之後，天子切齒、衛霍改節」。班固此處的「天子」是指武帝而言。其實，早在文、景兩朝，漢廷已開始誅戮「游俠」了。不過大規模而有系統的翦除「游俠」確是武帝時代的事。所以酷吏政治成為武帝一朝的特色。「游俠」勢力發展到了西漢中期不但助長了朝廷上的黨派分裂，如上所述，而且更在地方上威脅到郡守的權力。我們可舉甯成為例。《漢書·酷吏傳》：

> 甯成、南陽穰人也。……稱曰：「仕不至二千石，賈不至千萬，安可比人乎？」迺貰貸陂田千餘頃，假貧民役使數千家。數年會赦，致產數千萬，為任俠。持吏長短，出從數十騎。其使民，威重於郡守。

甯成在《酷吏傳》，是一個俠、吏兩棲的人物。他是在吏途受挫之後，才回到南陽本郡「為任俠」的。他在南陽的權勢竟然蓋過了郡守，自不能為武帝所容，所以義縱遷為南陽太守，「至郡，遂案甯氏，破碎其家。」（同上《酷吏義縱傳》）自武帝之世起，下至王莽時代，漢廷都一直以全力來對付「游俠」。《漢書·游俠傳》末云：

王莽居攝，誅鉏豪俠。名捕漕中叔，不能得。(師古曰：指
其名而捕之。)……中叔子少游，復以俠聞於世云。

可見「俠」的困擾與西漢一代相終始，其所以誅不勝
誅，正由於父死子繼。「俠」幾乎事實上變成世襲了，雖然
並不合法。

四、從「游俠」到「豪俠」

前面曾指出，「游俠」和「游士」一樣，在漢代進入了一
個新階段。「游士」已和鄉土、宗族結合了起來，不再「游」
了。「游俠」也是如此。《史記》、《漢書》沿用了「游俠」
的舊稱，其實漢代的「俠」應稱「豪俠」；這是西漢中晚期已
出現的名詞。前引《漢書·游俠萬章(子夏)傳》：「長安熾
盛，街閭各有豪俠」，是元帝時代的事；而上文王莽所誅的也
是「豪俠」，並可為證。「俠」之稱「豪」，由「豪傑」一詞
而來。「俠」是社會上人給予某些「言必信，行必果，諾必
誠」的「豪傑」的一種美號。在漢代官方文書中，「俠」字是
不存在的，因為「俠」已包括在「豪傑」之內。現在讓我們先
對這一點加以論證，然後再申述這一名稱變化的社會意義。《史
記》卷一一二〈主父偃傳〉云：

(偃)又說上云：「茂陵初立，天下豪桀並兼之家、亂眾之
民，皆可徙茂陵，內實京師，外銷姦猾，此所謂不誅而害
除。」上又從之。

按《漢書·武帝紀》載：

建元二年 (公元前139)。初置茂陵邑。

元朔二年 (公元前127) 夏，徙郡國豪傑及訾三百萬以上於茂
陵。

「徙豪傑」句下王先謙補注曰：「此……從主父偃計。詳
偃傳。」王氏的注文是正確的。《漢書·游俠傳》中有兩個實
例，可以證明「游俠」是以「豪傑」的法律身份遷徙到茂陵
的。

第一例是原涉的祖父，〈原涉傳〉云：

原涉字巨先，祖父武帝時以豪桀自陽翟徙茂陵。

第二例更重要，〈郭解傳〉云：

及徙豪茂陵也，解貧不中訾。吏恐，不敢不徙。衛將軍為
言，郭解家貧，不中徙。上曰：「解布衣，權至使將軍。
此其家不貧。」解徙，諸公送者出千餘萬。

主父偃徙豪傑於茂陵之議及武帝之從其議，主要動機即在
摧毀「游俠」如郭解之流在他們鄉里所建立的社會基礎。這些
「游俠」遷徙之後，自然無法再和他們的宗族、鄰里、賓客等
基本群眾保持經常的聯繫，所以這是「調虎離山」的妙計。武
帝親自插手郭解一案，尤可見他對「豪傑」的社會勢力是多麼
忌憚。另一方面，郭解也極力抗拒移徙。他首先以「貧不中

訾」為理由，也就是説他的資財不足三百萬的數字。「游俠」
由於「疏財」之故，往往弄得「家無餘財」，郭解「貧不中
訾」可能是真的。而且三百萬在漢代還説不上是「豪富」。
《漢書・貨殖傳》記元、成間京師富人「樊嘉五千萬，其餘皆
鉅萬」。成帝初中書令石顯免官徙故郡時，也是「訾巨萬」。
(《漢書・游俠萬章傳》) 所以審成才説「賈不至千萬，安可比
人乎？」三百萬的數目訂得偏低，也許正是為郭解之類的「游
俠」而設。但是郭解的名聲太大了，地方官事先也可能得到朝
廷的指示，所以雖不合規定也「不敢不徙」。郭解既知徙茂陵
出自武帝旨意，才不得已請托大將軍衛青為他緩頰。武帝答語
自屬強詞奪理，但更可見他決心要切斷郭解的本土聯繫。

　　漢武帝之必欲徙郭解於茂陵及郭解之一再遷延，不願就
徙，可知漢代的「俠」已就地生根。所以司馬遷和班固雖沿用
先秦舊稱，但兩卷「游俠傳」中卻只有「豪俠」而沒有「游
俠」。更值得注意的是《漢書・游俠傳》一方面説信陵、平
原、孟嘗、春申「競為游俠」，而另一方面又把他們合起來稱
作「四豪」。班固在不知不覺中竟用漢代的新名詞代替了戰國
的舊稱號。戰國四公子從此也可以叫做「四豪」了。《後漢
書・黨錮傳序》曰：

> 及漢祖杖劍，武夫勃興，憲令寬賒，文禮簡闊，緒四豪之
> 餘烈……任俠之方，成其俗矣。

沈約 (441–513)《為東宮謝勅賜孟嘗君劍啟》云：

> 田文重氣徇名，四豪莫及。(嚴可均《全梁文》卷二十八)

便是一顯例。荀悅《漢紀》卷十論族郭解事云：

> 立氣勢，作威福，結私交以立強於世者，謂之游俠。

荀悅此處為「游俠」下界說，也完全沒有涉及「游」義：他所強調的則是「立強於世」。「強」即「豪強」，這又是「游俠」變為「豪俠」的強證。西漢中、晚以來，「豪俠」已取代了「游俠」的名稱，並且在社會上流傳得很廣，我們可舉下面的例子為證。《後漢書‧隱逸傳》：

> 戴良字叔鸞，汝南慎陽人也。曾祖父遵，字子高，平帝時，為侍御史。王莽篡位，稱病歸鄉里。家富，好給施，尚俠氣，食客常三四百人。時人為之語曰：「關東大豪戴子高。」

戴遵顯然是西漢晚期另一個俠、吏兩棲的人物，然而當時民間卻逕以「大豪」呼之。「豪」和「俠」在這裏幾乎成了同義字，可以互相替代了。

從先秦「游俠」到漢代「豪俠」並不僅僅是名詞的轉換。這一語言的變遷反映了「俠」的社會性質的根本轉化。上面的分析已試從多面來指陳這一轉化，現在讓我們提出幾點總結性的觀察：第一，「俠」是從古代武士階層中發展出來的一種社會流品。這是春秋戰國時代「士」的文武分化的結果。第二，由於文武分化之「士」包括了大量的「庶人」，「俠」自始即非一單純的貴族集團，故與西方中古騎士的社會屬性和組織方式都頗不相同。第三，《史記》、《漢書》「游俠傳」中有

「卿相之俠」與「布衣之俠」兩類；前者指戰國四公子之流，後者則指漢代朱家、郭解等人。但司馬遷又慨歎「自秦以前，匹夫之俠，湮滅不見。」這似乎說明先秦「俠」之著名者仍多出身古代貴族，秦漢以後「布衣之俠」才開始顯赫於世。這一分別也透露了「俠」的社會性質的先後不同。第四，「游俠」之名起於戰國自然是因為他們的最顯著的特色是周游各國。如「孟嘗君招天下任俠、姦人入薛中」和《淮南子》所記梁之富人虞氏有「游俠相隨而行」。這些「游俠」也許大多數都養有「姦人」、「徒屬」，但其中恐怕也有些是單身的武士。先秦的「刺客」、「死士」大概也應該包括在「游俠」之內。例如荊軻，「其所游諸侯，盡與其賢豪長者相結。」（《史記·刺客列傳》）同時田光又對荊軻說：「夫為行而使人疑之，非節俠也。」(同上) 可見田光和荊軻都是以單身武士而兼具「游」與「俠」的特色。這一類的「游俠」在社會背景上和「游士」似乎並無區別，不過文武分途而已。不但如此，由於古代的「士」兼包文武，所以「士」這個名詞一直到漢代都可用之於「武士」的身上。如果採取這一廣義的用法，我們正不妨說「游俠」便是「以武犯禁」的「游士」。雲夢秦簡中所發現的「游士律」也許兼指文士和武士而言。秦漢以後，文士和武士同時發展了社會基礎；前者變成了「士族」，後者則是所謂「豪傑」了。

五、俠的轉向——豪族的士化

全祖望〈經史問答〉卷十(收在《鮚埼亭集》中)云：

游俠至宣、元以後，日衰日陋。及巨君時，樓護、原涉之
徒無足稱矣。

全氏論漢代游俠的衰落過程，大致符合史實。自武帝以後
下至王莽 (巨君)，游俠傳中的人物已逐漸失去早期的光采；後
世豔傳的游俠典範也始終是漢初朱家、郭解等人。事實上，兩
漢之際是「俠」的歷史上另一個重大的轉變階段。我們現在必
須對這一轉變加以解說。

全祖望斷定游俠至王莽時已無足稱道，顯然有一統傳史學
上的根據，即《漢書》以後，中國正史中再也沒有「游俠」這
一範疇了。正史不立「游俠傳」當然並不即等於「俠」作為一
種社會流品已從中國史上消失了。正如《後漢書》以下雖不立
「貨殖傳」，我們卻不能因此否定商人繼續存在的事實，但是
史學的改變大體上也反映了新的歷史現象：俠的社會功能逐漸
衰退了。

前已指出，豪俠勢力自武帝以來一直是大一統朝廷打擊的
一個主要對象。但這並不是「俠」的衰落的唯一原因。更深一
層看，「俠」的社會地位的變遷和西漢一代文士與武士的此長
彼消有不可分的關係。在漢高祖爭天下的時期，武士的地位自
然遠比文士重要。所以叔孫通最初推薦的都是「群盜壯士」。
誠如他向儒生弟子輩所云：「漢王方豪矢石爭天下，諸生寧能
鬥乎？」(《史記・叔孫通列傳》) 漢初重用「俠」，可從田叔
的例子得到確證。《漢書・田叔傳》云：

田叔……好劍，學黃老術於樂鉅公，為人廉直，喜任
俠……趙王張敖以為郎中。……趙王敖……廢為宣平侯，

乃進言叔等十人。上召見，與語，漢廷臣無能出其右者。
上說，盡拜為郡守，諸侯相。叔為漢中守十餘年。

《史記‧張耳列傳》記此事，也說：

於是上賢張王諸客……無不為諸侯相、郡守者。及孝惠、
高后、文帝、孝景時，張王客子孫皆得為二千石。

可見從高祖到景帝，像田叔這一類的「俠」及其子孫不但
有廣闊的入仕途徑，而且可以位至二千石，前面曾指出「游
俠」在漢代已參加了新貴族的行列，這在漢初已是如此，其中
最著名的如張耳，「少時及為魏公子毋忌客」，如張良「居下
邳，為任俠」，如季布，「為任俠有名」。及其弟季心「氣蓋
關中，遇人恭謹。為任俠，方數千里士爭為死」。(均見《史
記》、《漢書》各本傳) 如果詳細分析漢初王侯、功臣等的社會
成份，「俠」的比重恐怕是很高的。

漢代統一安定之後，文士和武士分途發展，都通過血緣和
地緣關係建立了新的社會基礎。在這一發展過程中武士變成了
「豪傑」，「游俠」也蛻化為「豪俠」。但由於「豪傑」，尤
其是「豪俠」的「以武犯禁」對大一統的政治秩序逐漸構成了
嚴重的威脅，漢廷開始採取一系列的右文抑武的措施。武帝一
朝的新政治取向在「俠」的歷史上也是有劃時代的意義的。武
帝接受了董仲舒的建議，獨尊儒術；公孫弘且以布衣儒生一躍
而居丞相之位。在公孫弘主持之下，漢廷正式設置了五經博士
和博士弟子的制度；地方學校也逐漸建立起來了。這一轉變對
文士和武士的政治地位的升降發生了重大的影響。據《史記‧

儒林列傳》說：「孝惠、呂后時未暇遑庠序之事也。公卿皆武力有功之臣。」而自此以後，「則公卿大夫士吏，斌斌多文學之士矣。」不但如此，漢代鄉舉里選制度的發展也有利於文士而不利於武士。鄉舉里選初不拘於一格，文士和武士都有機會在本鄉獲得推選，然後由郡守舉薦至朝廷。但這一制度逐漸偏向文士的一方面。武帝初即位「徵天下舉方正、賢良、文學、材力之士。」（《漢書·東方朔傳》）此中前三科都屬於儒學的範疇，只有「材力」是武科，已可見文武之間輕重不侔：宣帝時夏侯勝有言，「士病不明經術，經術苟明，其取青紫如俛拾地芥耳。」（《漢書》本傳）元帝以後，由於韋賢及其子玄成都以通經而先後位至丞相，鄒魯地區甚至流傳着「遺子黃金滿籯，不如一經」的諺語。（《漢書·韋賢傳》）此時文士顯已居於絕對優勢的地位。東漢選舉特重孝廉，順帝陽嘉二年（公元132）又增設孝廉考試，內容是「諸生試家法，文吏課牋奏。」（《後漢書·左雄傳》）這樣一來，入仕之途便完全為文士所壟斷了。

　　我們已看到，「游士」和「游俠」在漢代都和鄉里的勢力結合起來了，現在鄉舉里選逐漸走上重文輕武的道路，這對於「俠」的發展自然有直接的影響。武帝以後，橫在各地豪族強宗面前的有兩條路：一條是「以武犯禁」的滅族之禍，另一條則是通經術以取青紫，他們何去何從自然不問可知。所以自西漢中葉以來，強宗大姓往往不流於「俠」而趨向「儒」。這一轉變我曾稱之為「士族化」。全祖望指出「俠」自宣元以下漸衰，至王莽時已無足稱，他所觀察到的正是這一「士族化」的歷史現象。強宗大姓中第一流的人才既逐漸棄「俠」就「儒」，「俠」自然便隨之而失去其往日的精彩了。

但「士族化」是一個長期的轉變過程，從西漢中晚起，下及整個東漢時期，強宗大姓的士族化都在不斷的發生，而且士族化是相對性的，有各種程度的不同。強宗大姓一方面令子弟入學讀經，另一方面也仍然保有武力。這是因為大族不能不結合宗族、婚姻、鄰里、賓客等集體力量，以保衛其本鄉，防外寇之入侵。崔寔的《四民月令》為這一情況提供了最好的說明。《四民月令》規定正月、八月、十月、十一月諸月成童以上入大學，讀五經，幼童入小學，學篇章，讀《孝經》、《論語》等。但在二月、三月、八月、九月諸月中則規令成人習戰射、設守備、繕五兵，以備「草竊之寇」或「寒凍窮厄之寇」。(見《全後漢文》卷四十七)《四民月令》可以視為二世紀大族生活的一種理想典型，使我們看到士族化的具體歷程。大族子弟自幼及長都識字讀經，這是為將來舉孝廉茂材作準備，也是整個家族未來希望之所寄。但是在大族的日常生活中，武事依然不可廢，這是出於自衛的需要。

通過《四民月令》的例子，我們不難想像兩漢的士族和一般豪族事實上祇有程度上的不同，其間界線並不是涇渭分明的。豪族「士化」最為成功的，達到了「累世經學」、「累世公卿」的地位，如漢末袁紹一族，那便成為全國知名的士族。此下還有成就不等的各種地方性的士族。但士族仍然有他們的基本武力；甚至地位越高的士族，武力也越強大。因為他們的社會基礎是隨着政治地位的上升而不斷擴大的。例如四世三公的袁氏除了來自血緣和地緣的武力之外，還有門生、故吏，遍於天下。後者的武力也附屬於袁氏，所以袁紹才能面抗董卓，曰：「天下健者，豈唯董公？」然後昂然「引佩刀橫揮而出。」(見《三國魏志》六本傳注引《獻帝春秋》) 至於

「士化」不很成功的，當時社會上一般稱之為「豪族」、「大姓」、「強宗」之類。但這些普遍大族中仍不乏「讀書知禮」的子弟，他們往往在地方政府中擔任吏職。

上面的分析是要指出：豪族自西漢中葉以後便逐漸向士族轉化，而且無論轉化成功與否，他們仍然保留了「武」的成份。不過以社會的價值取向而言，「文」已取得了主宰的位置。但由於士族和豪族具有「武化」的背景，他們也往往以「俠」見稱，特別是在動亂的時代，如兩漢之際與漢魏之際。茲舉例略加說明。《後漢書·隗囂傳》：

> 隗囂字季孟，天水成紀人也。少仕州郡。王莽國師劉歆引囂為士。歆死，囂歸鄉里。季父崔，素豪俠，能得眾。聞更始立而莽兵連敗，於是乃與兄義及上邽人楊廣、冀人周宗謀起兵應漢。……崔、廣等以為舉事宜立主以一眾心，咸謂囂有名，好經書，遂共推為上將軍。

這個實例最能說明豪族「士」化的具體情況。隗氏出了一個隗囂，由仕州郡進而為國師之「士」，已使隗氏從一般豪族上升為士族。但隗囂的叔父隗崔在鄉里仍以「豪俠」著稱，即依舊保持其豪族的本來面目。在起兵時，隗囂因「有名，好經書」，竟被叔父輩推舉為領袖。這一點更值得注意，因為這一舉動充分證明：當時「名士」已比「豪俠」具有更大的社會號召力了。[12]

---

12 本文所用「士族」一詞是取其一般的社會涵義，不是指魏、晉九品中正制下具有種種法律上特權的門第，關於後一種「士族」，可看唐長孺，《魏晉南北朝史論拾遺》(香港：中華書局，1983)，頁53–78。

至於一般豪族，下面的例子可為代表。《三國魏志‧司馬芝傳》：

> 太祖（曹操）平荊州，以芝為菅長。時天下草創，多不奉法。郡主簿劉節，舊族豪俠，賓客千餘家，出為盜賊、入亂吏治。

劉節是當地豪族，在政治秩序崩潰的時代竟能憑藉武力而「出為盜賊、入亂吏治」，真合乎《史記‧游俠列傳》所謂「盜跖居民間者耳！」但他既獲「俠」稱，必是平時有一套籠絡宗族、鄰里、賓客的手段，如慷慨好施、言必信、行必果、諾必誠、存亡死生之類。仲長統《損益篇》云：

> 井田之變，豪人貨殖，館舍布於州郡，田畝連於方國。……不為編戶一伍之長，而有千室名邑之役。榮樂過於封君，勢力侔於守令。財賂自營，犯法不坐。刺客死士，為之投命。
>
> 《後漢書》四十九本傳

這正是兩漢豪族的一般寫照，可見像劉節這樣的「舊族豪俠」所在皆有。這些人在平時尚祇能以善通「豪族強宗」的面貌出現，但一到亂世便變成「豪俠」了。所以通覽漢魏兩晉南北朝史籍，我們往往發現有關「豪俠」、「游俠」、「任俠」之類的記載多集中在戰亂時期，尤其是朝代交替之際。這並不是亂世產生了大批的「俠」，而是豪族和士族在亂世不得不組織並擴張他們的武裝力量，以圖生存。在從事武裝活動時，他

們的行為必須合乎「俠」的規範，才能得到宗族、鄉黨、賓客等人的效忠。他們因此在本地獲得「俠」的美號，後世史家也根據當時文獻稱他們為「俠」。如上引荊州劉節之為「舊族豪俠」，即是一例。又如永嘉亂後的祖逖，史亦稱其「輕財好俠、慷慨有節尚」。但是他率領宗族賓客南遷到京口後，竟縱容他們攻剽富室，和劉節如出一轍。(見《晉書》卷六十二本傳) 總之，自西漢中葉以來，豪族大姓在平時盡量避免「以武犯禁」，而改走「士化」的道路。但一到亂世，「以武犯禁」則依舊成為豪族的一大特色。

六、俠氣與士風之一──個人道德

　　東漢以下，由於「文化」已凌駕於「武化」之上，「儒」的地位自然遠比「俠」為高。從戰國到漢初那種「儒」與「俠」之間的均衡局面已一去不返了。然而「俠」的一套倫理規範和精神卻並沒有消失；它依然存在於豪族以至士族的生活方式之中。豪族與豪俠是一體的兩面，不過因時而異，這一點，上面已經論證過了。現在我們要進一步討論「俠」與士族的關係。從表面上看，豪俠與儒生一武一文，幾乎是背道而馳。但是由於許多儒生出身於尚武的豪族背景，他們從小便浸潤在「俠」的道德風氣之中，所以東漢的士大夫往往具有「俠」的精神。試以東漢初期張堪和廉范二人為例：

> 張堪字君游，南陽宛人也，為郡族姓。堪早孤，讓先父餘財數百萬與兄子。年十六，受業長安，志美行厲，諸儒號曰「聖童」。

廉范字叔度，京兆杜陵人，趙將廉頗之後也。漢興，以
廉氏豪宗，自苦陘徙焉。……詣京師受業，事博士薛
漢。……永平初，隴西太守鄧融備禮謁范為功曹，會融為
州所舉案，范知事讓難解……於是東至洛陽，變名姓，求
代廷尉獄卒。居無幾，融果徵下獄，范遂得衛待左右……
融繫出困病，范隨而養視，及死，竟不言，身自將車送喪
致南陽，葬畢乃去。後辟公府，會薛漢坐楚王事誅，故人
門生莫敢視，范獨往收斂之。……范世在邊，廣田地，積
財粟，悉以賑宗族朋友。……世伏其好義。

最值得注意的是范曄對他兩人的評論。論曰：

張堪、廉范皆以氣俠立名，觀其振危急、赴險厄，有足壯
者，堪之臨財，范之忘施，亦足以信意而感物矣。

見《後漢書》卷三十一

范曄用「以氣俠立名」來稱譽此二人，即是指出他們所
表現的道德精神淵源於「俠」。此外如「振危急」、「赴險
厄」、「臨財」、「忘施」等詞也都是「游俠傳」中的語言，
我們試一查考此二人的背景，一個是「郡族姓」，一個是「豪
宗」，但他們都已走上「士化」的路，曾先後在太學受業。廉
范出自名將世家，其祖先尚武更不必說了。他們的「氣俠」無
疑是從「俠」的生活方式中移植過來的。「俠」與「士」之間
有直接的歷史淵源，我們還可以舉兩個有力的證據。第一是前
文已提到的戴良。他的曾祖父是「家富、好給施、尚俠氣」的
「關東大豪」戴遵。但是這一豪俠之家傳到戴良這一代已徹底

的「士化」了。他的哥哥伯鸞是以嚴守儒家禮法著名的，而他
自己則主張「情苟不佚，何禮之論」，因此成為魏晉清談思想
的先行者。他的「論議尚奇，多駁流俗」及自負為「獨步天
下，誰與為偶」，也許正是家傳的「豪俠」之氣的變相。第二
個例子是郭伋。《後漢書》卷三十一本傳云：

> 郭伋字細侯，扶風茂陵人也。高祖父解，武帝時以任俠
> 聞。父梵，為蜀郡太守。伋少有志行，哀、平間辟大司空
> 府。……(建武)十一年，調伋為并州牧。……聘求耆德雄
> 俊，設几杖之禮，朝夕與參政事。二十二年，徵為太中大
> 夫，賜宅一區，及帷帳錢穀，以充其家。伋輒散與宗親九
> 族，無所遺餘。

司馬彪《續漢書》卷三記郭伋為并州刺史，「下車聘請州
中耆俊，以為師友，……分祿以養之。」[13] 較范書為詳，更可
顯出他的作風。他的高祖是最著名的「游俠」郭解，但是他的
父親在西漢晚期已仕至蜀郡太守，顯然已棄「俠」就「儒」
了。郭伋本人則近於循吏一型，足見「士化」之深。從他分祿
以養耆俊及散財與宗親九族之事來看，他仍然保持了「俠」的
風範。「俠風」隨着豪族的「士化」而進入了士大夫的生活方
式之中，這是最明白的證據。

趙翼《廿二史劄記》卷五「東漢尚名節」條說：

> 自戰國豫讓、聶政、荊軻、侯嬴之徒，以意氣相尚，一意

13　周天游輯注，《八家後漢書》本(上海：古籍出版社，1986)，上冊，頁
　　378。

孤行，能為人所不敢為。世競慕之。其後貫高、田叔、朱
家、郭解輩徇人刻己，然諾不欺，以立名節。馴至東漢，
其風益盛。蓋當時薦舉徵辟，必採名譽。故凡可以得名者
必全力赴之，好為苟難，遂成風俗。

趙氏論東漢士大夫名節的起源，直接上溯至戰國至漢初的
「游俠」傳統，甚為有見。可惜他語焉不詳，對於士大夫何以
竟能繼承了游俠的道德規範，沒有提出解釋。其實從本文的研
究來看，這一發展毋寧是順理成章的。東漢的士，有許多是
從豪族或豪俠的背景中蛻化而來的；在他們的道德觀念中，
「俠」的比重至少不在「儒」之下。趙翼所謂「東漢名節」應
該說是「儒」和「俠」的混合產品。顧炎武論兩漢風俗，把
東漢的「節義之防」與「士風家法」都歸功於光武一人的倡
導，恐怕祇能算是傳統儒家的一偏之見。(見《日知錄‧兩漢風
俗》)

現在讓我們再簡略地分析一下東漢士風中的「俠」的成
份。

「俠」的第一項道德規則是「言必行，行必果，已諾必
誠」。這和儒家所主張的「大人者，言不必信，行不必果」
(《孟子‧離婁下》) 是大不相同的。所以季布一諾重於黃金百
斤。東漢之士則極重然諾，他們所奉持的正是「俠」的道德。
試看下面的例子。《後漢書‧獨行范式傳》：

范式字巨卿，山陽金鄉人也，一名氾。少遊太學，為諸
生，與汝南張劭為友。劭字元伯。二人並告歸鄉里。式謂
元伯曰：「後二年當還，將過拜尊親，見孺子焉。」乃

共剋期日。後期方至，元伯具以白母，請設饌以候之。
母曰：「二年之別，千里結言，爾何相信之審邪？」對
曰：「巨卿信士，必不乖違。」母曰：「若然，當為爾醞
酒。」至其日，巨卿果到，升堂拜飲，盡歡而別。

這是東漢初年的故事，足見其時士人受「俠風」濡染已
深。范式在歷史上以「山陽死友」著稱，是可以托死的朋友。
有關他的俠義故事很多，有的甚至已神話化了，限於篇幅，不
再徵引。必須指出的是：由於他和朱家、郭解一樣，堅持「厚
施而薄望」的原則，地方官曾特別上書朝廷表彰他的行狀。這
一事實尤其能說明「俠」的行為在士大夫社群中已被承認為最
高的道德準則了。

「言必信，行必果」的另一表現則是郭解所謂「以軀借友
報仇」（《漢書》本傳）。有兩個著名的例子值得介紹。第一是
郅惲，他也是范式和張劭的朋友，史言他「年十二失母，居喪
過禮，及長，理《韓詩》、《嚴氏春秋》，明天文曆數。」他
當然是一個合格的儒生。但是他的朋友董子張將死，希望他代
報父仇。他「即起，將客遮仇人，取其頭以示子張。子張見而
氣絕。」（《後漢書》卷二十九本傳）第二個例子發生在黨錮時
代。《後漢書‧黨錮何顒傳》云：

何顒字伯求，南陽襄鄉人也。少游學洛陽。顒雖後進，而
郭林宗、賈偉節等與之相好，顯名太學。友人虞偉高有父
讎未報，而篤病將終，顒候之，偉高泣而訴。顒感其義，
為復讎，以頭醱其墓。

這兩個「以軀借友報仇」的行為先後如出一轍，尤可見「俠」風流行在東漢一代士的社群之中。儒禮有「父母在，不許友以死」之說。但郅、何兩人代友報父仇時是否父母都已亡故，卻史無明文可稽，趙翼便批評他們「徒徇友朋私情，而轉損父母遺體。」無論如何，儒家並不積極鼓勵人「許友以死」。這兩人「以軀借友報仇」明明是實踐漢代「俠」的倫理，雖則他們都已「士化」，並且是知名的儒生。

七、俠氣與士風之二——群體意識

漢代的「游俠」雖沒有嚴密的組織，但顯然也自成一社群，具有高度的群體意識。所以在危難之際往往互相援引。[14]這一特殊的「俠風」也傳進了東漢士的階層，而尤其清楚地表現在漢末黨錮之禍中。上引《黨錮何顒傳》續云：

> 及陳蕃、李膺之敗，顒以與蕃、膺善，遂為宦官所陷，乃變姓名，亡匿汝南間。所至皆親其豪桀，有聲荊、豫之域。袁紹慕之，私與往來，結為奔走之友。是時黨事起，天下多離其難，顒常私入洛陽，從紹計議。其窮困閉厄者，為求援救，以濟其患。有被掩捕者，則廣設權計，使得逃隱，全免者甚眾。

關於黨人的亡匿和援救，下面將另作討論。此段記載中有一極重要的線索，不可放過，即何顒「所至皆親其豪桀，有聲荊、豫之域。」文中「豪桀」即是各地豪族領袖、名士或豪俠

14　勞榦，前引書，頁1035。

之類的人物。這一事實顯示當時黨人名士和豪族和豪俠之間存在着密切的社會聯繫。不但如此，黨人名士之中便有人兼具「俠」的身份。例如據《黨錮列傳》序，張邈為「八廚」之一（「廚」是「能以財救人」之意）。他後來名列「三君」、「八俊」等三十五人之內，無疑是一個重要的黨人領袖。但據《三國·魏志》卷七〈呂布傳附張邈傳〉云：

> 張邈字孟卓，東平壽張人也。少以俠聞，振窮救急，傾家無愛，士多歸之。太祖（曹操）、袁紹皆與邈友。辟公府，以高第拜騎都尉，遷陳留太守。董卓之亂，太祖與邈首舉義兵。

可證張邈同時也是一位豪俠。又《英雄記》（《三思志》卷六〈袁紹傳〉裴注引）曰：「紹……又好游俠，與張孟卓（邈）、何伯求（顒）、吳子卿、許子遠（攸）、伍德瑜（瓊）等皆為奔走之友。」則不僅張邈是「俠」，而且何顒也是「俠」。黨錮領袖兼具「名士」和「豪俠」雙重身份（張邈名列《漢末名士錄》，也見《三國志·袁紹傳》注），這一重要事實更足以證明東漢名節是儒、俠合流的結果了。

《史記·游俠郭解傳》云：

> 解亡，置其母家室夏陽。身至臨晉。臨晉籍少公素不知解。解冒，因求出關。籍少公已出解，解轉入太原。所過輒告主人家，吏逐之。迹至籍少公，少公自殺，口絕。久之，乃得解。

　　郭解的逃亡和受人掩護在「游俠」的生活方式中具有典型的意義。籍少公和他素不相識，但為了掩護他，竟自殺以斷絕追捕的線索，更是「俠」的精神的極端表現。這種「藏亡匿死」的行為後來仍一直流行在豪族和豪俠之間，未曾中斷。漢光武「為白衣時，藏亡匿死，吏不敢至門。」(《後漢書‧酷吏董宣傳》) 便是一例。劉家本是從豪族向士族轉化的一個典型。所以光武本人既「事田業」，又「之長安，受《尚書》，略通大義。」其兄伯升則「好俠養士」。(見《後漢書‧光武紀上》) 這樣的家族在平時是「豪族」甚至「士族」，一到亂世便以「豪俠」的面目出現了。這一「藏亡匿死」的俠行隨着豪族的「士化」也變成士的道德規範的一個組成部分。《後漢書‧黨錮張儉傳》云：

> 儉得亡命，困迫遁走，望門投止，莫不重其名行，破家相容，後流轉東萊，止李篤家。外黃令毛欽操兵到門，篤引欽謂曰：「張儉知名天下，而亡非其罪。縱儉可得，寧忍執之乎？」欽因起撫篤曰：「蘧伯玉恥獨為君子，足下如何自專仁義？」篤曰：「篤雖好義，明廷今日載其半矣。」欽歎息而去。篤因緣送儉出塞，以故得免。其所經歷，伏重誅者以十數，宗親並皆殄滅，郡縣為之殘破。

　　張儉「望門投止」的經歷和郭解事如出一轍，不過波瀾更為壯闊，情節更為慘烈而已。東漢儒生繼承了西漢俠士的風範，這是最生動的見證。從這一點說，《後漢書‧黨錮列傳》正不妨看作《漢書‧游俠傳》的續篇。

　　東漢士大夫的群體意識與俠風有關，我們還可以舉送葬一事為證。《史記・游俠劇孟傳》云：

　　然劇孟母死，自遠方送喪，蓋千乘。

瀧川龜太郎《史記會注考證》說：

　　庶人送喪之多，蓋始於此。

瀧川有此注語正是因為他看出了大規模的送喪風氣是從游俠群中開始的。

　　《漢書・游俠樓護傳》也記載：

　　母死，送葬者致車二三千兩。

　　樓護是西漢末期的豪俠，送葬的人數又比劇孟時增加了兩三倍，可見這一風氣越後越盛。與送葬相關的的另一風氣是上冢，也盛行於豪俠社群。樓護母喪在長安，但原籍在齊，他後來過齊上先人冢，會宗族故人。這件事前文已引及，不再重複。同書〈游俠原涉傳〉略云：

　　涉欲上冢，不欲會賓客，密獨與故人期。……所與期上冢者車數十乘到，皆諸豪也。

　　原涉上冢，不願意會賓客，可見平時上冢一定包括賓客。

儘管如此，他所約會的豪俠還是有數十乘之多。又《漢書》卷
七十七〈何並傳〉：

> 侍中王林卿通輕俠，傾京師。後坐法免，賓客愈盛。歸長
> 陵上冢，因留飲連日，(何) 並恐其犯法，自造門上謁。謂
> 林卿曰：「冢間單外，君宜以時歸。」林卿曰：「諾」。

　　何並當時是長陵令，對王林卿在先人冢上會大批游俠，留
飲連日，頗不放心，因此才親自上門請他早歸。原涉、王林卿
和樓護都是同時的人，更可見送喪和上冢與游俠的大規模集會
有關。在以上三例中，樓護過齊上冢是事先上書請求朝廷批准
的。那是因為樓護已被任命為諫大夫，不再是庶人了。其他二
例則似是私人集會。

　　我們現在要進一步追問：為甚麼游俠特別要利用送葬和上
冢來進行大規模的集會？從王林卿的例子，我們不難推想這是
他們商議共同行動的重要場合。此外他們當然也通過這種集會
以加強聯繫甚至顯示勢力。總之，送葬和上冢為他們提供了建
立組織關係的機會，雖則這種組織在結構上也許是比較鬆弛
的。但是為甚麼是送葬和上冢，而不是其他集會方式呢？這一
點和漢代法律有關。《史記‧孝文本紀》「酺五日」句下，
《集解》引文穎曰：

> 漢律：三人已上無故群飲，罰金四兩。

　　可見漢代禁止三人以上無故集會飲酒。不但如此，《漢
書‧宣帝紀》王鳳二年秋八月詔曰：

夫婚姻之禮，人倫之大者也；酒食之會所以行禮樂也。今
郡國二千石或擅為苛禁，禁民嫁娶不得具酒食相賀召，由
是廢鄉黨之禮，令民亡所樂，非所以導民也。

王先謙《補注》引周壽昌曰：

《禮·郊特牲》云：昏禮不賀，人之序也。前漢承周制，故
郡國二千石禁民嫁娶不得具酒食相賀召。至此特詔弛禁也。

這更證明西漢中葉以前政府對民間的集會是控制得很嚴
的，連婚禮也不能聚賀。但漢代既號稱以「孝」治天下，對於
送葬與上冢自不能加以禁止。這大概便是游俠為甚麼必須利用
這兩種場合進行大規模的集會了。王林卿祇能在上冢時才能召
大批賓客「留飲連日」，否則便犯了「三人已上無故群飲」的
禁律。儘管如此，這個集會還是引起了地方官的猜疑。

大規模送葬和上冢的風氣後來也出現在儒生社群。《漢
書·儒林周堪傳》：

王莽時 (唐) 林、(王) 吉為九卿，自表上師冢，大夫、博
士、郎吏為許氏學者各從門人會，車數百兩。儒者榮之。

這次門人弟子上周堪冢是請求獲准的，還不算私人集會。
此事已遲至王莽時代，在游俠冢已成風氣之後。至於士大夫送
葬，自以元始五年 (公元六年) 孔光的喪事，規模最大，但那是
由朝廷正式出面主持的，不是儒生群體意識的表現 (見《漢書》
八十一〈孔光傳〉)。《後漢書·儒林樓望傳》：

樓望字次子……少習《嚴氏春秋》……世稱儒宗，諸生著
錄九千餘人。年八十，永元十二年 (公元100)，卒於官，門
生會葬者數千人，儒家以為榮。

此事是否私人集會抑或帶有官辦性質，殊不易定。這確是
儒生送葬規模最大，而見於記載也最早的一次，但上距游俠送
葬的起源已兩三個世紀。從「儒家以為榮」之語觀之，此事在
當時還是很少見的。

士大夫藉送葬進行大規模集會要到黨錮時代才蔚成普遍風
尚。茲擇其有代表性的事例，略作說明。《後漢書》卷五十三
〈申屠蟠傳〉：

太尉黃瓊辟，不就。及瓊卒，歸葬江夏，四方名豪會帳下
者六七千人，互相談論，莫有及蟠者。

同書卷六十八〈郭泰傳〉：

(建寧二) 年春，卒於家，時年四十二。四方之士千餘人，
皆來會葬。

李賢注引謝承《後漢書》云：

泰以建寧二年正月卒，自弘農、函谷關以西，河內、陽
陰以北，二千里負笈荷擔彌路，柴車葦裝塞塗，蓋有萬
數來赴。

這兩例中有可注意者數事：第一，黃瓊卒於延熹七年 (公元164)，正值第一次黨錮 (延熹九年) 的前夕。郭泰則死在第二次黨錮發生之年。這正是士的群體意識最為高昂的階段；他們的大規模集會自然帶有與宦官集團相對抗的意味。所以在黃瓊的會葬中，才有六七千名豪「互相談論」之事。第二，這兩次送葬的儒生都來自「四方」。據謝承《後漢書》所記，其中有不少人是從二千里以外的地方，經過千辛萬苦趕來赴會的。這說明漢末士人的政治結合是全國性的，遠遠超出了血緣和地緣的關係。第三，赴會人數之多也是可驚的：前一例有六七千人，後一例有「千餘人」和「萬數」兩說，相差甚大。如折衷計算，大概總有幾千人。第四，這兩次送葬似都是私人性質。當時宦官擅權，朝廷恐怕不可能允許敵對勢力的大規模集會。而且郭泰從未出仕，會葬必由士大夫私下聯絡和組織而成，更無可疑。不但如此，《後漢書‧黨錮范滂傳》載：

> 滂後事釋，南歸。始發京師，汝南、南陽士大夫迎之者數千兩。

這更是私人的集會了。這種聲勢祇有西漢游俠如朱家、郭解能比擬。朱家是「自關以東莫不延頸願交」，郭解則「關中賢豪，知與不知，聞聲爭交驩。」游俠的世界顯然也超越了宗族、親感、鄉黨的關係。

黨錮解禁 (中平元年，公元184) 之後，士大夫集會的規模更為浩大。《後漢書》卷六十二〈陳寔傳〉云：

及黨禁始解，大將軍何進、司徒袁隗遣人敦實，欲表以不次之位。實乃謝使者曰：「實久絕人事，飾巾待終而已。」……中平四年，年八十四，卒於家。何進遣使弔祭，內赴者三萬餘人，制衰麻者以百數。

《三國志》卷二十二〈陳群傳〉注引《傅子》也與此相同。陳實晚年不肯出仕，則此次會葬也必為私人集會。又《三國志》卷一《武帝紀》建安十三年條注引皇甫謐《逸士傳》云：

及袁紹與弟術喪母，歸葬汝南……會者三萬人。

這兩次會葬都是三萬人，數字縱有誇張，也反映了集合規模越來越大。更可注意的是袁紹、袁術都明顯地有「俠」的背景。士大夫送葬之風與「俠」的傳統必有關聯，觀此益信。也許有人會懷疑，東漢以下豪俠是否還繼續保持送葬的傳統？讓我們舉一個後世的例子，以為旁證。《新唐書》卷八十五〈竇建德傳〉：

竇建德，貝州漳南人。世為農，自言漢景帝太后父安成侯之苗裔。材力絕人，少重然諾，喜俠節。鄉人喪親，貧無以葬，建德方耕，聞之太息，遽解牛與給喪事，鄉黨異。……為里長，犯法亡，會赦歸。久之，父卒，里中送葬千餘人，所贈予皆讓不受。

竇建德雖有鮮卑人的嫌疑，可能是北魏鎮戍屯兵營戶的後

代[15]，但是他既「世為農」，則漢化必已達到相當高的程度。至少父死而有千餘人送葬之事決非來自鮮卑舊俗。像他這種保持尚武精神的漢化胡人是很容易和漢族的豪俠傳統合流的。如果這一推測不誤，則送葬的風俗在豪俠社群中一直流傳了好幾百年，都沒有中斷。

我們在上面提到俠的結合也有超越於宗親、鄉黨以上的根據。就這一方面說，西漢的豪俠和東漢的士大夫之間似乎也大有貌異而心同的地方。那麼，俠的超越根據是甚麼呢？《漢書‧游俠樓護傳》說樓護：

> 結士大夫，無所不傾。其交長者尤見親而敬。眾以是服。為人短小精辯；論議常依名節，聽之者皆竦。

同書〈原涉傳〉也說：

> 郡國諸豪及長安、五陵諸為氣節者皆歸慕之。涉遂傾身與相待。人無賢不肖闐門，在所閭里盡滿。

從這兩段話中，我們可以清楚地看到「名節」或「氣節」正是俠的超越根據。樓護「論議常依名節」，使聽者為之竦然，更說明他已將俠的「名節」意識提煉到理論的高度。原涉則是在「氣節」實踐上得到各地豪俠的歸慕，所以貫注在俠的世界中有一套超越的精神，決不僅僅是現實的利害。可惜我們

---

15 關於竇建德可能是胡種，其姓氏是鮮卑紇豆陵氏之所改，可看陳寅恪，〈論隋末唐初所謂「山東豪傑」〉，收在《金明館叢稿初編》(上海：古籍出版社，1981)，頁218–19。

已無法知道樓護「論議」的具體內容了，他在當時有「君卿唇舌」的稱號，想必有一番美妙的說辭足以震動一世豪傑之心。

《史記‧太史公自序》說：

> 救人於危，振人不贍，仁者有乎！不既信，不倍言，義者有取焉！作《游俠列傳》。

太史公不惜以仁、義稱許游俠，這是游俠所能得到的最高禮讚了。樓護是有機會讀到《太史公書》的，他的議論也許和司馬遷相去不遠吧。

也許不是出於偶然，名節、氣節、仁義恰恰也是東漢士風的基本特徵。趙翼說「東漢尚名節」，顧炎武也說「黨錮之流，獨行之輩，依仁蹈義，舍命不渝。」（《日知錄‧兩漢風俗》）黨人名士本來就是聞游俠之風而起的。《後漢書》論張儉曰：

> 昔魏齊違死，虞卿解印；季布逃亡，朱家甘罪。而張儉見怒時王，顛沛假命，天下聞其風者，莫不憐其壯志，而爭為之主。至乃捐城委爵、破族滅身，蓋數十百所，豈不賢哉！

可見范曄正是把黨錮名士看作古代游俠的繼起者。

八、集體豪俠的尾聲

從漢末到隋唐之際，正史上頗不乏「豪俠」、「任俠」的記載，而尤以北朝為多。這不但和戰亂有密切的關係，而且也和地域背景有關。中國北方邊境和胡族相接，任俠尚武的精神

自古便特別旺盛。所以《史記・貨殖列傳》說：「種、代，石
北也，地邊胡，數被寇。人民矜懻忮，好氣任俠為姦，不事農
商。」班固的祖先秦末避地北邊，在漢初也以「任俠」著稱
(《漢書・敍傳》上)。東漢晚期武威的段熲，史亦言其「少便
習弓馬，尚游俠，輕財賄，長乃折節好古學。」(《後漢書》卷
六十五本傳) 到了南北朝時期，北方在胡人統治之下，士族豪姓
為了適應世變，往往發展武裝力量，而獲「俠」名。下面依朝
代先後略舉數例為證。《魏書》卷六十九〈裴延儁傳〉曰：

> 裴延儁，字平子，河東聞喜人，魏冀州刺史徽之八世
> 孫。……延儁祖弟良……良從父兄子慶孫，字紹遠。少
> 孤，性倜儻，重然諾。釋褐員外散騎侍郎。……慶孫任俠
> 有氣，鄉曲壯士及好事者，多相依附，撫養咸有恩紀。在
> 郡之日，值歲饑凶，四方遊客常有百餘，慶孫自以家糧贍
> 之。性雖粗武，愛好文流，與諸才學之士咸相交結，輕財
> 重義，座客常滿，是以為時所稱。

同書同卷〈崔休傳〉曰：

> 崔休，字惠盛，清河人，御史中丞逞之玄孫也 (按：崔逞有
> 傳在同書卷三十二)……(第三子) 叔仁，性輕俠，重矜期。

《北齊書》卷二十二〈李元忠傳〉曰：

> 李元忠，趙郡柏人也。曾祖靈，魏定州刺史、鉅鹿公。祖
> 恢，鎮西將軍。父顯甫，安州刺史 (按：傳皆見《魏書》卷

四十九)。元忠少厲志操，居喪以孝聞。……元忠宗人愍，字魔憐，形貌魁傑，見異於時，少有大志，年四十，猶不仕州郡，惟招致姦俠，以為徒侶，孝昌之末，天下兵起，愍潛居林慮山，觀候時變。

《周書》卷四十三〈韋祐傳〉曰：

韋祐字法保，京兆山北人也，少以字行於世。世為郡著姓。……法保少好遊俠，而質直少言。所與交遊，皆輕猾亡命。人有急難投之者，多保存之。雖屢被追捕，終不改其操。父歿，事母兄以孝敬聞。……正光末，四方雲擾。王公被難者或依之，多得全濟，以此為貴遊所德。

以上諸例，河東裴氏、清河崔氏、趙郡李氏、京兆韋氏都是當時山東、關中的「郡姓」，即所謂「以中國士人差第閥閱為之制」者(見《新唐書‧儒學柳沖傳》)。他們的支裔之中竟產生了這許多「俠」的人物，這顯然是時勢和地域所共同造成的。

北朝士族豪姓雖一時稍有武化的逆轉迹象，但畢竟衹是尾聲了。中國史上重文輕武的大趨勢已經形成，是無可挽回的了。唐代自武則天、玄宗以下，上層社會成為山東士族和新興進士互爭雄長的局面。從此之後，不但文、武分途，而且文士的政治、社會聲望也遠比武人為高。漢晉南北朝以來的武裝豪族漸消逝了。所以中唐以後，「俠」無論是作為觀念或社會行為而言都進入了另一個歷史階段，但限於時間和篇幅，此處衹能略作推測。

在討論唐以後「俠」的變遷之前，我們還要附帶澄清

「俠」和下層社會的關係。本文所討論的「俠」大體都與「豪族」、「大姓」等上層社會有關。這是受了史料的嚴重限制，不得不然。但「俠」自始便具有平民性格，而且司馬遷所最推重的也是「閭巷」、「匹夫」之「俠」。西漢「游俠」的活動決不限於兩卷《游俠傳》所記載的那些浮在政治、社會上層的事迹。其深入民間而不見諸文字的種種「俠行」似乎不可能對於下層社會完全不發生影響。所以有人特別強調中國後世的秘密會黨是和「游俠」活動一脈相承的。[16] 我個人也傾向於相信「游俠」的組織活動和精神有助於黃巾、太平道、五斗米道等秘密結社的發展。但記載殘缺，無從證實。《漢書‧酷吏尹賞傳》：

> 長安中姦猾浸多，閭里少年群輩殺吏受賕報仇，相與探丸為彈：得赤丸者斫武吏，得黑丸者斫文吏，白者主治喪。城中薄暮塵起，劫劫行者，死傷橫道，枹鼓不絕。

這種有組織的殺吏報仇的行動其實即是由「閭里之俠」發動和領導的。不過官方文書稱他們為「姦猾」而已。我們衹要把「姦猾」和漢代流行的「姦俠」之名聯繫起來，便不難看出此中真相了。更重要的是「探丸為彈」一段話所透露的組織活動。此中「彈」字歷來注家都不得其解。顏師古誤為「彈丸」之「彈」，王念孫也因此認定「為彈」兩字是衍文 (均見《漢書補注》)。現在由於考古發現，我們已知「彈」亦作「僤」、「墠」、「單」等，是一種民間組織。立「彈」之後對於參加

---

16 參看雷海宗，《中國文化與中國的兵》(香港：龍門書店影印版，1968)，頁140–43。

的人則發生「約束」作用[17]，所以此處「探丸為彈」的意義即
是「探丸為約」。這可以證明「游俠」是利用了當時民間的組
織方式來進行活動的，不過用之於結客報仇而已。後來赤眉首
領呂母即借「聚客報仇」而起事；另一首領樊崇也「以言辭為
約束」(見《後漢書》卷十一〈劉盆子傳〉)。這似乎都和「游
俠」的組織活動有某種聯繫。後世秘密會黨特重「義氣」，
這也是「俠」的精神。五斗米道孫恩赴海自沉時「妖黨及妓
妾⋯⋯投水從死者百數」(《晉書》卷一○○本傳)。這恐怕也
是一種「俠」的精神的表現，未必全出於宗教信仰。限於史
料，我們的推測僅能止於此。

九、「劍俠」的出現——個人活動的新階段

從後世有關「俠」的文獻來看，唐以下的「俠」大體上已
失去了宗族、鄉黨、賓客之類的社會基礎，因此「俠」的集體
活動在史籍上也相應減少。地方豪強或城市無賴集體橫行或剽
掠之事雖未完全絕迹，但史家已不再把他們看作「俠」了。這
自然反映了中唐以後社會結構的變遷，這裏不能涉及。與以前
的情況相反，「俠」主要變成了個人的活動。唐人傳奇中有
「豪俠」一類，收集在《太平廣記》一九三至一九六卷中，其
中〈虬髯客〉、〈崑崙奴〉、〈聶隱娘〉、〈紅線〉諸篇尤膾

---

17 關於「彈」的解釋，見黃士斌〈河南偃師縣發現漢代買田約束石券〉，
《文物》，1982年十二期，頁19；寧可，〈關於《漢侍廷里父老僤買田約
束石券》〉，同上，頁23–26。邢義田，〈漢代的父老、僤與聚族里居——
《漢侍廷里父老僤買田約束石券》讀記〉，收在《秦漢史論稿》(台北：東
大，1987)，頁223–27。邢文所引張儉等「刻名立僤」，共為部黨，而儉為
之魁」之例，尤可注意。

炙人口。這些傳奇大抵都是有關男女劍俠之流救人危難的俠義故事，但也有刺客和大盜。如果細加分析，他們的行為顯然合乎古代游俠重然諾、疏財、赴人厄困、存亡死生、不矜能、不伐德種種道德標準，所不同者是他們不再有「權行州里、力折公侯」的社會勢力，彼此之間更沒有聯繫和集會。總之，他們都是一些獨往獨來的「異人」。這些豪俠故事也並不全是虛構的，例如俠士許俊從蕃將沙叱利府第中為韓翊奪還美人柳氏一事（《太平廣記》卷四八五〈柳氏傳〉），也見於孟棨《本事詩》，所以很可能是「實錄」[18]。又如〈荊十三娘〉一條（見《廣記》一九六），記進士趙中行和荊娘救人報仇的俠行，仍存於今本孫光憲《北夢瑣言》卷八。孫氏自序說：「每聆一事，未敢孤信，三復參校，然始濡筆。」則此條至少也有事實的影子。我們有理由相信「豪俠」傳奇在一定程度上反映了唐代的社會實況。《舊唐書》卷一〇六〈李林甫傳〉云：

> 林甫晚年溺於聲妓，姬侍盈房，自以結怨於人，常憂刺客竊發，重扃複壁，絡板甃石，一夕屢徙，雖家人不之知。

尤可證劍俠、刺客確有其事，否則李林甫何必防範如此之嚴？

劍俠、刺客之流古代早已有之，但往往隸屬於「俠」，故聲光為「俠」所掩，中唐以後，獨來獨往的劍俠則幾已成為「以武犯禁」的唯一典型，這可以說是俠史上的一大分野。這一新的「俠」的形象，宋以下無大改變，而且基本上構成

18 魯迅，《中國小說史略》，《魯迅全集》單行本，1946，頁93。

了文學想像中的「俠」的原型。[19] 岳柯《桯史》卷一「施宜生」條：

> 宜生方顯時，龜山僧至其國，言于 (金主) 亮而尊顯之，俾乘驛至京，東視海舟，號「天使國師」，不知所終。僧蹤迹有異，淮人能言之。出入兩境如跳河，輕財結客，又有至術，髡而俠者也。

「髡而俠」也是唐以來的新現象，《本平廣記》卷一九四收有「僧俠」一條可證。僧人習武，南北朝已然，唐代尤甚。顧炎武《日知錄》「少林僧兵」條和趙翼《陔餘叢考》卷四十一「少林寺僧兵」條都列舉了唐至明各代的事例，所以「僧俠」的傳說起於唐代也是有歷史背景的，更有趣的是清初天地會也有起源於福建莆田少林寺一百二十六僧的傳說。其事近於神話，恐不可信 (見徐珂《清稗類鈔》「會黨類・天地會」條)。從《桯史》的例子來看，龜山僧之所以有「俠」稱，當和「輕財結客」有關，但是和一般劍俠相同，他也是獨來獨往、出沒無常的，所以最後竟「不知所終」。這是後世單身俠客的普遍特色。周亮工《書影》卷四云：

> 劍俠見於古傳紀中甚夥，近不但無其人，且未聞其事。……予姻陳州宋鏡予光祿尊人圕田公，諱一韓，神廟時在兵垣，劾李寧遠，疏至一二十上；寧遠百計解之，卒不從。一夕，公獨臥書室中，晨起，見室內几案、盤盂、

19　文瑩《玉壺清話》卷五：「李士衡少時，一俠者遺一劍，屬之曰：君他日發迹在於劍，記之。」這個故事也可見「劍俠」觀念在宋代流行之普遍。

巾舄、衣帶、下至虎子之屬，無不中分為二，痕無偏缺，
有若生成；而戶扃如故，夜中亦無少聲息。公知寧遠所
為，即移疾歸。光祿時侍養京邸，蓋親見之。乃知世不乏
異術，特未之逢耳。

這一段紀事最能說明劍俠不常見，但又確有其人。周亮工
的記載是根據他的姻親的親身經歷而來，正是第一手資料。

《明史》無宋一韓傳。文中李寧遠即李成梁，傳在《明
史》卷一二六。成梁是朝鮮後裔，鎮守遼東二十二年，以軍功
封寧遠伯。萬曆初年他棄守邊境諸堡，極為物議所不容。《明
史》言：「兵科給事中宋一韓言棄地非策。巡按御史熊廷弼勘
奏如一韓言，一韓復連章極論。帝素眷成梁，悉留中不下。」
周亮工的記載在此完全獲得證實。宋一韓的遭遇自然是李成梁
的刺客的傑作，其人必屬劍俠之流，絕無可疑。

十、「俠」的觀念的無限擴大

我們指出唐、宋以下所最為流行的劍俠具有個人行動的特
色，但這並不是說，漢代那種集體行動的俠風在後世已經完全
被遺忘了。民間秘密結社的情況由於史料缺乏，姑且不說，即
使在正史上，我們還是偶然可以發現古代游俠的遺風。不過他
們的活動限於一隅，不再有號令遍於天下的聲勢了。《宋史》
卷二九八〈陳希亮傳〉附記他的第四子陳慥說：

慥字季常，少時使酒好劍，用財如糞土，慕朱家、郭解為
人，閭里之俠皆宗之。在岐下，嘗從兩騎挾二矢與蘇軾遊

西山。⋯⋯⋯因為軾馬上論用兵及古今成敗，自謂一世豪士。稍壯，折節讀書，欲以此馳騁當世，然終不遇。

這個例子頗能顯示古代游俠雖遲至北宋仍為人所仰慕。陳慥與蘇軾不但同是眉州人，而且是世交。嘉祐六年至治平二年 (公元1061–1065) 蘇軾任大理評事鳳翔府簽判，其時陳希亮恰好知鳳翔府，陳慥與蘇軾遊於岐山之下便在這一段時期。我們不知道陳慥慷慨任俠並獲得閭里之俠的推尊是指眉州故里還是鳳翔。無論如何，這一集體的任俠活動顯然祇是地方性的，遠非朱家、郭解的勢力遍佈各地者可比。另一方面，《宋史》的記載完全根據蘇軾的〈方山子傳〉而來 (見《東坡前集》卷三十三)；蘇軾的文章自然是直接借用了《史記・游俠傳》的語言。因此我們也不能過於認真，以為這是漢代「游俠」的直接翻版。事實上，陳慥的最後歸宿是一個養生的隱士。[20]

陳慥的例子也顯示出唐、宋以來「俠」的觀念的變遷。陳慥雖好劍，善騎射，他畢竟還是一個讀書人，並不能算「以武犯禁」的「俠」，與陳慥相類似的例子還有宋初的柳開。《宋史》說他「有膽勇」、「性倜儻重義」(卷四四〇〈文苑〉二本傳)。文瑩《續湘山野錄》則說他「尚氣自任」。同人《玉壺清話》卷二又記載了他拔劍欲斬人的故事。大概柳開確是一個有

20　蘇軾〈陳季常自岐亭見訪，郡中及舊州諸豪爭欲邀致之，戲作陳孟公詩一首〉見孔凡禮點校，王文誥輯注《蘇軾詩集》卷二十 (北京：中華書局，1982)，第四冊，頁1057–58。詩也全用《漢書・遊俠傳》陳遵的故事。又觀此詩題，陳慥晚年還與「郡中」和「舊州」的豪俠時有往還。但陳慥晚年去岐亭「喜談養生，自謂吐納有得」。見丁傳靖《宋人軼事彙編》卷十二引《墨莊漫錄》(香港：中華書局，1981)，中冊，頁604。最可笑的是陳慥在後世卻以懼內著名，至今還流傳「季常之癖」的成語。參看梁章鉅《浪迹續談》卷六「陳季常」條。(香港：中華書局，1981)，頁360–61。

武勇的人，因此後世也把他歸作「俠」的一類。[21] 但其實他是
宋代文學史上的重要人物，開古文復興的先河，陳、柳兩人的
事迹更進一步為儒、俠合流在後世的發展提供了具體的例證。
「俠」的觀念已逐漸和「武」分家了，陳慥與柳開的「俠」
多少還和「劍」沾上了邊，此外還有不少的「俠」則根本和
「武」無關。

　　我們稍稍翻檢《宋史》，便可發現與「武」完全無關的
「俠」至少不在與「武」有關的「俠」之下。例如〈儒林〉、
〈文苑〉兩傳 (卷四三一至四四五) 中的「俠」，除去柳開不
計，共有三例，而〈忠義傳〉(卷四四六至四五五) 中武人之
以「俠」著稱的也祇有三例。[22] 卷四三六〈儒林〉六〈陳亮
傳〉曰：

　　　亮自以豪俠屢遭大獄，歸家益厲志讀書，所學益博。

　　陳亮的「豪俠」稱號顯然與武藝劍術無涉，而是來自才氣
的超邁和性格的豪放。他曾自許道：「至於堂堂之陳，正正之
旗，風雨雲雷交發而並至，龍蛇虎豹變現而出沒，推倒一世之
智勇，開拓萬古之心胸，自謂差有一日之長。」(見本傳) 這便
是他的「俠氣」的具體表現了。卷四四三〈文苑〉五〈賀鑄
傳〉曰：

---

21 James J. Y. Liu, *The Chinese Knight-Errant* (Chicago: The University of Chicago Press, 1967), pp. 49–50：據《淵鑑類函》卷三一一引《宋稗類鈔》，列柳開為宋代之「俠」。

22 這三例是李彥仙「所交皆豪俠士」(卷四四八)。杜湜，「少負氣遊俠。」(卷四五四) 和華岳，「為武學生，輕財好俠。」(卷四五五)

是時江淮間有米芾以魁岸奇譎知名，鑄以氣俠雄爽適相先後，二人相遇，瞋目抵掌，論辯鋒起，終日各不能屈，談者爭傳為口實。

卷四四四〈文苑〉六〈劉恕傳〉曰：

次子和仲，有超軼材，作詩清奧，刻厲欲自成家，為文慕石介，有俠氣。

這兩處的「氣俠」和「俠氣」都明指性格和文格而言，毫無可疑。宋代文人詞客而有「俠」名者還有劉過。葉紹翁《四朝聞見錄》乙集「函韓首」條云：

韓侂胄欲遣使議和，而難其人……盧陵布衣劉過，亦任俠能辯，時留崑山妻舍。韓頗聞其名，諭錢參政象祖，風崑山令，以禮羈縻到，勿使去。

劉過，字改之，是南宋著名詞人，但《宋史》無傳，當時記載說他「性疏豪好施」，與辛棄疾過從甚密。[23] 韓侂胄想請他出使金國當然是因為他的性格豪邁而又善於言辭，能夠承擔這一敗後求和的艱巨任務。所以葉紹翁此處所用「任俠」兩字已與《淮南子》、《史記》、《漢書》中的意義截然不同；「俠」不但與「武」不必有關，而且也脫離了任何社會基礎。一言以蔽之，「俠」已抽象化而專指一種精神氣概了，正因為

---

23 見《宋人軼事彙編》卷十七所引各條，下冊，頁914–15。

如此，〈儒林〉、〈文苑〉中才出現了「俠」的人物。《宋史》卷四六四〈外戚中·曹偕傳〉云：

> 偕字光道，少讀書知義，以節俠自喜。……嘗從梅堯臣學詩，堯臣稱之，為序其詩。

這也是一個文士詩人而有「俠」節，其名則在〈外戚傳〉中。「俠」既已抽象化為一種精神氣概，則任何人具有此種精神氣概，無論他的社會身份是甚麼，都可以叫做「俠」。《宋史》卷四六二〈方技下·王克明傳〉曰：

> 王克明字彥昭……紹興、乾道間名醫也。……克明頗知書，好俠尚義，常數千里赴人之急。

本傳載「張子蓋救海州，戰士大疫，克明時在軍中，全活者幾萬人。子蓋上其功，克明力辭之。」這正是所謂「既已存亡死生矣，而不矜其能，羞伐其德」的「俠」的遺風。《朱子語類》卷一二六記朱熹的話：

> 杲老乃是禪家之俠。

杲老即是大慧宗杲，又號妙喜、佛日，是兩宋之際最有名望的禪宗大師。同書同卷又記朱子語：

> 如杲佛日之徒，自是氣魄大，所以能鼓動一世，如張子韶、汪聖錫輩皆北面之。

《四朝聞見錄》甲集「徑山大慧」條云：

> 大慧名妙喜，張公九成字子韶，自為士時已耽釋學，嘗與
> 妙喜往來，然不過為世外交。張公自以直言忤秦檜，檜既
> 竄斥張公，廉知其素所往來者，所善獨妙喜。遂杖妙喜，
> 背刺為卒於南海，妙喜色未嘗動。

　　朱子說宗杲是「禪家之俠」自然是讚揚他的偉大「氣魄」
和與朋友共患難而無怨的精神，我們在上面已指出，西漢的豪
俠精神怎樣傳入了士大夫階層，我們也看到東漢黨錮名士「依
仁蹈義，舍命不渝」的慷慨大節，在很大的程度上，正是西
漢俠風的繼續和變相。現在我們則進一步看見，自宋以後，
「俠」的精神不但繼續進入文人學士的靈魂深處，而且瀰散在
整個社會，影響及於各階層、各行業的人，連禪師與醫師也深
染俠風。這種情況越到後來便越為顯著，明代沈德符《萬曆野
獲編》卷二十三有「俠倡」一條，記載了作者所認識的一位劉
姓娼女「俠而憨」的事迹。更有名的妓女，如明末的柳如是，
當時詩人便不惜用「帳內如花真俠客」的詩句來讚美她[24]，這
更是「俠」的觀念的擴大。如果我們再進一步分析《清稗類
鈔·義俠類》所收集的四百二十九則清代的俠義故事，那真可
以說是九流三教、男女老幼無所不有，社會上各行各業的人差
不多都包括在內了。西漢的「游俠」出於武士的傳統，還帶有
高度的「職業」意味。[25] 但東漢以下「俠」已越來越不成其為
一種職業了。這一歷史發展和中國「俠」的特殊性有關：例如

24　見陳寅恪《柳如是別傳》(上海：古籍出版社，1980)，上冊，頁3所引。
25　勞榦，前引文，頁1034。

「俠」不構成一嚴格的階級，它沒有形式化的組織和禮儀，作為一個早期的武士集團它也未曾取得合法的地位。這些都和西方的武士或騎士恰恰相反。

十一、騎士與俠的文化異同

概括言之，西方的騎士自始至終都是一武裝階級，而且是封建貴族的一個重要組成部分。西方史家大致都承認從十一世紀末到十六世紀初 (也就是從第一次十字軍東征到宗教改革) 是騎士的鼎盛時代。在這四百年間，騎士構成了西方武力的主體，為保衛國家和教會作出了重要的貢獻。從十五世紀末期始，由於國家常備軍的建立，步兵在戰爭中的比重大增，以及炮火的使用等新發展，騎士集團才逐漸失去其用武之地。與此相對照，中國的「俠」即使在武力極盛的西漢時代，也沒有成為國家武力的一部分。相反的，在朝廷的眼中「俠」的武力是敵對性的。因而必須加以消滅。自漢代以來，中國社會一天天走上重文輕武的道路，「俠」作為武力集團終於解體了。所以中國的俠在軍事史上從來沒有扮演過重要角色，後來甚至也不必然和「武」連在一起了。中西文化的差異在極大的程度上決定了「俠」在雙方歷史流變上的不同。

西方中古的騎士文化在近代仍有其流風餘韻，值得注意。據著名的中古史家慧辛迦 (Johan Huizinga) 的經典研究，騎士的中心理想如榮譽 (honour) 和忠誠 (loyalty) 影響了近代國際法中有關戰爭的人道原則，例如戰爭必須合乎正義、不得虐待戰俘，以及不得侵犯平民等。更重要的，近代的愛國精神也是在中古騎士的俠義觀念中發展出來的，包括犧牲小我、追求公道

和保護被壓迫的人民。法國是騎士文化的大本營，而近代愛國精神也最早出現在法國，這二者之間的密切關係是無可置疑的。[26] 最近的研究更顯示：騎士的榮譽感及其「遊」(wandering) 的精神直接促進了近代歐洲的擴張。西歐殖民者的海外冒險和開拓新疆土 (特別是美洲的開拓) 正是騎士精神的現代變相：甚至基督教會的海外傳教也和騎士精神有某種內在的聯繫。西方騎士文化中孕育了一種強烈的個人主義；這種精神的獨立至少使一部分貴族不肯完全臣服於國家權威，因此每一代幾乎都有少數激進和叛逆分子出現。[27] 這就是說，西方騎士階級雖然一向承擔着為國家和教會維持秩序的任務，但是他們所奉持的一些基本價值如疏財仗義、扶弱鋤強、崇尚名節 (榮譽) 等也可以使他們超越社會身份的限制，而反抗一切不公平、不合理的現存權威。從這一角度看，騎士文化中的超越價值未嘗不能為現代的革命運動提供精神基礎。

中國「俠」的發展形態與西方截然不同。由於「俠」缺乏嚴格的形式組織，同時又不限於貴族階級，它自始便不像西方騎士集團那樣具有鮮明的歷史輪廓。從十一世紀到十六世紀，騎士在西方社會中有十分明確的法律身份和功能。從教會的觀點看，騎士是和教士 (Clergy) 並列的兩大社會支柱之一。教士的職務是為人民提供精神的需要；騎士則用武力來維護正義、扶持弱者與捍衛教會。從國家的觀點看，騎士則與俗世的「文吏」(英國 Clerk 原由教士演化而來；或法國 Baillis) 平行，構成了國王的左右兩手，前者代表武力，後者代表法律。中國的「俠」，無論是在戰國或西漢時代，都沒有取得這種地位。中

---

26 Huizinga，前引書，頁104–07。

27 Maurice Keen，前引書，頁249–52。

國文化自漢代始便有明顯的重文輕武的傾向，與西方之尚武大異其趣。漢武帝的諡號為「武」，恐怕是貶多於褒 (參看《漢書》卷七十五〈夏侯勝傳〉及《史記正義‧諡法解》「夸志多窮曰武」條。) 到了宋初，有人甚至說：「狀元登第，雖將兵數十萬，恢復幽薊，凱歌勞還，獻捷太廟，其榮亦不可及矣。」[28] 文武之間地位的懸殊如此。由於這一文化背景的差異，「俠」自東漢起便已開始成為一種超越精神，突破了「武」的領域，並首先進入了儒生文士的道德意識之中。所以我們論及「俠」對中國文化的長遠影響，不能不特別注意「俠」和「士」的關係。

中國的「士」，和西方騎士相似，也是一方面承擔着建立和維持政治、文化秩序的任務，另一方面又發展了持「道」以議政的批判傳統。我們通常都認定這一批判傳統的來源在儒家。這個判斷大體上是有根據的，例如孟子的民貴君輕說，「聞誅一夫紂，未聞弒君」說；公羊派的「貶天子、退諸侯、討大夫」說，以及湯武革命說等，顯然都是反權威的。但是從東漢黨人名士的集體反抗行動來看，「俠」的影響則是極其重要的。大致說來，黨錮之士在道理上固以儒家為依歸，然而激昂慷慨的俠節卻給他們提供了情感上的動力。所以後世富於批判精神的儒者也往往帶有「俠氣」。這一發展其實也是很自然的，因為儒家傳統中本有一股「狂」的精神，能與「俠風」一拍即合。

28　《宋人軼事彙編》卷九引《儒林公議》中冊，頁406。

十二、明清時期的儒俠關係

我們在上文中已看到了宋代〈儒林〉、〈文苑〉傳中的「俠」。現在讓我們再舉幾個代表性的例子，略示明清時代儒、俠關係的一斑。

王陽明是明代儒學史上的樞紐人物；他的致良知教以簡易直接為主，把儒學從士大夫手上解放出來，推廣到整個社會，所謂「陽明學」不但是思想運動，而且也是社會運動。陽明本人近於「狂」，並以「狂」為接引弟子的門徑，不過不能止於「狂」而已 (見《王文成公全書》卷三十四〈年譜〉嘉靖三年八月條)。但陽明的「狂」顯然有「俠」的背景。黃綰《陽明先生行狀》(《全書》卷三十七) 有云：

公……少喜任俠，長好詞章仙釋，既而以斯道為己任。

湛若水《陽明先生墓誌銘》(同上) 亦云：

初溺於任俠之習。

這兩條記載十分重要，證明他早年經歷過一個「任俠」的階段。《年譜》成化二十二年條記陽明十五歲寓京師，「出遊居庸三關，即慨然有經略四方之志……時畿內石英、王勇盜起，又聞秦中石和尚、劉千斤作亂，屢欲為書獻於朝，龍山公斥之為狂，乃止。」這大概即是他「少喜任俠」的時代。《年譜》編者僅重視他的「儒」一面，故於「俠」的經歷略而不提。《明史》卷一九五本傳曰：

年十五，訪客居庸、山海關。時闌出塞，縱觀山川形勝，弱冠舉鄉試，學大進。顧益好言兵，且善射。

此處「訪客」兩字遠較《年譜》為得其實。足見陽明從十五歲到弱冠前後確曾從事「俠」的活動，到處結交俠客一流人物。否則他何能對畿內、秦中民間的造反情況如此瞭若指掌？

由於王陽明已有俠的背景，他生平持論也兼具狂放與豪俠的氣概，數傳之後，他的信徒中趨向反抗和激進的一派更與俠結下了不解之緣。王世貞《弇州史料‧後集》卷三十五「嘉、隆江湖大俠」一條，記載了顏山農、何心隱、呂光、邵檡杵四個人的事迹。其中顏、何兩人是王門泰州學派的重要成員。其文略曰：

嘉、隆之際，講學者盛行於海內，而至其弊也，借講學而為豪俠之具，復借豪俠而恣貪橫之利。其術本不足動人，而失志不逞之徒，相與鼓吹羽翼，聚散閃倏，幾令人有黃巾、五斗之憂。蓋自東越之變為泰州，猶未至大壞。而泰州之變為顏山農，則魚餒肉爛，不可復支。顏山農者，其別號也，楚人，讀經書不能句讀，亦不多識字，而好意見，穿鑿文義，為奇邪之談，間得一二語合，亦自灑然可聽。所至，必先使其徒預往，張大衒耀其術。至則無識淺中，人亦有趨而赴者。每言：「人之好貪財色，皆自性生，其一時之所為實天機之發，不可壅閼之。第過而不留，勿成固我而已。」……最後至南京，挾詐人財，事

發，捕之官。笞臀五十，不哀祈，亦不轉側。坐罪至戍，困囹圄且死。……

何心隱者，其材高於山農而幻勝之。少嘗師事山農。……因縱橫江湖。有呂光者，力敵百夫，相與為死友。心隱每言：「天地一殺機而已。堯不能殺舜，舜不能殺禹，故以天下讓。湯、武能殺桀、紂，故得天下。」嘗游吳興，誘其豪不軌……久之，蓋縱游江湖間，放浪大言，以非久可以得志於世。而所至聚徒，若鄉貢、太學諸生以至惡少年，無所不心服。呂光又多游蠻中，以兵法教其酋長，稍稍聞江陵 (張居正)，屬江西、湖廣撫按密捕之。後得之於嶺北，見撫臣王之垣，坐不肯跪。曰：「君安敢殺我，亦安能殺我，殺我者張某也。」擇健卒痛笞之百餘，乾笑而已。抵獄，門人涕泣而進之酒食，亦一笑而已。途贈金者前後數十，皆不受。獨受一鄉貢士十金，曰：「而有夙緣，可受也。」遂死。

邵樗朽者，不曉講學，以權譎縱游江淮間。……而所至把持守令長短，大言無忌。……江陵當國，知其事而惡之，屬巡撫張鍘梁捕置之獄。其謾語亦如前而加甚。杖之百，不動。欲折其足而不能。乃教獄卒，使置於檻，以大槌槌之而後折。大歎詫曰：「天殺我耳，豈汝曹之能！」至死不屈。

首先必須說明，黃宗羲早已指出：王世貞這段記錄是「因當時爰書節略之」(見《明儒學案》卷三十二〈泰州學案序〉)。既是官方法律判決文書，則其中具體情節必多一面之

詞，未可輕信。例如置何心隱於法的湖巡撫王之垣是清初著名詩人王士禎 (漁洋) 的曾祖父。王士禎曾將家傳王之垣自纂的《歷仕錄》摘鈔在《池北偶談》(卷五〈司徒公歷仕錄〉) 中，與「嘉、隆江湖大俠」一文基本上一致 (並可參看《池北偶談》卷十「何、顏偽道學」條)。但儘管如此，王世貞之文仍顯露出這四個「江湖大俠」的反抗精神。顏山農、何心隱、邵樗朽在被捕後都十分倔強，何、邵兩人更是「至死不屈」。其次，顏山農與何心隱明明是王門傳人，與武事無涉；說他們有意造反顯然是官方的誣詞。但當時的人竟異口同聲稱他們為「俠」，尤可見儒、俠關係的密切。黃宗羲極不同情他們的激進思想，但是他也承認：「山農游俠，好急人之難。……頗欲有為於世，以寄民胞物與之志。」(同上) 至於何心隱，他自己雖不甘止於「俠」，時人仍不免以「俠」目之。陳士業〈答張謫宿書〉(見《書影》卷三) 云：

> 弟嘗與友人論有明異人，其在世廟之末者，心隱、鄧豁渠 (鶴) 兩人而已。……心隱生平所為，皆忠孝大節；即其詭託箕巫，陰去分宜 (嚴嵩) 之相，不煩批鱗請劍，而大奸忽爾敗黨，其作用最奇；真能以忠而成其俠者，非豁渠之所敢並也。

「以忠而成其俠」一語頗足説明「俠」的觀念已抽象化為一種精神狀態。何心隱自己對「俠」與「儒」的不同提出了下面的見解：

> 意與氣，人孰無之，顧所落有大小耳。戰國諸公之與之落

意氣，固也。而孔門師弟之與，曷常非意氣之落耶？戰國
諸公之意之氣，相與以成俠者也，其所落也小，孔門師弟
之意之氣，相與以成道者也，其所落也大。[29]

所以根據何心隱的說法，「儒」與「俠」本來便是合流
的，因為二者同是「意氣」落實的結果。但這顯然是「俠」的
觀念改變以後所出現的新理論。「俠」與「武」可分可合，不
再限於「以武犯禁」了。《金谿縣志·周復傳》載：「周復字
明所，三都霞山人，儒而俠，明嘉靖中以布衣上書請建儲，世
宗不悦，目為野人，復因以野稱。已而師梁汝元（即何心隱），
讀書匡廬山。」[30] 周復其實祇是一個儒生，其「俠」稱也來自
他的「意氣」。這一類「儒而俠」的人物大量出現，尤其是晚
明社會的一大特色。

王世貞指責顏山農、何心隱等「借講學而為豪俠之具」，
並發出了「黃巾、五斗之憂」，這是特別針對着泰州一派的社
會講學運動而發。沈德符説何心隱「以講學自名，鳩聚徒眾，
譏切時政」（見《萬曆野獲編》卷十八「大俠遁免」條）。黃宗
羲也説「心隱在京師，闢各門會館，招來四方之士，方技雜
流，無不從之。」（《明儒學案·泰州學案序》）這種具有政治
社會批判意味的群眾集會自然會引起當政者的疑忌。也許是
因為這一類的集會容易使人聯想到西漢的「游俠」活動，所
以，何心隱之流才獲得了「俠」的稱號。但是「黃巾、五斗之
憂」，至少就何心隱來説是多餘的。他在隆慶元年 (1567) 曾協

---

29 《何心隱集》卷三〈答戰國諸公孔門師弟之與之別在落意氣與不落意氣〉
（香港：中華書局，1981），頁54。

30 《何心隱集》附錄，頁139。

助重慶地方官「滅白蓮賊」（《何心隱集》卷四「上祁門姚大尹書」），似乎不可能發動「黃巾、五斗」的亂事。不過他和呂光一流人物結為「死友」，恐怕更是招禍的根源。前引陳士業〈答張謫宿書〉說：「弟又聞心隱之門人有呂光午者，浙之大俠也，其人與文之奇，不減心隱，心隱嘗以金千數畀光午，使走四方，陰求天下奇士，」《萬曆野獲編》則稱此人為「曾光」，並說他是「真游俠之雄」(同條)。呂光其人屬於當時所謂「俠客」或「劍俠」之流，至於他的四處結客是否已有後世秘密會黨的意味，則因限於史料，我們無從斷定。值得注意的是晚明以至清初，儒生文士不滿現狀而有志於社會活動的，往往好結交「俠客」。這便是所謂「任俠」，如王陽明、顏山農都是明證。當時記載因借用古代「俠」的語言，涵義有時不明，必須對個案進行詳細分析，才能分別確定。大概言之，「大俠」、「俠客」、「劍俠」是指身負武功之「俠」；他可以是獨來獨往的個人，也可以是一群俠士之首。從事「任俠」或「游俠」的人則不必以武功見長，甚至「武」也不是必要條件。但是他們必須有某種社會地位或相當的財力，以資號召，而且往往是兩者兼而有之。明、清不少儒生文士便是在這種情形下獲得了「任俠」的聲名，例如方以智的弟弟其義即有「騷人任俠」之稱。方以智本人雖不以「任俠」聞於世，但是他也寫下了《結客賦》、《任論》等文字，表示他對於「俠」的嚮往和期待。[31]「儒而俠」的人物之所以特別出現在明末清初，正是因為這是一個大變動的時代。和東漢黨錮之世一樣，儒學為

---

31 關於方以智和明末「俠」的關係，斐德生 (Willard J. Peterson) 有細緻的分析，見 *Bitter Ground: Fang I-chih and the Impetus for Intellectual Change* (New Haven: Yale University Press, 1979), pp. 84–100.

晚明的社會、政治批判提供了觀念，俠的傳統則提供了行動的力量。耿定向說何心隱「其學學孔，其行類俠」[32]。這句評語可以普遍地應用在明、清之際許多「起而行」的儒者的身上。

關於明清之際注重實行的思想家和俠交結的實例，我們應該特別提到孫奇逢和顏元。方苞〈孫徵君傳〉(《方望溪先生全集》卷八) 説：

> 孫奇逢字啟泰，號鍾元，北直容城人也。少倜儻，好奇節，而内行篤修，負經世之略。常欲赫然著功烈，而不可強以仕。……奇逢始與鹿善繼講學，以象山、陽明為宗。及晚年乃更和通朱子之説。……其與人無町畦，雖武夫、悍卒、工、商、隸、圉、野夫、牧豎必以誠意接之。用此名在天下。

傳文中所謂「武夫」其實即是「俠客」。同書同卷〈孫積生〉傳云：

> 方徵君講學夏峰，自野夫、牧豎以及鄉曲、俠客、胥、商之族有就見者，必誘進之。

可以互證。戴望《顏氏學記》卷一〈顏元傳〉云：

> 商水李子青者，大俠也。館先生，見先生攜短刀自隨。目之曰：「君善此乎？」先生謝不敏。因請與試，先生乃折

32 見容肇祖《明代思想史》(台北：開明書店重印本，1962)，頁226引《耿天台全書》卷十二之祭文。按此句在《何心隱集》附錄，耿定向「梁子招魂辭」(頁140) 中作「學問宗孔，言行類孟。」疑《耿天台全書》所收者為定本。

竹為刀，舞以相擊。甫數合，中子青腕。子青伏地驚拜
曰：「吾謂君儒者耳！技乃至此乎？」

　　　　　李塨《顏習齋先生年譜》卷下辛未五十七歲八月條

　　顏元善擊技尚在其次，重要的是他和「大俠」的交往。
《年譜》卷下己巳五十五歲條記：

十二月往哭奠閻大來。大來名際泰，蠡人，豪俠好義，所
施散萬餘金，交遊幾遍天下，而待人寬讓，遇橫逆，笑受
之，不報。

　　這都是顏元與「俠」有密切關係的證據。他曾說：

十分世道，佛氏持三分，豪俠持三分，程朱持三分，仙氏
持一分。聖道焉得不皇皇表章也。

　　　　　　　　　　　　　　　　　《年譜》五十五歲七月條

　　他當然不滿意這一由佛氏、豪俠、程朱和仙氏共同把持的
「世道」。但是從他的客觀但未必精確的估計中，我們也可以
看出「豪俠」精神在明末清初社會上所佔的比重之大。
　　在明亡前夕，社會秩序解體，地方上有勢力的人物開始號
召徒眾，建立武裝組織。這是「豪俠」之風復盛於明、清之際
的重要背景。《明史》卷二十七〈陳子龍傳〉載：

東陽諸生許都者，副使達道之孫也。家富，任俠好施，陰
以兵法部勒賓客子弟，思得一當。子龍嘗薦諸上官，不

用。東陽令以私憾之，適義烏奸人假中貴名招兵事發，都
葬母山中，會者萬人。或告監司王雄曰：「都反矣。」雄
遂遣使收捕，都遂反。

《明史》所記根據陳子龍自撰〈年譜〉(見《陳忠裕全集‧
年譜卷中》崇禎十六年條)，自是實錄，這個故事幾乎是漢代
豪俠的翻版，甚至任俠之家借送葬來進行大規模集會的習俗也
沒有變。這大概是民間的傳統。許都後來信任陳子龍的保證，
投降後竟和其他六十餘人一齊遭到殺害。陳子龍阻救不及，以
致終生負咎。但是從陳子龍最初推薦許都，到許都信任他而投
降，我們又可以看到當時名士與豪俠之間確是意氣相通的。而
且許都本人便是「諸生」，可以說是由儒入俠的人物。據《德
興府志》載：

> 鄭遵謙，會稽滿生，好酒色、暱妓金氏。金以妒殺其婢。
> 時陳子龍為推官，惡遵謙無賴，與金氏並論死。遵謙與東
> 陽許都為死友。獄事急，都馳至越，白子龍，言：「天下
> 有事，幸無殺英雄。」子龍納之，得不死。順治二年潞王
> 出降，遵謙密結數十人起兵，迎魯王於台州，稱監國，封
> 義興侯。王師渡江，從魯王航海，為鄭彩所逼，投海中
> 死。金氏亦赴海殉之。
>
> 〈年譜〉同條引

可證許都和陳子龍早已意氣相投。在上面這一段可歌可泣
的故事裏，儒家的「忠」和俠者的「義」已完全融為一體，難
解難分了。明末俠者對於名節之士的推重也可從一個隱名為

「燕客」所寫的《天人合徵紀實》得到證明。《紀實》紀錄了東林陽匯、左光斗等六君子在獄中最後兩三個月的言行。據文末所附〈燕客傳略〉：「燕客不知何許人，亦不詳其姓氏。客於燕，故曰：燕客。平生耽酒任俠，重然諾，惡富貴鄙夫，遇窮困交，則獨喜。」這自是一位「俠客」。他為了接近六君子，「遂走燕都，旅泊獄左右。易吏人衣，日逐與輿夫、馬圉相歡狎。久之，混入鎮撫，因得見諸公之類末。諸公亦竊知客為有心人，遺言遺札多默附之。」最後他還是被人發現了，於是「復作賈人裝，疾馳而南，計盡一日馳三百里，方脱虎口。今人間所傳《天下合徵錄》，蓋以九死而得之云。」[33]

　　另一方面，名士如陳子龍之流也未嘗不心折於「俠」的慷慨奇節，否則他便不會為許都的説詞所動而出鄭遵謙於死罪了。尤其是以陳子龍而言，「俠」對於他是有特殊意義的。他的「曾祖諱某，以任俠，家稍落。皇祖諱某，好讀書，行方正，亦以然諾顯。」（〈年譜〉卷上，萬曆三十六年條）他回憶在十歲左右，「先君至慈愛，每夜分別引予稱述古今賢豪、將相，以至游俠奇怪之事。」（〈年譜〉卷上，萬曆四十六年條）陳子龍不但出身於「任俠」的家庭，而且從小便受了「俠」的教育。崇禎十年鄭鄤在北京獄中作文，盛稱陳子龍「才俠」，其用意是要陷害他（見〈年譜〉卷上）。但客觀地説，「才俠」的評語他的確當之無愧。他後來慷慨死節恐怕不能説完全與「俠氣」無關吧！中國「俠」的精神很早便隨着「士化」的過程傳播到儒林、文苑；東漢的黨錮之獄是「俠節」第一次大規模的表現。明末的黨禍加上亡國，使「俠節」又再度發出光芒。高攀龍絕筆〈別友柬〉説：

33 收在吳彥箕等著《東林始末》（台北：廣文書局），頁144。

僕得從李元禮、范孟博遊矣，一生學力到此亦得少力。

李應昇就逮詩也說：

身行到此悲張儉，時勢於今笑孔融。[34]

這些東林烈士都自覺上承黨錮名士的傳統，其實也就是儒林中「俠」的精神。

最後，讓我們借用譚嗣同的例子，來說明「俠」在中國近代史上的流風餘韻。梁啟超《譚嗣同傳》說他「少倜儻有大志，淹通群籍，能文章，好任俠，善劍術。」譚嗣同能武確是事實，歐陽予倩曾親見他的表演。[35] 所以「俠」在他的生命中確佔有很重要的位置。[36] 他的「任俠」則表現在結交俠士上面。梁《傳》說他「與俠士謀救皇上」，當是事實。這位俠士大概便是大刀王五。陳叔通〈譚嗣同就義軼聞〉云：

光緒戊戌政變，瀏陽譚嗣同所從學劍術俠客大刀王五名正誼，願挾以出亡。嗣同湖北巡撫繼洵子，懼眾連其父，方代父作責子書，為父解脫。書未就，不從王五請。適書就，而捕者已至，書被抄。[37]

王五生平事迹略見《清稗類鈔·義俠類》「大刀王五疏財

---

34 以上高攀與李詩都收在《東林始末》，頁128–29。

35 歐陽予倩〈上歐陽瓣薑師書序〉收入蔡尚思，方行編《譚嗣同全集》增訂本 (香港：中華書局：1981)，下冊，頁536。

36 參看張灝，《烈士精神與批判意識》(台北：聯經，1988)，頁13。

37 《譚嗣同全集》附錄，頁550。

尚義」條，姑不贅。又嗣同獄中題壁詩：

> 望門投止思張儉，忍死須臾待杜根。我自橫刀向天笑，去
> 留肝膽兩崑崙。

「兩崑崙」之一據説便是王五。這首詩上接東漢黨錮，
下及並世俠士，一股豪情俠氣撲面而來，較之高攀龍、李應
昇的絕筆更為驚心動魄。以中國傳統而言，這是「儒而俠」
的精神所能達到的最高境界。但是他在〈上歐陽中鵠〉書之
二十一中説：

> 平日互相勸勉者，全在「殺身滅族」四字，豈臨小小利害
> 而變其初心乎……今日中國能鬧到新舊兩黨流血遍地，方
> 有復興之望。[38]

他臨難前又對梁啟超説：

> 各國變法，無不從流血而成，今日中國未聞有因變法而流
> 血者，此國之所以不昌也。有之，請自嗣同始。

這就使他的「俠氣」突破了傳統「名節」的格局，進一步
和現代的革命精神合流了。無論我們是否同情流血革命，我們
似乎都可以在一百年來中國無數革命烈士的身上，包括譚嗣同
在內，看見「俠」的現代影子。

38　《譚嗣同全集》，下冊，頁474。

12

關於中日文化交涉史的初步觀察

　　首先我要鄭重祝賀「東亞文化交涉學研究中心」的創建。以關西大學在這一領域中所積累的巨大業績，這個新「中心」必能開闢疆土，更上層樓，是可以預卜的。

　　我本來對於「東亞文化交涉學」的確切涵義不很了解。感謝陶德民教授為我提供了一篇《文化交涉學的意義》，我才知道關西大學的朋友們正在發展一門新的學術領域。《文化交涉學的意義》說：

> 「文化交涉學」：具體來說是要超越國家和民族等分析單位，設定一個具有一定關聯性的文化複合體，在關注其內部的文化生成、傳播、接觸與變化的同時，以多角度的和綜合性的觀點來解析整體的文化交涉的樣態。為此，需要做到在兩個方面的「越境」，一個是超越以往人文科學各個學術領域的研究框架，另一個是超越國家民族性的研究框架。

　　這是一個很合理並富於啟示性的構想，但同時也直接涉及文化或文明研究的取向問題。我想借此機會將「文化交涉學」

放在今天關於文明的一般思潮中，試作一點定位的考察。這是因為「文化交涉」既是一個獨立自主的 (autonomous)「學術領域」，它必然具有普世性，不僅限於東亞地區。

自從一九九三年杭廷頓 (Samuel P. Huntington) 在《外交季刊》(*Foreign Affairs*) 夏季號發表了關於「文明衝突」(The Clash of Civilizations) 的論文以來，「文明」和「文化」兩個互相關聯的概念便重新在學術界流行了起來；很多人都開始相信，「後冷戰」(post-cold war) 的世界，不同群體之間的衝突將發生在互異的文明或文化之間，意識形態、國家利益等則退居次要的地位。二十一世紀與伊斯蘭基本教義派的恐怖主義狂潮同時開始，似乎證實了杭廷頓的論斷。

一九九六年杭廷頓將他的論旨加以擴大，寫成專書 *The Clash of Civilizations and the Remaking of World Order* 全面地討論了今天世界上幾個主要文明，及其互相衝突的可能性。他參考了現代史學家、哲學家、社會學家、人類學家的各種說法，一共列舉了七大文明：一、中國 (Sinic)，二、日本，三、印度 (Hindu)，四、伊斯蘭 (Islamic)，五、西方，六、拉丁美洲 (Latin American) 和七、非洲 (African)，為了表示他已放棄了西方中心論的立場，他從東方數起，因此中國和日本在這張「文明名單」中分別占據了第一、第二的位置。

杭廷頓理論的另一值得注意的重點是把宗教放在「文明」的中心部分，如基督教代表西方文明，儒教代表中國文明，至於伊斯蘭教之為伊斯蘭文明的精神核心便更不用說了。而他所特別關心的「文明衝突」則首先在西方與伊斯蘭之間，其次他認為在中國經濟飛躍以後，儒教文明與基督教文明之間也將發生正面的衝突。不但如此，他在這部專著中還用大量篇幅推測

未來中、日兩個文明之間的可能變化，這便闖進了「東亞文化交涉」的範圍之內。

杭廷頓「文明衝突」理論的一般影響是巨大的。無論是否同意他的見解，我們必須承認，他轉移了人文與社會科學界的注視焦點，即在未來世界秩序的重建中，不同文明或文化的分歧，比國家、民族、意識形態等是更為根本的問題。杭廷頓的「文明」是和「文化」緊密連在一起的，因此他把「文明」(civilizations) 界定為「文化的實體」(cultural entities)。他重視各大宗教的功能也是因為他把「文化」看得比政治、經濟、科技等力量更為重要。

但是杭廷頓在二十世紀六七十年代本是「現代化理論」(modernization theory) 派的一員健將，他的專業屬於政治學，對於歷史與文化方面並沒有深入的研究。「後冷戰時期」的國際局勢逼出了他的「文明衝突論」，於是他開始轉向歷史與文化的研究領域中去尋求經驗性的證據。稍稍檢查一下他的立論根據，我們便立即發現，湯因比 (Arnold J. Toynbee, 1889–1975) 的研究成果為他提供了最重要基礎，無論就概念或資料說都是如此。由於湯因比在日本曾發生過相當重要的影響，讓我概括一下他在「文化交涉學」方面的特殊貢獻。

一九五四年湯因比十卷本的《歷史研究》(A Study of History) 出版是當時西方學術界的一件大事，他的歷史理論在以後十幾年中一直被熱烈地爭論着；他的名字在西方幾乎是家喻戶曉，在非西方地區 (如亞洲) 也時時見於報章雜誌。上世紀六十年代末期，他在西方的聲名已逐漸沉寂，但在日本卻如日中天。一九五六年他訪問日本，作公開講演，印成日文文集，已引起很大的反響，但更重要的是一九六七年在日本講學兩個月，留

下了更長久的思想印迹。不但他的《歷史研究》的全本和縮本都譯成了日文 (全本譯成於1968至1972年，共24冊)，而且日本還在一九六八年成立了"Toynbee Society"，印行專書和專刊，傳播他的思想。因此我相信：「文化交涉」的觀點在日本的流行，湯因比的影響或許起過一定的作用。

《歷史研究》是一部關於人類歷史上一切文明興衰的比較研究，一共列舉了21 (或23) 個文明，有的持續不斷，有的則中途夭折。全書規劃之大與史料的豐富都是空前的。儘管歐、美史學家、考古學家、人類學家、哲學家、社會學家對全書的概念和史實曾提出無數的批評，但誰也不能否認他個人的整體成績是輝煌的。從「文化交涉學」的特殊角度出發，我在這裏想指出此書的三個重要論點：

第一，他有意識地脫出了西方文化中心論的陷阱，用一種平等的眼光看待歷史上一切出現過的文明。西方文明雖然在一二百年中主宰了世界，但它的內在限制已清楚地顯現了出來，不可能單獨引導人類走出目前的困境。西方基督教文明和科技文明必須與其他文明 (包括東亞儒教文明、日本文明、印度文明、伊斯蘭文明等) 進行深度對話，共同尋求新的出路。他也看到不同文明在互相交涉中發生過衝突，然而他更強調文明與文明之間融合的可能性。在這一點上，與杭廷頓相對照，他的觀點不但更為全面而且也更為積極。

第二，湯因比是第一個史學家，正式提出歷史研究的基本單位 (unit) 應該是「文明」，而不是民族國家 (nation or national state)，也不是時代 (period)。文明，特別是世界上幾個主要的文明，如西方、遠東、印度、阿拉伯等，不但傳播的領域十分廣大，非少數或單一民族與國家所能局限，而且源遠流長，也

不能限於某一時代。因此他認為只有以文明為對象，歷史研究
才能窮盡人類發展的真相。過去西方也有哲學家注意到文明
或文化的終極重要性 (ultimate importance)，如赫爾德 (Herder,
1744–1803) 與斯賓格勒 (Oswald Spengler, 1880–1936)，斯賓格勒
對湯因比且有直接的影響，但湯因比則是把這一觀念在歷史研
究中予以系統展開的第一人。

　　第三，史學本是一種綜合性的學術，舉凡人文社會科學各
部門的方法和研究業績都可以為史學家所借用。湯因比把史學
界定為「文明」的研究，其範圍比傳統的史學更是廣闊得多
了。正因如此，他在《歷史研究》全書中幾乎運用了現代人文
社會科學中一切相關的知識，包括考古、人類學、社會學、哲
學、心理學、民俗學、神學、宗教學等在內。一九五四年以來
關於《歷史研究》的書評見於各門各類的學刊，遠遠超出了一
般史學的疆界。一九六一年他寫了一部七百頁的大書，名為
《再思錄》(Reconsiderations)，答覆各家的評論，作為《歷史研
究》的最後一卷 (第12卷)。在這部書中他涉及了人文研究的諸
多領域，史學不過是其中之一而已。所以從方法論的角度說，
《歷史研究》基本上體現了跨學科的綜合精神。在湯因比的
構想中，「文明」作為歷史研究的基本單位必須看作是一包羅
萬象的整體，不是任何一個專門學科 (discipline) 所能單獨處理
的。因此在《再思錄》中他一方面強調諸科並進的多元取向，
另一方面又主張打破種種既成的學科壁壘以取得貫通的理解。

　　從以上的概括可以看出，上引《文化交涉學的意義》一文
中關於「在兩個方面『越境』」的研究方式在湯因比《歷史研
究》的巨著中已獲得相當充分的展開。他的特殊歷史理論在最
近二三十年中已少有人注意，但他所開創的文明研究今天卻成

為一個有活力的新學術領域。「後冷戰」時期的國際狀態——杭廷頓所揭示的「文明衝突」——逼使我們不能不把注意力重新集中在各大文明之間的交涉上面。湯因比無疑是「文化交涉學」的一位最重要的先驅。

現在我要從一般的文化交涉學轉入東亞地區，特別集中在中國和日本之間的文化交涉方面，因為這是關西大學一向貢獻最為卓越的研究領域。我清楚地記得，一九九四年春季我在關西大學訪問期間，曾有幸向大庭修先生請益。承他贈給我幾種有關中日交往的原始資料，主要是明、清時期中國商船到長崎的詳細記載，其中不但包涵着大量的貿易史料，也偶有關於中國士人和書籍附船而來的事迹。關西大學這些出版物當時給我留下了很深刻的印象，使我深切地認識到：日本所保存的關於中日文化交涉的原始資料極為豐富，尚有待於專家去作深入而有系統的探究。

我早年寫《漢代貿易與擴張》(英文，1967年) 時曾接觸過早期日本 (倭國) 與中國的貿易來往。但早期的文字記載與考古資料都極為簡略，所知有限。漢、魏以後的中日交涉史我完全沒有研究過，因此不具備發言的資格。下面我只想討論一個高度概括性但卻十分重要的問題，並陳述我的初步看法，請大家指教。

我的基本問題是：在「東亞文化」(或「文明」) 這一整體概念之下，中國和日本之間的關係究竟應該如何理解？這個問題也可以說是湯因比最先正式提出的。在論及東亞文明時，他劃分了兩個歷史階段，分別稱之為「中國古代文明」(他的專門名詞是"Sinic Civilization")和「遠東文明」(Far Eastern Civilization)。「中國古代文明」上起商、周，下迄漢代滅亡；

「遠東文明」則繼起於六世紀，即中國隋、唐時期。但值得注意的是他把「遠東文明」(相當於「東亞文化」) 分作兩支，一為「本幹」(main body) 在中國，一為「分支」(branch)，則在日本。他雖然認為日本沒有創造出一個「獨立的文明」(independent civilization)，但「遠東文明」既有兩支，則他已肯定日本的「遠東分支」具有相當的獨立性，不能包括在中國的「遠東主幹」之內。他的看法在杭廷頓手中又獲得進一步的修正。杭廷頓放棄了「遠東文明」的整體概念，而把日本看作與中國截然有別的另一種文明 (a distinct civilization)，不過他仍然承認，日本文明是從中國古代文明 (Sinic) 中發展出來的。

　　湯因比和杭廷頓都沒有深入研究過中日文化交流史，他們的觀察自然只能從大體上着眼；然而旁觀者清，視野反而比局中人更為廣闊。讓我試從一般的歷史事實上作進一步的澄清。

　　首先我要指出，日本無論作為一個文明、社會或國家，自始即獨立於中國之外。這可以從日本拒絕參加中國的朝貢系統得到最確切的說明。朝貢系統的性質相當複雜，其中不但包括政治和經濟的層面，而且也涵有很深的文化功能，因為它是所謂「用夏變夷」的一種全面設計。日本正式與中國有使節往還大約始於隋、唐時期。《隋書‧東夷倭國傳》記六○七年日本推古天皇致煬帝「國書」，開頭便說：「日出處天子致書日沒處天子無恙」，這應該是可信的記載。第二年隋遣使節伴日使回國，日本古史也載推古天皇答煬帝書，起句說：「東天皇敬白西皇帝。」兩書恰可互證。可見日本天皇對中國皇帝完全持分庭抗禮的態度。而且《隋書》又記：「新羅、百濟皆以倭為大國，多珍物，並敬仰之，恆通使往來。」新羅、百濟顯然把日本看作與中國地位相等的文明「大國」，這恰好可以解釋日

本天皇為甚麼在「國書」中堅持平等的稱呼。日本堅決不肯進入朝貢系統還可以從下面這一事實得到證實。貞觀五年 (631年) 唐朝派高仁表到日本答「遣唐使」之禮，高到日本後與舒明天皇「爭禮不平，不肯宣天子命而還」。此事見《新唐書·東夷日本傳》，必是實錄。所謂「爭禮不平」必是唐太宗想將朝貢身份加於日本，為天皇所拒。我遍檢隋至清的正史，可以斷定中日兩國在明治以前從來未曾建立過國與國之間的正式關係。雙方的往來主要限於文化與經濟方面的交流。

其次，我要談一談中國文化對日本影響的問題。中國文明起步在前，日本深受影響，這是無可懷疑的。日本接觸中國文化，包括文字、儒家經典、佛法等，最先似乎是間接的，即通過朝鮮半島，特別是百濟。但早期的記載疏略，詳情已不可知。無論如何，隋、唐以後日本開始了一系列全面吸收中國文明的活動，這是不可否認的事實。日本史上著名的「大化革新」(645年) 便是模仿唐代典章制度的運動，其最明顯的證據是一部分唐律保存在日本的《養老 (717–724年) 令》中。在政治法律之外，唐代禮制、音樂、曆法、文學各方面的書籍也都先後輸入日本。日本遣唐使都有僧人和留學生隨行；留學生在四門學中「從諸儒受經」，僧人則到各地名山求佛法。其中，尤以入唐求法為最強烈的精神動力，所以日僧來華形成了一個持續的傳統。《宋史·外國日本傳》說日本「連貢方物，而來者皆僧也」，可為明證。

總之，經隋、唐至德川時代，日本先後幾乎引進了中國文化的每一方面，影響之大而且久，自不必說。然而我們卻決不能誤認日本文化的整體是從中國移植過去的。事實上，日本在大量引進中國文化的個別成份之後，卻根據社會的內在需要另

作組織與安排，其結果則是自成一格的日本文明——— a distinct
civilization。日本的語言文字便提供了一個最具象徵性的實例。
向來有所謂中、日「同文」說，這完全是一個誤會。日本借用
了大量的漢字，然而卻納進了自己的文法和語法結構之內，因
而構成了一個獨特的語文系統，與漢–藏語系根本不能混為一
談。從語文推到思想、宗教、藝術、社會組織等其他方面，也
無不如此。最近我讀了已故 Marius B. Jansen 先生的 *China in the
Tokugawa World*，更加深了我的印象。德川時代是中國文化對
日本發生影響的最高峰，但日本人自覺為一民族–國家的實體
(national entity) 也是在德川時代充分展開的。十八世紀日本儒家
學者十分崇敬中國的「聖人之道」，但同時也開始將「聖人之
道」與「中國」分開。荻生徂徠便認為後世中國屢為夷狄所征
服 (包括滿族)，已失去「聖人之道」，因此他認為明朝也不配
稱「大明」，這個「大」字更宜加之於「日本」之上。另外也
有儒者以為「中國」的「中」字應該轉讓給日本了。徂徠的弟
子中甚至有人說，君臣一綱在中國早已淪亡，反而在日本的封
建體制中得到了保存；德川制度正是「三代之治」的體現。總
之，在德川儒者的眼中，「聖人之道」已從中國轉移到日本。
這就是說，日本居於東亞文化的領先地位。

　　但日本的「國學」運動也在此時興起，特別強調日本文化
的主體性。國學者反對儒家所推崇的「聖人之道」，並且進一
步拒斥中國文化。在他們看來，「聖人之道」不過是一種欺人
之談。從中國不斷為異族征服而亂多於治的情況說，中國的
「道」是不值崇奉的。讀中國書也未嘗不可，但首先必須立足
在日本的價值之上，這樣才能認識中國的「道」誤在何處。總
之，國學者與德川儒者處於相反的位置，要用本土文化壓倒外

來的中國文化。他們堅信日本精神和學問的優越性，中國文化中有價值的成份則早已被吸收進來了。

德川儒學家和國學家表面上持論雖相反，但深一層看，卻殊途同歸，即同在肯定日本為東亞文明的主體；這和當時關於 national entity (民族－國家實體) 的自覺是互為表裏的。儒學派的「聖人之道」是一種脫離了歷史的想像，與真實的中國已無任何關聯，他們不過把這四個字懸為日本文明的理想境界而已。國學派則否定中國文明對日本的影響，更直接地表達了一種新起的民族自覺的情緒。

英國的 George Samson 曾對日本文明提出一個觀察：日本，雖然在表面上大量向外面「借用」("borrowing") 許多東西，但卻從來沒有放棄他們的「內在文化堡壘」("inner cultural citadel")。這一觀察如果不作極端化的理解，一直到今天還是適用的。在十八世紀以前，日本「借用」了無數中國文化的個別成份，但主要是提供了各種層次的建構材料，最後所造成的則是別具一格的日本文化。所謂「內在文化保壘」便是在這一長期「借用」與建造的歷史過程中逐步形成的，至德川時代而達到充分自覺的階段。我們可以肯定地說，「借用」本身正是日本文化精神的一種獨特表現，一八七六年森有禮和李鴻章的對話便清楚地表達了這個意思。

最後我願意就明治維新以後中日之間的文化交涉稍說幾句話以結束這篇講詞。

前面已說過，從隋、唐至明、清的一千年間，日本通過海上貿易和宗教、文化的接觸，逐步深入地認識中國。所以到了德川後期 (十九世紀)，日本官方和民間已掌握了相當完整的關於中國的知識；他們和中國的公私交涉大體都保存在文字記錄

之中。相反的，清中葉以前，中國人對日本則缺乏系統的知識，而且無論朝野也都沒有表現出求知的興趣。這大概是由於日本既不在朝貢體系之內，朝廷和士大夫都不免忽視它的存在。在中國正史中，宋代對日本所知較詳，是因為日本僧人奝然九八四年入宋求法，帶來了日本的《職員令》和《王年代紀》等文獻，又曾以筆談方式介紹了日本的風土、物產、文化狀況等等。而《明史‧日本傳》所記則主要只在「倭寇」一事，對於日本的認識似未提供新的資訊。最明顯的，《明史》所謂「五畿、七道、三島……五百八十七郡」都抄自《宋史》，其郡數即《宋史》分列諸郡的總和。《明史》定稿已在一七三五年，可見遲至十八世紀中國史家對日本的歷史與文化還知道得很少。唐、宋以來，中國商人，特別是浙江、福建的海商，往來日本貿易的很多，日僧也往往隨行。他們對日本自然很熟悉，但因為是民間交涉，又未留下文字記錄，他們的知識很少有機會流傳到士大夫的階層。宋以下的文集、筆記中涉及日本的極為罕見。幾年前我偶然在羅大經 (1226年進士)《鶴林玉露》的一條筆記 (《日本國僧》) 中發現他和日僧安覺交往，記下了不少漢字的讀音，和今天的讀音完全相合。我很感到驚異，以後便留意這類資料。較早的還有歐陽修的《日本刀歌》，說寶刀是「越賈」從日本買來的。《歌》中只有「傳聞其國居大島，土壤沃饒風俗好」兩句，表示他已知道日本是一個文明國家，其餘則是一些不可信的上古傳說。宋以後的文集、筆記浩如煙海，尚待專家去搜尋，不過就我瀏覽的部分而言，我並沒有新的收穫。

我為甚麼要作上面這個鮮明的對照呢？這是為了說明：十八世紀以前的「天朝」心態使中國完全看不見東亞的另一支

文明已悄悄發展到成熟的階段，很快便要領先了。從這個角度上看，一七九三年乾隆答英王 George III 書是最富於象徵意義的，因為它是中國「天朝」心態最後一次的公開表現，五十年後 (1842年) 中、英簽訂《江寧條約》，施行了兩千年的朝貢體系便死亡了。東亞從此進入了一個全新的世界，文明的動力也從中國轉入日本。

面臨着西方的挑戰，日本立即把它的「借用」精神從中國移向西方。德川幕府早在一八五五年便開始自造西式輪船，一八五六年日本更直接求助於法國，建造了第一所現代船廠。一八六七年王文韶 (1830–1908) 在漢口任道台，二月二十七日法國領事來拜訪他，恰好談到這件事。法國領事說：「東洋日本國近年與法國和好甚摯，學造輪船，學製兵器，學習戰陣，無一不取法於法國，數年之後，必為大國，為其力求自強也。」王文韶在日記結尾時感慨地說：「惟東洋與中華最近，其力求自強如此，於我不無可慮耳，識之以告有志之士。」他不但承認日本是一個現代文明國家，而且已預感日本很快會超過中國，構成威脅。中國士大夫對日本的態度的徹底改變，王文韶無疑是較早的一人，尚在明治天皇即位的前一年。

明治維新以後，日本展開了一個全面「借用」西方現代文明的歷史階段，從政治體制、教育系統，到服飾都在有計劃地學習西方。西化派如福澤諭吉「脫亞入歐」的口號曾震動一時，但在實際演變過程中，日本卻並未喪失它的「內在文化堡壘」。像過去對於中國文化一樣，日本再一次運用外來的材料建構了一個新的東亞文明。前引湯因比和杭廷頓的論斷不是沒有根據的。

在清朝的最後五十年，日本已明顯地掌握了東亞文化的主

流。中國士大夫也開始對日本另眼相看。陳其元《庸閒齋筆記》(1875年刊) 便收了很多條關於日本歷史和儒教的文字，顯示出他已廣泛閱讀日本的漢文著作，密切注視其政治與文化動態。黃遵憲一八七七年隨何如璋使日，在東京住了四五年，公餘之暇，深入觀察日本人的日常生活。他的《日本雜事詩》二卷，一八七九年由北京總理衙門刊行，流行極廣。一八八○年他又開始編著《日本國志》，第一次為中國人提供了日本史的基本知識，這本書影響久遠，半個世紀後王芸生編寫《六十年來中國與日本》(1931年)，其中《古代中日關係之追溯》一章便完全取材於《日本國志》。

英國發動鴉片戰爭 (1839年) 在美國人裴瑞 (Perry) 侵犯日本 (1853年) 之前，因此中國人受西方「船堅炮利」之害比日本人早幾年。林則徐在廣州時全力搜集有關西方各國的資料，希望找到對付英國的方法。魏源便根據這些資料編成《海國圖志》(1844年)，後來又一再增補，第三版的百卷本完成於一八五二年。在此書的《敍》中，他提出了兩個著名的綱領，一是「以夷攻夷」，一是「師夷長技以制夷」。這大概也是林則徐的最早構想。《海國圖志》初版在一八五○年代初便傳到了日本，由於裴瑞的入侵，這本書引起了朝野的注意，其中有關美國的部分很快就有了日本版。可見德川末期日本積極向西方學習輪船、兵器和戰陣等「長技」，最初仍是受了中國觀念的影響。但是由於在現代轉化的過程中，兩國的反差越來越大，中國朝野士大夫最後不得不承認日本已找到了應付西方侵略的成功模式。「師法日本」的意識在他們的心中逐漸滋長，至甲午 (1894年) 戰爭以後則全面顯露出來了。下面讓我選三個例子來說明這一論點。

　　第一，全面以日為師的意識集中表現在戊戌（1898年）變法這件大事上面，由康有為正式呼喚了出來。在他之前，改革派士大夫在言論中表示這種想法的已隨處可見。為了説服朝廷變法，康有為曾編寫了《日本變政考》和《俄皇大彼得傳》等書，進呈御覽。他在奏文中一再要光緒「以俄國大彼得之心為心法，以日本明治之政為政法」。他的重點自然是在後者，所以又説日本國「教俗略同，成效已彰」，中國變法「莫如取鑑於日本維新」。光緒完全為他所説服。一八九八年秋天伊藤博文訪北京，光緒特予召見，在談話中光緒不但對伊藤在明治維新中的貢獻頌揚備至，而且鄭重托他向親王大臣等詳説維新的進程和方法，並提出積極的建議。

　　第二，張之洞在《勸學篇》（1898）中説：「西學甚繁，凡西學不切要者，東人已刪節而酌改之。」張氏以提倡「中學為體，西學為用」著稱，但這句話明確顯示：他心中的「西學」其實是經過日本人「刪節而酌改」的「西學」。因此一九〇六年在他主持下所頒布的新式學校章程，基本上是參照了日本所施行的歐洲體制。這裏我還要特別指出一個非常重要的歷史事實：在「五四」新文化運動以前，中國知識人所吸收的「西學」主要都是從日本轉手得來的，無論是哲學、政治思想、文學或社會學、心理學等，都是如此。特別是戊戌政變以後，中國各派的異議分子和留學生大批地湧至東京，接觸到在日本流行的種種西方思潮，包括無政府主義和社會主義在內；他們後來在中國的影響之大是難以估計的。這是近代中日文化交涉史上極重要的一章，但到今天為止，我們僅知其大概，深入的專題研究尚待展開。

　　第三、在企業經營和管理方面，日本也在中國發生了示範

作用。最著名的例子是張謇 (1853–1926)，在甲午戰敗後棄儒就賈，決心走工業救國的道路。他最初在南通和上海創辦紗廠，經過種種艱苦而獲得成功，後來又發展到其他行業，成為清末民初一位最有成就的大企業家，影響及於全國。但他對日本工業管理的方式十分佩服。他為職工建造宿舍，使他們對紗廠發生歸屬感，便採用了日本模式。一九○三年訪日，他在日記中對日本的政治體制與工業經營方法稱讚備至。

以上從政治、學術思想、企業三個主要領域各舉一例，我想已足夠說明：由於「借用」西方的成功，明治維新以後的日本已取得東亞文明的主導地位，這使過去以「天朝」自居的中國轉而處於求教的位置。

總結地說，以明治維新為分水線，中日文化交涉史可以清楚地劃為兩個時期：在此之前，日本長期「借用」中國文化資源，建構了自己的獨特文明。而中國則對日本缺乏深刻的認識，因為日本不在朝貢系統之內。明治以後情況恰好顛倒了。中國從「天朝」的幻覺中逐漸清醒了過來，開始看清日本文明在應付西方侵略的成功。但這時日本的文化「借用」精神卻已從中國轉向西方，不少政治和文化精英 (elites) 對於中國也不免滋生了一種「後來居上」的優越感。在「富國強兵」的要求下，日本把西方現代武力擴張的精神也成功地「借用」了過來，中國則成為擴張的對象。中日之間因此在相當長的時期中無法展開正常的文化交流。中國在清末民初雖有參照日本模式進行現代轉化的嘗試，最後也完全落了空。

文化交流與湯因比所強調的文明對話互為表裏，這正是文化交涉學的研究對象。文明對話並不等於少數代言人之間的對話，因為這樣的代言人，嚴格地說，是不存在的；相反地，它

是指文明與文明之間，通過種種渠道，進行雙向溝通，其領域可以從貿易一直延伸到宗教。湯因比認為這是增進互相了解，消融衝突的最有效的方式。他是最早擺脫西方中心論者之一人，所以二十世紀五六十年代在日本全力推動東西文明的對話。今天西方中心論已全面退潮，全球化 (globalization) 的大趨向建立在多元文明並存的基礎之上，已取得世界的共識。文明對話也必須隨着多元化，不再限於其他文明與西方之間。不同的非西方文明之間的對話同樣是重要的。過去一個多世紀中，無論是日本還是中國，都把對話的重點放在西方，而中、日之間的文明對話反而受到了冷淡。關西大學「東亞文化交涉學研究中心」恰好在這一關鍵時刻應運而起，填補了一片重要的學術空白。這即是孟子所謂「天降大任」，讓我借此機會預祝它的成功。

二〇〇七年十月日本關西大學成立「東亞文化交涉學研究中心」，這是我在成立儀式大會上的講詞。

後　記

　　本書集結了十二篇論文，定名為「中國文化史通釋」。首先讓我解釋書名的涵義，這可以分兩層來說：第一，這十二篇論文全是關於中國文化史的探討和論斷，而且每一篇都集中在一個特殊的面相上面。如目錄所示，思想、政治、商業、宗教、民間文化、文學、醫學、科學、藝術、科舉、俠等盡在其中，雖然遺漏尚多，但所涉及的範圍已相常廣闊了。所以用「中國文化史」為書名的主要部分應該說是名副其實的。第二，為甚麼加上「通釋」兩個字呢？這是因為每一篇論文都是從宏觀角度對中國文化史的某一特殊面相，提出一種長程的貫通解釋。所謂「長程」，長者或超過兩千年，短者也跨越四、五個世紀。祇有如此，我們才能同時看到中國文化的常中之變和變中之常。

　　但文化雖有種種面相，它本身畢竟是一整體，諸面相之間必然是密切相關的。因此，本書十二篇論文之間互相關涉的地方很多，並不是彼此孤立絕緣的。這是「通釋」的另一命意之所在，即除了歷史時間上的「貫通」之外，還有文化空間上的「旁通」。

　　但本書各篇並非出於一種自覺的整體設計，何以集結在一起竟能互相關涉，略有莊子所謂「道通為一」的意味？要解答這一疑問，我必須稍稍交代一下本書的緣起。第一，除了第四

篇（〈中國宗教的入世轉向〉）、第五篇（〈明清小說與民間文
化〉）和第十一篇（〈俠與中國文化〉）之外，其餘九篇論文都
是最近五、六年撰寫的，即在二〇〇四年《朱熹的歷史世界》
和《宋明理學與政治文化》兩部專題研究完成以後。對於中國
文化史各部門的發展，幾十年來我的見解一直在變動之中。這
並不是因為我沒有定見，而是因為史學是經驗性的學問，我不
能不隨着新事實和新證據的出現而不斷地修改舊說，無論是關
於「大判斷」或「小結裏」。但二〇〇四年以來，我計劃中的
新專題研究，由於受到其他事情的干擾，一直停留在廣泛閱
讀的階段，尚未取得確定的新成績，因此我對於中國文化史
的認識也沒有重大的改變。這九篇論文既成於同一時期 (2004–
2009)，各篇之間不期而然便發生了互相呼應或殊途同歸的情況。

　　其次，二〇〇四年以來，我應邀參加了多次國際學術研討
會，往往被指定作主題演講，本書第一、第二、第三及第十二
篇都是在這種情形下寫成的。我本來是盡量避免參加會議的
人，但此時邀請者多為相知已久的友生，而會議主題又往往在
我熟習的範圍之內，使我找不到辭謝的理由。這些會議為我提
供了理想的場合，使我可以將以往各種專題研究，化繁為簡，
用概括的方式呈現出來。其結果則是每一篇講詞都為中國文化
史的一個特殊面相描繪了一個大輪廓，至於我的描繪究竟有無
可取之處，那當然是另一問題。

　　最後，本書論科學、藝術、中日文化交涉史諸篇雖在我的
專業之外，但我的重點則仍在如何彰顯中國文化史的一般特
色。科學和藝術究竟以何種特殊形態出現在中國文化系統之
中？中國文化和日本文化之間存在着怎樣的關係？這些重要問
題也是一部中國文化史中所不能避而不談的。我因為受命為友

人的專著寫序和主題講演的緣故而闖入這些比較陌生的領域，竟在無意之間使本書內涵更趨完備。

由於以上三層原因，本書各篇之間隱然若有一種內在的聯繫便不足詫異了。

我曾説過，我是帶着尋找文化特色的問題進入中國史研究的領域的。(見北京三聯書店刊行的《余英時作品系列‧總序》) 本書所收諸篇也依然如此。但是為了避免可能的誤解，我必須鄭重聲明：我雖斷定中國文化自成一獨特系統，但並不認為它是不可改變或不受外來文化影響的。我強調中國文化的特色更不等於否認普世價值的存在。相反的，我深信世界一切文化都是大同小異的，不過小異的部分不能輕易放過，因為它正是每一文化展現其特色的所在。一切文化是大同的，這是普世價值的終極根據；每一文化都有小異，因此文化多元是必然的歸趨。這兩個極端重要的事實是我們今天所必須面對的，世界是走向和平還是走向衝突，恐怕在很大的程度上將取決於人們在普世價值與多元文化之間作出怎樣的安排與調適。

本書從無到有的原動力是董橋和林道群兩位老朋友。在他們合力敦促之下，我才開始構思怎樣編選一部論集以答雅意；結果便產生了這部《中國文化史通釋》。我必須向他們兩位致最誠摯的謝意。

慨然接受了我的懇求，董橋兄的序文和金耀基兄的題簽不但使本書熠然生輝，而且讓我深切感受到數十年友情的溫暖。

二○○九年十二月二十二日　余英時記

本書集結了十二篇論文，定名為「中國文化史通釋」。書名的涵義，可以分兩層來說：第一，這十二篇論文全是關於中國文化史的探討和論斷，而且每一篇都集中在一個特殊的面相上面。思想、政治、商業、宗教、民間文化、文學、醫學、科學、藝術、科舉、俠等盡在其中，雖然遺漏尚多，但所涉及的範圍已相當廣闊了。所以用「中國文化史」為書名的主要部分應該說是名副其實的。第二，加上「通釋」兩個字，這是因為每一篇論文都是從宏觀角度對中國文化史的某一特殊面相，提出一種長程的貫通解釋。所謂「長程」，長者或超過兩千年，短者也跨越四、五個世紀。祇有如此，我們才能同時看到中國文化的常中之變和變中之常。但文化雖有種種面相，它本身畢竟是一整體，諸面相之間必然是密切相關的。因此，本書十二篇論文之間互相關涉的地方很多，並不是彼此孤立絕緣的。這是「通釋」的另一命意之所在，即除了歷史時間上的「貫通」之外，還有文化空間上的「旁通」。

余英時，原籍安徽潛山，生於中國天津。燕京大學歷史系肄業。一九五〇年入讀香港新亞書院，師從錢穆，成為第一屆畢業生。一九五五年，被推薦入美國哈佛大學，師從楊聯陞，取得歷史學哲學博士學位。歷任美國密歇根大學副教授、哈佛大學教授、新亞書院校長兼香港中文大學副校長、美國耶魯大學歷史講座教授，現為普林斯頓大學講座教授，並曾於一九九一至九二年任美國康乃爾大學第一任胡適講座訪問教授。余先生曾經喻稱自己對政治只有「遙遠的興趣」，會持續觀察、評論政治，而不會參政。自一九八〇年代起，余先生發表了許多政論文章，擲地有聲。二〇〇六年美國國會圖書館頒授余先生克魯格人文與社會科學終身成就獎(Kluge Prize rewards lifetime achievement)；而為表揚余先生為史學作出之貢獻，新亞書院聯同崇基書院成立「余英時先生歷史講座」，以推動中外歷史文化，介紹學術新知。

ISBN 978-0-19-801690-8

9 780198 016908